日美同盟实相

廉德瑰 著

The Turth of US-Japanese Alliance

上海社会科学院出版社
SHANGHAI ACADEMY OF SOCIAL SCIENCES PRESS

目　　录

第二部分 猜 疑

第三部分　合　　作

序　论

2013年12月26日，日本首相安倍晋三参拜了靖国神社。对此，美国政府一改过去对此事的睁一眼闭一眼态度，明确表示"失望"。美国的"失望"，让日本人大失所望，因为"失望"一词在外交辞令中是一个表示严重不满的措辞，特别是对同盟国使用，一般意味着同盟关系出现了裂痕。奥巴马政府对安倍内阁执意参拜靖国神社的行为，使用"失望"这一措辞表示不满，既是对"参拜"的失望，也是对日本领导人的失望，意味着奥巴马政府以此向日本鹰派发出了强烈的不满信号，从而呈露了日美之间存在的分歧，也表现了日美关系的复杂性。

其实，日美两国除了在历史认识问题上存在对立之外，在钓鱼岛问题上也存在着分歧。美国一直以来在钓鱼岛的主权问题上闪烁其词，态度模棱两可，让日本十分不满；而日本则一再挑起中日两国之间在该问题上的争端，引发冲突危机，也让美国感到不安，生怕被卷入。所以，美国的态度是避免由于日本的挑衅把自己卷入冲突之中。美国虽然表示钓鱼岛适用《日美安保条约》第五条的规定，但是，始终在主权问题上保持中立态度，这也让作为同盟国的日本感到十分失望。2014年2月10日，驻日美军司令说："美军不会介入日中军事冲突，因为那是十分危险的行为，美国希望日中两国通过对话消除这种危险的可能性。"①特朗普上台后，退出TPP，也没顾及日本的感受，安倍内阁十分尴尬。

日美两国虽然是同盟关系，但是从上述事实却可以看出，两国之间并非一般所认为的那么和谐。这必然引出一个问题：我们究竟应该怎样理解日

---

① 《2名の米軍司令官、中日の衝突に介入しないと言明》，http://japanese.china.org.cn/politics/txt/2014-02/11/content_31432160.htm。

美关系？为了回答这个问题，有必要对日美关系做系统综合性分析。笔者认为，了解日美关系，要从美国的对日政策入手，而了解美国的对日政策，就必须从美国的亚洲政策开始。美国对亚洲的理解是从其亚太战略的角度切入的，美国如何认识亚太地区的战略价值，决定了美国对日本的政策。历史地看这一点，可以包括历史上美国对日本关注的由来，美国与中日关系的开始，还包括日美矛盾的形成，以及日美在第二次世界大战期间走向战争的过程和战后日美关系的演变。本书的主要内容聚焦战后日美关系的演变，试图通过这个演变探讨日美关系中所包含的理论思考。

序论的目的是对美国亚洲政策和日美关系的整体历史进行概括性叙述，使之成为本书主题内容的背景铺垫，主要内容包括美国亚洲政策的起点、美国对日关注的由来、美国与中日关系、日美矛盾的形成、日美战争的爆发、战后日美关系的演变以及日美关系研究的理论思考和本书的主要内容概要。

一、美国亚洲政策的历史起点

美国的亚洲政策要从其对亚洲和太平洋地区地缘政治与经济重要性的思考说起。早在19世纪中叶，美国就产生了建立太平洋帝国的思想。这种思想以美国购买阿拉斯加和吞并夏威夷为重要标志，是美国亚洲政策的历史起点。太平洋帝国的思想主要指的是在包括欧亚大陆一部分的中国在内的太平洋地区建立以美国为中心的太平洋商业帝国。美国前国务卿西华德(William Henry Seward)是持这种思想的中心人物，他认为：所谓太平洋帝国，简单说就是以亚洲太平洋为中心的商业帝国。他说，美国的领土扩张完成之后，下一个目标应是太平洋和远东地区，扩张的方式主要是商业而不再是领土扩张，扩张的手段是贸易而不是武力，因为战舰绝不会成为派往国外的最成功的使节。他还说：商业是美利坚民族最伟大的事业，是发展文明和扩张帝国的主要力量。他认为：美国的真正目标是通过世界贸易建立世界性帝国，为此，封闭的殖民体系必须代之以开放的商业帝国，要从陆地转向海洋，美国必须成为支配海洋的帝国，这才是唯一真正的帝国。在西华德的心目中，这个商业帝国的中心应在亚洲和太平洋地区，他认为太平洋上的贸易和商业就是世界的贸易和商业。太平洋和它的海岸岛屿以及海外的广大土地将成为这个世界更伟大未来的主要舞台。

西华德认为，新大陆的发现是欧洲扩张大目标的一个插曲，这个大目标是争夺整个文明的中心——亚洲，所以，他认为美国在新大陆的扩张应该结束，他甚至认为应该放弃吞并加拿大的想法。他认为19世纪欧洲开始衰落，美国必须接过火炬的接力棒，跨越太平洋直抵亚洲。为此，美国一定要兼并加利福尼亚，然后是兴修横贯美洲大陆的铁路和电报网，控制中美地峡，因为这是通往太平洋的另一条重要通道。另外，发展远洋航运，建立世界统一的金融体系也是十分必要的。特别是建立南北贸易中继站是当务之急，这些中继站北为阿拉斯加和阿留申群岛，南为夏威夷、威克岛、中途岛，它们对于美国的亚洲贸易具有重要的战略意义。在这种思路下，日本的重要性也被清楚地意识到。西华德曾大力支持佩里（Matthew Calbraith Perry）准将对日本的远征行动，他在参议院就该问题质询时说：并不是为什么要派遣远征队，而是以前为什么没有派遣。

在西华德的影响下，内战后美国第一个海外行动就是购买阿拉斯加，因为阿拉斯加既是俯看北太平洋的基地，又是接近东北亚的通道，而这次购买的主持者就是西华德。1867年3月30日，他作为国务卿决定以720万美元购得阿拉斯加。当时被嘲讽为“西华德的浪费”“北极熊动物园”，还有人称他为美国购买了一个“大冷箱”。对于这种批评与讽刺，西华德讲了一句话：“现在我把它买下来，也许多少年以后，我们的子孙因为买到这块地，而得到好处。”这次购买，实际上是由一名受贿的俄国中间人牵线搭桥的，俄国沙皇政府并没有实际收到720万美金，美国人也没有按照约定及时支付黄金，而是一再拖延，最后付一张支票了事。那名俄奸后来离奇地被人杀害了。

获得阿拉斯加之后，西华德继续实施着自己的亚太战略构想。接下来是兼并夏威夷的问题。1867年7月13日，他给美国驻夏威夷公使写信说：“在夏威夷人民同意的前提下，合法地、和平地将其归并于合众国，是本政府深切的期望。”后来美国按照这个思路吞并了夏威夷。1894年，夏威夷当地的美国人发动政变，软禁了夏威夷女王，成立夏威夷共和国。1898年，美国与西班牙发生战争后，美国合并夏威夷王国、关岛和菲律宾，但是，部分土著居民一直认为这是一次非法的吞并。1946年，联合国将夏威夷列入非自治领地范围，美国有责任引导其逐渐独立。但是1959年，美国在夏威夷举行全民公决之后，宣布夏威夷作为美国第 50 个州加入联邦。对此，夏威夷的独立主义者认为这次公决中有大量美国人参与投票，不能完全代表土著居民的意愿，因而拒绝承认公决的法律效力。但这些并不重要，重要的是美国“合法”地获得了在太平洋的战略立足点。

二、美国对日关注的由来

日本在美国的亚太战略中，早就被提到议事日程。美国对日本的关注早在 1836 年就开始了，当时美国总统安德鲁·杰克逊(Andrew Jackson)曾派遣海军将校罗伯茨作为特使前往日本，但遗憾的是罗伯茨还没到达日本就客死澳门，此次出使没能成功。当时美国对日本的兴趣主要是缘于捕鲸业的要求，因为日本海域也是美国捕鲸活动的范围，中国明清的册封使经常记载东海海域有大量鲸鱼浮出水面。美国产业发展中必不可少的油脂主要靠捕鲸业提供原料，捕鲸船需要补充煤炭、食品和饮水，特别是需要港口修理船舶以及救助遇难船舶和船员，这是美国需要日本开国的主要原因，也意味着日本对于美国来说，首先具有商业上的重要性。

然而，美国的要求与闭关锁国的日本德川幕府的政策发生了矛盾，当时，日本禁止外国船只进入日本，甚至还以炮击坚决驱逐外国船只。1840 年，英国出于同样的目的敦促中国开埠，并导致鸦片战争的爆发，最后英国用大炮、军舰打开了中国的大门。虽然鸦片战争的消息很快经过长崎传到日本幕府，幕府也确实对于长期以来所敬畏的中国居然惨败于英国感到十分震撼，但是，日本真正实现开国还需要一个过程。1845 年，美国再次派遣军舰来到日本，但当时由于美国与墨西哥发生战争，所以，美国舰队遭到日本拒绝后便不得不撤走。1851 年，美国第三次派军舰来日本要求开国，但是由于舰队司令身体情况恶化，此次远征也没有成功。

完成美国敲开日本大门任务的是佩里准将。佩里的舰队是 1853 年 5 月抵达琉球的，他在琉球首都首里城谒见了琉球国王之后，向小笠原群岛方向前进，佩里决定将这个群岛变成美国的领土，还打算将琉球人从萨摩藩的控制下解放出来。佩里的舰队由 4 艘军舰构成，7 月 8 日抵达日本浦贺港。在浦贺港佩里要求幕府当局接受美国总统的亲笔信，但是，幕府要求他返回长崎等待幕府受理的通知。佩里拒绝了幕府的命令，他告诉日本当局必须在江户湾接受美国总统的亲笔信，否则将带领海军陆战队前来交涉。7月14日，日本接受了美国总统的亲笔信，佩里告诉日本幕府当局第二年春天再来接受日方的回答，佩里给了日本幕府足够的时间考虑。

1854年2月，佩里再次来到江户湾。这一次他率领了7艘战舰，实际上是在向日本幕府施加军事压力。谈判在神奈川举行，从3月8日开始经过大约3个月，双方签署《神奈川条约》。日本幕府认识到自己已经没有能力拒绝美国的开国要求，于是答应美国的条件，开放下田和箱馆两个港口，为美国船只补充燃料、淡水和食物，并承诺对遭遇海难的人员提供救助，允许美国船只购买必需品，给予最惠国待遇。这份条约开创了日美关系的先河，佩里也成了引导日本向西方开放的先驱性人物。从此，日美两国开始通商，日本被带入西方国际关系体系。1857年6月，日美双方签署《下田协约》，日本承认领事裁判权，后来又被迫承认片面最惠国待遇。

三、美国与中日关系

开国后的日本逐渐产生了扩张主义意识。第二次鸦片战争，中国败于西方列强国家，再一次证明了西方的强大和东方的衰落，日本则进一步陷入不平等条约体系之中，重蹈了中国的覆辙，这些构成了日本自强求变的背景。于是，1868年，发生了明治维新，日本开始积极学习西方，把富国强兵定为国家目标。明治政府在维新稍有成果之后便开始萌生扩张主义意识。1871年10月18日，宫古岛向琉球首里上缴年贡的船“山原号”，在回程途中遇到台风，船员漂流到台湾南部八瑶湾(今九棚湾)，66人被台湾高士佛社原住民(也称“牡丹社”)所救，但是由于被误认为是台湾当地的仇家，其中54人在冲突中被原住民砍头。该事件史称“宫古岛民台湾遭害事件”，也称“牡丹社事件”。日方举出被害者中有四位是日本小田县渔民，于是，这件事成了中日两国围绕琉球问题进行交涉的导火索。明治维新之后的日本因为这件事与中国开始了在东北亚争夺主导权的斗争。

美国在这次事件中扮演了调和者的角色。1871年12月，曾经做过美国驻厦门总领事并熟悉台湾事务的法国人李仙德(Charles Le Gendre)被美国驻日本公使狄龙介绍给日本外务省做二等秘书。美国的意图是利用李仙德影响日本不要出兵台湾，但是，李仙德却通过狄龙建议日本外务省惩罚台湾的野蛮人。日本外务卿副岛种臣和内务卿大久保利通接纳了美国外交官的建议,这是美国介入日本与中国争端的首次表现。1879 年 5 月,在中日琉球交涉陷于僵局之际,美国前总统格兰特(Ulysses Simpson Grant)来远东游历。他先到北京,并于 5 月 28 日,到天津拜会了李鸿章,然后再折回北京与奕䜣会晤,奕䜣请他出面调停中日琉球一案。格兰特到日本后,摸清了日本政府的强硬态度后,建议中日两国永远和睦相处。

格兰特虽然并未对谈判进展作出什么贡献,但是,由于他的介入,陷入僵局的中日谈判进入了第二轮。日方提出"分岛改约"案,该案的主要内容是:将南岛,即宫古、八重山两岛给中国,以诱使中国对日本吞并琉球的承认,并换取日本人在中国内地自由通商"一如西人"的利益。李鸿章认为,"南岛之枯瘠",而以"中国以存琉球宗社为重,本非利其土地",所以拒绝了日本的提案。其实,李鸿章是担心,如果不能在南岛成功册封琉球,则中国必派员管理,造成"义始利终"之嫌,他还认为这样会以有用之兵饷守瓯脱不毛之地,劳费自是无穷。特别是李鸿章考虑到,如果惮其劳费,弃之不守,则唯恐西人居之经营,扼我太平洋之咽喉,亦非中国之利。李鸿章此处说的"西人"是指俄国,因为此时清朝正与俄国进行伊犁交涉。李鸿章担心俄国在远东南下会使清朝两面受敌,所以,他认为中日琉球交涉最好是在中岛和南岛恢复琉球王国最为有利。① 虽然当时中、日、美、俄等大国在东亚的博弈已现端倪,李鸿章也认识到琉球作为中国太平洋门户的重要战略意义,但是,琉球交涉后来因为甲午战争不了了之。

如果说在明治初期,美国对中日之间争端的影响还带有个人色彩或偶然性的话,那么,在甲午战争期间,美国的介入就带有战略性思考了。甲午战争爆发后,无论是海战还是陆地之战,日本都大获全胜。1894 年 10 月,日本军队侵入中国领土。这时,美国提出了媾和建议,因为美国担心日本对中国的过度要求会导致欧洲国家的干涉(实际上,很快发生了三国干涉)。日本听从美国的建议不得不做出让步,同意停战。在媾和谈判中,鉴于列强对日本的遏制,清朝政府曾犹豫是否拒绝批准《马关条约》,为此,美国派出了前国务卿约翰·福斯特(John W. Foster)(他是 20 世纪 50 年代的国务卿

① 《属国列传一》,《二十五史·清史稿》,浙江古籍出版社 1998 年版,第 1666 页。

杜勒斯的祖父)前往北京说服清政府尽快批准条约。当时,美国虽然政策倾向上有些偏向日本,没有像俄、法、德那样支持中国,遏制日本,但是在所谓"老大帝国"中国和后起强国日本之间尚未分清谁更加强大时,倒是对于战后处于弱势的中国也有同情之心,因此,美国在甲午战争期间基本上采取了中立立场。

四、日美矛盾的形成

日本获得甲午战争胜利实现国家崛起之后,日美之间的矛盾便突出起来,两国矛盾的焦点是中国问题。战争之后,日本获得了台湾和对朝鲜半岛的控制权,表现出对中国大陆的强烈兴趣和支配意识,所以美国开始对扩张主义的日本有所警惕。不过,当时日本的主要目标是朝鲜半岛和中国东北,暂时与美国无直接冲突,但与俄国产生地缘政治对立。俄国对日本的警惕在日本通过甲午战争获得辽东半岛之后表现非常明显。日本对于俄国牵头"干涉还辽"采取卧薪尝胆策略,当时机来临,并做好外交上的周到准备后,日本向俄国开战,发动了日俄战争。在这次战争中日本获得了英美的同情,还成功地募集到 8 亿日元外债。美国虽然在朴茨茅斯斡旋两国停战,但是对于日本获得"满洲"(中国东北)还是有疑虑,所以主张通过国际管理驱逐俄国势力。就美国来说,自从 1898 年的美西战争后,美国进入西太平洋地区,获得夏威夷和菲律宾,就为美日之间的竞争关系埋下了种子。日俄战后,日美两国达成的协议是美国承认日本对朝鲜半岛的控制,日本承认美国对菲律宾的控制,而在中国东北,自那时以后,美国始终对日本的扩张怀有敌意,这是太平洋战争的远因。

美国铁路大王哈里曼的计划是美国在中国东北推行"门户开放"政策意思的流露。第一次世界大战期间,日本向中国提出"二十一条"要求,则严重触犯了美国的这种对华"门户开放"政策,威尔逊总统对日本在中国的此种扩张和野心非常震怒,围绕中国问题的日美摩擦暴露无遗。当时,两国虽然达成"蓝辛·石井协定",美国承认日本在中国的特殊利益,日本也承认美国的门户开放政策,但是,日本在巴黎和会上咄咄逼人的态度,特别是对中国山东的权益要求,让美国感到困惑。华盛顿会议调整了日美关系,特别是"九国公约"确立了各国在中国实行门户开放和机会均等原则,日美两国在太平洋地区的地缘政治矛盾以及围绕亚洲大陆的权益与观念对立得到了缓解。但是,中国的北伐战争威胁到日本的在华利益,田中义一内阁三次出兵山东阻止北伐军北上,最后,日本军阀还制造"皇姑屯事件",炸死了中国的"东北王"张作霖。美国对日本的强硬态度十分敏感,这时华盛顿体系已经难以维持。

"九·一八事变"是日本关东军大陆扩张主义的必然结果,美国虽然无论从国内孤立主义还是欧洲优先主义角度,都不想与日本发生直接冲突,但是日美之间的矛盾已经不可调和。美国的政策是宣布"不承认主义",美国没有承认日本单方面制造的"九·一八事变",也没有承认日本军国主义者制造的所谓"满洲国"。1937 年的"卢沟桥事件"之后,美国已经把日本对中国的战争界定为侵略战争。1938 年,日本宣布建立"东亚新秩序",宣告了华盛顿体系的解体。日本还称中日战争的目的是建立"日满支"三国地区秩序,这种单方面改变地区秩序的行为无疑是公开排除英美国家。

五、日美战争的爆发

日本为了摆脱在经济上依赖英美的状况,决定进攻东南亚,以战养战。1940 年,日本开始推行南下政策,试图将东南亚的资源纳入"东亚新秩序"之中,建立"大东亚共荣圈",这导致了日本与英美的矛盾无可挽回。

日美之间的矛盾是地缘政治意义的矛盾,美国不允许日本在中国的无限扩张,更不允许日本对东南亚的扩张,因为这样的话,日本将威胁菲律宾和夏威夷,从而威胁美国在西太平洋的既得利益,甚至威胁美国的亚太战略。美国不会任凭崛起的日本在控制中国之后再控制西太平洋。美国对日本的反应从开始的"不承认主义"向经济上对日制裁转变。1941 年 7 月,当日本进攻法属印度支那南部之后,美国冻结了日本在美资产并实行石油禁运。由于英国、荷兰也实施同样政策,日本实际上断绝了所有对外贸易,经济陷入窒息状态。于是,东条内阁做出了谈判交涉与对美战争同时进行的决定。日美谈判的主要焦点是日本从印度支那撤军,退出三国同盟和从中国撤军问题。美国提出的四项原则包括:尊重领土主权,不干涉内政,通商机会均等和维持太平洋地区现状。对于美国的这些主张,日本军阀不可能接受,于是,1941 年 12 月 8 日,日本先下手为强,不宣而战发动了对珍珠港的袭击，挑起了太平洋战争，日美走向了战争的深渊。

太平洋战争爆发时，日本海军的实力对美国太平洋舰队占绝对优势，即使加上英国远东舰队和澳大利亚海军，日本军力仍然占优势。所以，战争初期日本战果累累，美国太平洋舰队损失 8 艘军舰，4 沉 4 伤，几乎全军覆没，驻守东南亚的英国战舰也被击沉 2 艘，然后日军占领菲律宾并登陆马来半岛。美国远东陆军司令麦克阿瑟逃往澳大利亚，日军对达尔文进行轰炸，对悉尼进行潜艇攻击。然而，日军的优势是暂时的，因为从国家综合实力看，日本根本不具有战略优势。当时美国的煤炭产量是日本的 9.3 倍，钢铁产量是日本的 12 倍，石油产量是日本的 500 倍，美国的生产能力是日本的 78 倍，日美战争的胜负，在战略上已经十分清楚。所以，美国主导下的英美《大西洋宪章》明确表示绝不与轴心国单独议和，并决心战斗到最后一刻。1942 年 4 月，美国开始大规模空袭东京。6 月的中途岛海战，美军击沉 4 艘日本航母，消灭了日军的进攻能力。1943 年的开罗会议提出了对日作战的领土目标，主张日本将中国的东北、台湾归还中国，放弃 1914 年以后获得的太平洋岛屿，承认朝鲜独立。后来，《波茨坦公告》明确将日本的领土限制在固有的四岛，日本在亚太地区的霸权地位被彻底否定。

六、战后日美关系的演变

第二次世界大战之后，美国获得了亚太地区的主导权，还在事实上永久占领了琉球。美国的这种地位至少是 19 世纪中期以来美国亚洲政策的最大成果。冷战期间，美国的亚太战略仍然具有浓厚的地缘政治色彩。冷战是以对共产主义遏制的理论为基础的。冷战的理论家乔治·凯南(George Frosk Kennan)认定以苏联为核心的欧亚大陆共产主义国家不可能成为海洋国家美国的伙伴，必须对之进行遏制，由此为杜鲁门主义做了理论注脚。美国在欧亚大陆的边缘地带对希腊和土耳其的援助，实际上是传统的势力范围争夺的翻版。在另一个边缘地带——东南亚，美国认为如果美国不拿出力量支持各地的反共当局，“那些岛屿据点，菲律宾、日本和台湾就没有安全可言，太平洋将变成红色的海洋”。所以，冷战固然具有意识形态意义，但是更具有地缘政治意义。

冷战背景下的日本已经转换了角色，成了美国必须保护的战略要地和欧亚大陆的边缘地带。日本的战略地位可以从边缘地带对欧亚大陆势力的牵制角度来理解。美国通过太平洋战争战胜日本只不过是扫清了亚太大战略中的一个障碍而已，冷战期间的日本成了美国要坚决保护的势力范围。艾森豪威尔政权认为日本是远东地区遏制大陆国家苏联和中国的关键。在他看来，如果日本倒向共产主义，美国将会退出太平洋地区，而太平洋将会成为共产党的湖。

冷战结束之后，美国继续努力维持在西太平洋的军事存在。日美同盟通过再定义再次转换角色，把朝鲜半岛、台湾海峡等热点地区作为主要应对目标，实际上仍然是19世纪以来美国亚太政策的继续。美国不会因为冷战的终结放弃一百多年来在亚太地区获得的优势地位，不会放弃第二次世界大战后在日本获得的特权和对日本的控制权。所以，对于日本在冷战结束之后表现出来的任何形式的脱美倾向都会引起美国的高度紧张。鸠山由纪夫提出"东亚共同体"要"脱美入亚"时，引起美国一阵恐慌。安倍晋三推行"价值观外交"，表现出右倾化和自主化迹象，实质上也有追求所谓自主外交之倾向，同样引起美国的警惕。

七、日美关系的理论思考

从国际政治理论上讲，地缘政治和权力转移的理论是理解日美关系的关键。第二次世界大战前是如此，第二次世界大战后仍然是如此。冷战期间是如此，冷战结束之后也仍然是如此。

英美系地缘政治学家认为海洋国家一直面临着大陆国家的竞争。他们关于安全战略的主要观点包括如下三点：一是海洋国家面临着位于欧亚大陆心脏地带强国的挑战，二是海洋国家应该结成联盟，三是海洋国家应该在欧亚大陆的边缘地带建立一个战略包围圈。

19世纪末，美国海权论者马汉(Alfred Thayer Mahan)认为："海权与陆权相互制约、相互依赖。"他特别重视陆上依托对海权的重要性。①后来，地缘政治学的创始人麦金德(Mackinder, sir Halford John)把欧亚大陆和非

① ［美］A.T.马汉：《海权对历史的影响》，解放军出版社1997年版，第29页。

洲合称为“世界岛”，并指出“谁统治了世界岛，谁就统治世界”①。20 世纪 40 年代，美国的边缘地带论者斯皮克曼（Nicholas John Spykman）预言中国有可能成为欧亚大陆的霸权国家。他说：“假如中国达到了真正的统一，而日本的军事力量又被完全消灭，则远东的支配势力无疑是中国。”②斯皮克曼把欧亚大陆的沿海地带叫做边缘地区，他提出：“谁支配着边缘地区，谁就控制欧亚大陆；谁支配着欧亚大陆，谁就掌握世界的命运。”③

马汉认为，未来美国的主要市场是中国和拉美，美国的海上权力至关重要的要冲是夏威夷和中美地峡。控制夏威夷是当时抵消英国海上力量的关键，也是通向巨大市场中国的第一步。马汉的著作一问世就引起轰动，西奥多·罗斯福写信给马汉，称他的书是一部“经典之作”。美国通过与西班牙的战争占领马尼拉，控制古巴，获得菲律宾、关岛和萨摩亚，意味着美国在太平洋获得了坚实的立足点，特别是加强了它在西太平洋的地位，美国离中国又近了一步。之后，美国与日本矛盾重重，最后爆发战争，而第二次世界大战后的日本成了美国的盟国。

国力是处于不断增减的变化过程，为了维持均势必须不断调整，日美关系从敌国变成盟国就是实力变化的结果。同盟是经常的选择，摩根索说同盟是势力均衡的函数。对于现实主义者来说，均衡就是看不见的手，可以自然调节权力分配，也是各国均势政策的产物。获得均势就会避免霸权的出现，英国曾经构建了各种反法或者反德同盟，遏制了近代欧洲任何大陆国家称霸的野心。斯皮克曼早在 1942 年就曾预言，第二次世界大战后，在欧亚大陆的心脏地带将出现强大的苏联帝国与变得相对弱小的西欧和日本。然而，这种新秩序与旧秩序并无根本上的不同，如果苏联与中国结成强大的势力，那么，为了维持远东的势力均衡，就有必要保护日

---

① 麦金德实际上是担心大陆强国威胁海洋国家的安全，所以，他主张大陆上的法国必须与海上强国联盟，特别是法国、意大利、埃及、印度和朝鲜应该成为诸多的桥头堡以抵抗欧亚大陆霸权势力。[英] 麦金德：《历史的地理枢纽》，商务印书馆 2008 年版，第 65、69 页。

② [美] 斯皮克曼：《和平地理学》，商务印书馆 1965 年版，第 100 页。

③ 麦金德的名言是：“谁控制了心脏地带，谁就控制了使节”，可见马汉、麦金德、斯皮克曼是一脉相承的，都是在为海洋国家遏制大陆国家寻找理论依据。麦金德强调心脏地带的重要性，担心的也是大陆国家的威胁，目的是维护海洋国家的利益。[美] 斯皮克曼：《和平地理学》，商务印书馆 1965 年版，第 78 页。

本的安全。[①]这便是日美同盟的逻辑起点。

但是，任何同盟都不过是为了维护自身安全利益结成的，在互相提供安全保障的前提下，希望对方履行安全义务是同盟的目的，自己向对方提供安全保障则是获得保护不得不付出的代价。因此，即使是同盟，互相之间的猜疑和讨价还价都是不可避免的，尤其在大国与小国之间结成的同盟中，通常是大国向小国提供安全保障，在这个过程中，大国对小国的控制和小国对大国的猜疑就在所难免。其中，小国有“被抛弃”的猜疑，大国则有“被卷入”的猜疑，就是说，小国担心大国背信弃义，不承担保护义务，大国担心小国有恃无恐，把自己拖入战争。日美同盟是冷战的产物，共同的威胁使这两个曾经的敌对国家结成同盟，但是，在冷战结束之后，伴随着中国的崛起，这个同盟又恢复为地缘政治和权力斗争的工具。这便是日美同盟的地缘政治与权力政治考虑。

八、本书的主要内容

本书试图沿着上述日美关系的历史背景铺垫和基本理论观点，对第二次世界大战后日美同盟关系的演变进行比较综合的分析，以便找到一把理解当今日美关系的钥匙。主要内容由以下三部分构成：第二次世界大战后美国对日本的改造，两国之间的猜疑和两国之间的合作。

第二次世界大战后美国对日本的改造，包括对战犯的审判、和平宪法的制定、象征天皇制的确立和旧金山媾和。对战犯的审判，意味着美国为肃清日本军国主义影响，不使这个国家再次成为美国与世界的威胁所做的最初努力；和平宪法的制定意味着美国主导的日本非军事化得到法律上的保证，并且设置了日本人试图修改这部宪法的高门槛；象征天皇制的确立，是美国改造日本国体的一种尝试，这种制度既切断了军国主义分子再次利用天皇达到政治目的的可能，又利用了日本人对天皇的崇拜实现了美国对日本的间接统治；片面媾和把日本拉入西方阵营，分断了日本与中国的关系，通过第二次世界大战后的权力转移，实现了美国控制日本进而掌握亚太地区地

---

① Nicholas J.Spykman, *America's Strategy in World Politics*, New york: Harcourt, Brace, 1942, p.470.

缘政治主导权的目的。

关于日美两国之间的猜疑，包括了两国围绕安保体制、军事基地、钓鱼岛防御、防空识别区、经济摩擦和日本右翼等问题产生的猜疑甚至对立等内容，着重分析了日美同盟并不是和谐一致，而是经常出现摩擦的特点。日美安保体制具有不平等性，两国离心离德的一面值得关注；军事基地包括美军的诸多特权，也包含日本收回基地的潜在民族主义倾向；钓鱼岛防御是最让日本担心的部分，也是最让美国担心的部分，日本担心美国不承担义务，美国担心被日本拖入冲突；中国划设防空识别区，引起日美之间反应的差别，美国有默认的倾向，日本则对美国的态度不满；日美两国之间的经济摩擦由来已久，今后还将继续下去；日本右翼是一些民族主义者，是日本潜在的最大的反美势力，是观察日本将来对美态度的重要参考项。鉴于两国之间的互相猜疑，日美之间的权力关系也会发生变化，美国要想继续维持在亚太地区的主导权，将面临严峻的考验。

关于两国之间的合作，包括日本对美国亚太战略的合作态度以及所做的努力，当然也包括日本借助美国战略的调整实现自主外交的尝试。价值观外交就是日本以价值观为纽带强化日美同盟，扩大日本与东南亚等国家进行安保合作的战略理念。构筑对华包围圈是日本利用美国亚太战略调整，提出的遏制中国的战略构想。防卫体制的变化，实际上也是日本利用美国的战略调整，加强自身防卫能力的努力。集体自卫权的解禁标志着日本要更多参与国际事务，既配合美国，又实现自身作为大国的作用。日本这些合作构想和措施的背后都有美国的怂恿和支持，尽管日美同盟不是一心同体，但是，伴随着国际力量的变化和权力的转移，日美两国正在克服障碍，通过合作实现各自的目标，应对亚太地区地缘政治与权力转移的现实与趋势。

日美同盟是第二次世界大战后亚洲太平洋地区形成的重要军事与政治机制，它是在第二次世界大战结果的基础上形成的，也是因应冷战的需要而形成的。如今在亚太地区权力发生转移的过程中，该同盟正在发生微妙变化。表面上看日美两国似乎正在应对中国的崛起，但是，实际上面对中国的崛起带来的权力调整和新格局的出现，日本必将做最合理的选择，美国也将做最符合自身利益的选择。所以，在亚太地区中美日三国关系将处于一个不断调整的长期过程中，中国自然不会对日美同盟的未来走向漠不关心。正是出于此种思考，本书对日美同盟的“改造”“猜疑”与“合作”进行了初步分析，如果这些分析能够对于人们进一步思考日美同盟提供一些参考，将是笔者感到非常荣幸之事。

第一部分 改 造

战后日美关系起源于美国对日本的占领和改造。美国根据《波茨坦公告》的规定，彻底铲除了日本军国主义，使日本成为一个民主国家，目的在于不使日本再次成为美国的威胁，实现美国在西太平洋的霸主地位和太平洋帝国的梦想。美国主要采取了四项重大措施改造日本：肃清军国主义、制定和平宪法、保留皇室体制和决定片面媾和。肃清军国主义是通过审判战犯、解除战争责任者公职和解体财阀来肃清军国主义影响，消除侵略隐患；制定和平宪法主要是通过宪法第九条的非军事化条款规定日本永远解除武装，成为一个没有军事力量的国家，从根本上限制日本再次军事崛起；保留皇室体制是民主化改革的重要一环，主要内容是改造日本的所谓“国体”，通过象征天皇制实现美国对日本的间接控制，使日本成为一个任由美国操纵的国家；决定片面媾和是通过《旧金山和约》将日本纳入西方阵营，隔断日本与中国大陆的政治经济联系，达到分断中日关系，确立美国在亚太地区主导地位的目的。美国对日本的这些改造措施既有对日本的报复成分，又有地缘政治考量，日美之间的权力对比由于战争的结果，发生了颠覆性变化，昔日的敌人，成了战后的盟友。但是，这种盟友关系是从属性的，这是战后日本从属于美国的历史原因，也是战后日美同盟关系形成的基本背景。

第一章　肃清军国主义

要想使日本不再成为美国的威胁，美国首先就要铲除日本的军国主义，只有把日本改造成为一个"无力"的国家，美国在亚太地区的主导权才能够确立。决定战后日本基本框架的重要文件是《波茨坦公告》，其中规定：铲除军国主义，实施《开罗宣言》的规定……完全解除武装，惩办战犯，通告日本所有武装部队无条件投降。美国在 1945 年 9 月 22 日发表的《关于日本投降后美国初期的对日方针》中说：美国对日终极目的是"为了不使日本再次成为美国或者世界和平的威胁"[①]。所以"必须完全解除日本的武装，实行非军事化，并把军国主义者的权力和军国主义的影响从日本的政治生活、经济生活及社会生活中清除出去，坚决禁止军国主义及反映侵略精神的制度"[②]。日本投降之后，美国是通过审判战犯、开除战争责任者公职和解体财阀等措施对日本军国主义进行整肃的，本章并不打算对战后整肃的全过程进行叙述，只把焦点集中在对战犯的审判上，因为东京审判是美国对日本进行改造的第一项措施，它是战后日本的出发点，也是战后日美关系的出发点，它对今天的日本政治和日美关系，以及对美国的占领有抵触的战后日本民族主义倾向都有重要影响，了解这个问题具有重要的现实意义。

第一节　东京审判的概况

东京审判的正式名称是"远东国际军事审判"，因此这个审判是国际间

---

① 《降伏後二於ケル米国ノ初期対日方針》，载末川博、家永三郎監修：《日本現代史資料——日米安保条約体制史》(1)，三省堂 1970 年版，第 492 页。

② 《降伏後二於ケル米国ノ初期対日方針》，载末川博、家永三郎監修：《日本現代史資料——日米安保条約体制史》(1)，三省堂 1970 年版，第 494 页。

题。法庭于1946年1月19日设立,2月15日,占领军总司令麦克阿瑟任命9名法官,后来追加任命印度和菲律宾法官,但是由于美国和法国法官辞职,总人数还是9名。审判限于日本在1928年1月1日至1945年9月2日期间对和平的犯罪,由联合国11个国家(包括:美、英、中、苏、法、荷、加、澳、新、印、菲)参加,从1946年5月3日,宣读起诉书开始,用了大约两年时间,审理了被起诉的28名甲级战犯。法庭总共收到4 336件证据,419人出庭作证,审理记录48 412页。法庭提出55条起诉理由,比如:第一条是在这段期间被告人对太平洋和印度洋地区的侵略,第二条是被告人在这段期间对中国东北的侵略,第三条是对中国的侵略,等等。因为审判中途被告人永野修身和松岗洋佑因病死亡,大川周明不能出庭,所以审判时25名被告被判有罪,其中东条英机、土肥原贤二、广田弘毅、板垣征四郎、松井石根、武藤章和木村兵太郎等七人被判处绞刑,其他被告除了东乡茂德被判20年和重光葵被判7年徒刑之外,剩下的16名全部被判处终身监禁。

关于法庭设立的法律根据,可以追溯到1928年的《巴黎非战公约》,因为这个公约规定了禁止侵略战争的内容。不过,该公约同时把行使自卫权的判断交给了争端当事国来判断,特别是该公约并没有规定对违反公约行为的制裁措施,也就是说,虽然规定了战争是违法的,但是没有对发动战争的个人进行惩罚的规定。关于国际审判的理念,是在1941年8月14日的《大西洋宪章》中规定的,其中包括要解除纳粹的武装,破坏纳粹的国家体制;1943年11月1日的《莫斯科宣言》规定了联合国家共同决定处罚战争犯罪人的内容;1943年12月1日发表的《开罗宣言》也有关于"制止日本的侵略和进行惩罚"的规定。1945年7月26日的《波茨坦公告》不仅在第八条规定了必须遵守《开罗宣言》,还在第十条规定:严惩包括虐待俘虏在内的一切战争罪犯,宣言用的是"stern justice(严厉惩罚)"。日本是在1945年8月14日宣布接受《波茨坦公告》而投降的,而且,1945年9月2日,日本在《投降文件》上签字,承认无条件投降(关于这个问题,以日本学术界为主有不少人认为日本不是无条件投降),也就承认了第二次世界大战前联合国家方面发表的一系列关于惩办战犯的规定。所以,第二次世界大战后的日本政府也不得不遵守联合国家对日本战犯进行的审判。

第二节　美国掌握审判的主导权

第二次世界大战后美国对日政策的制定主要是由国务院、陆军和海军组成的协调委员会(SWNCC)下设的“远东小委员会”(SFE)实施的。他们起草的文件认为,应该追究日本战争犯罪人的“违反和平罪”和“反人道罪”,并规定犯罪人由占领军直接逮捕,防止嫌疑人畏罪自杀。根据国际协定设立法庭,由各国选派法官,判决的承认和变更要根据国际协议赋予占领军总司令麦克阿瑟。

“联合国战争犯罪委员会”(UNWCC)当时设立了一个“远东太平洋特别委员会”,该委员会的委员长是中国代表顾维钧,他起草了一个“对日政策意见书”,主要内容是:主要犯罪人的“战争罪”、“破坏和平罪”、“反人道罪”和“共同谋划罪”由国际法庭审理,设立检察机关,国际法庭的设置由占领军总司令、管理理事会及其他机关实施,法官由对日战争参战国家中的十个国家推选。顾维钧的这个意见书构成了远东国际法庭的基础。

不过,后来的事实证明远东审判的主导权掌握在美国手里。美国当时有人主张美国应该保持审判的主导权,因为美国是对日战争的主要贡献者,美国还是珍珠港事件的被害国,美国因日本的战争犯罪所受的损害最为严重,超过了德国,所以,美国主张审判活动应该在占领军最高指挥官麦克阿瑟领导之下进行。最后,麦克阿瑟获得了国际军事法庭的设置权、审判程序的制定和承认权、检察机构的设置权和法官的任命权以及判决的执行、承认和变更权。可见,远东国际审判是以联合国名义进行,而由美国掌握主导权展开的。

美国对日本的占领是日本历史上首次被外国占领。1945 年 8 月 30 日,麦克阿瑟下令逮捕东条英机,并命令列出甲级战犯名单。9 月 11 日,东条在东京世田谷用贺的家中被逮捕。之前东条曾在家中企图用手枪自杀,但是未成。东条后来在被关押期间陈述了自杀的理由。他说:要是知道审判是正当程序,可以在法庭陈述,就不会自杀了。他是考虑到墨索里尼的先例,怕被交给本国人民,暴尸街头,遭受同样侮辱,像狗一样死去,因此想到了自杀。可见,东条是害怕被日本人民审判的。

1945年9月11日，占领军公布了第一批战犯逮捕令，共计43名，包括外相东乡茂德、海相嶋田繁太郎、藏相贺屋兴宣、商工相岸信介、法相岩村通世在内。战犯嫌疑人起初被关押在横滨监狱和大森俘虏收容所，11月中旬被转移到巢鸭监狱（现在巢鸭监狱的旧址上是东京有名的“阳光大厦”）。

1946年3月11日，东条英机等7人被正式确定为被告人。4月8日，最后确定了26名被告人。4月17日，又将重光葵和梅津美治郎追加进去，实际上被告人共计28名。名单如下：荒木贞夫、土肥原贤二、桥本欣五郎、畑俊六、平沼骐一郎、广田弘毅、星野直树、板垣征四郎、贺屋兴宣、木户幸一、木村兵太郎、小矶国昭、松井石根、松岗洋佑、南次郎、武藤章、永野修身、冈敬纯、大川周明、大岛浩、佐藤宽了、重光葵、嶋田繁太郎、白鸟敏夫，铃木贞一、东乡茂德、东条英机、梅津美治郎。

第三节　判决的主要内容

判决的主要内容首先是日本对苏联的侵略。远东国际军事法庭审判书认为，日本对苏联的战争是侵略战争。苏联1931年和1933年向日本提出过签订中立条约的问题，但是被日本拒绝。1941年日本除了与德国和意大利保持外交关系之外，断绝了与绝大多数国家间的外交关系，并进入战争状态。这时，日本要求与苏联签订中立条约，苏联认为这并不意味着日本对苏联的态度发生了变化，也不是日本放弃了对苏联的领土野心。1941年4月，日苏中立条约签订之时，正是德国向苏联发动进攻前夜，日本与德意两国签订过反共协定，目标是针对苏联的。当时德国外长里宾特洛甫告诉日本外相松岗洋佑，苏德战争将会爆发，到时苏联作为大国将不存在，松岗承诺日本将忠实履行同盟国义务。日方还告诉德国，一旦苏德战争爆发，日本不会持中立态度，日本必将根据条约站在德国一边。不仅如此，日本与苏联签订中立条约之后，由于德国延长了防共协定，特别是当德国向苏联发动进攻之后，苏联大使问松岗洋佑，日本能否严守中立，当时，松岗没有回答。所以，苏联认为，日本与苏联签订中立条约的动机并不诚实，是为了有机会向苏联发动进攻。审判书用了较多篇幅提出了日本协助德国进攻苏联，在中国东北部署大规模军队牵制苏联和日本外交官向德国提供苏联情报的证据。从审判书可以看出，战胜国苏联在东京审判中拥有相当的影响力。

判决认为日本发动的太平洋战争是侵略战争。东条英机曾经说日本在华盛顿与美国的谈判只不过是为了作战准备争取时间而已。战犯辩解说，开战的原因是美国等国对日本进行经济封锁，但是审判书认为，对日经济制裁早在日本偷袭珍珠港之前早就实施了。1939 年 7 月 26 日，美国就宣布废除与日本之间通商航海条约，这时日本早就占领了“满洲”（中国东北）和中国大片土地。另外，即使这个条约不废除，日本也已经在中国损害了美国国民的利益。其实，日本早就制定了侵略计划，各国不可能再向日本提供有利于侵略战争的物资。美国禁止向日本出口石油是因为防止侵略必须储备战略物资，战犯的辩解不过是日本战前进行宣传的再现。

判决书还认为日本占领菲律宾的行为是侵略。当时菲律宾并无完全的主权，处于美国控制下，日本对菲律宾的侵略，毫无疑问是对菲律宾诸岛人民的侵略，理论上也是对美国的侵略。另外，审判书还认为日本对法国的战争是侵略战争，日本占领了河内、西贡、金边等地。日本对美、英、荷兰的战争也被认定为侵略战争，比如，1941 年 12 月 8 日，日本发布的对英美宣战布告，特别是对英作战的多数文件都称“大英帝国”，实际上是指英联邦，作战计划明确指出要占领澳大利亚联邦的委任统治地。

判决认为日本对中国的战争毫无疑问是侵略战争。特别是对于南京大屠杀，判决书指出：日本在南京进行了不分男女老幼的无差别屠杀。当时在南京的中国军人只剩下 5 万人，其他都撤退，这 5 万人有的离开市区，有的放下武器，脱掉军装，已经没有抵抗能力。但是，日本进城之后，最初两三天，至少有 12 000 人被杀。对于日军的暴行，德国政府代表发出的报告中称，这不是个人犯罪，而是日本军的暴虐犯罪，并说日本的军队是一个“畜生集团”。

在南京城外，日军拘押了至少 57 000 人，这些人中由于饥饿和拷打多半死亡，剩下的大多数被机关枪扫射。另外，中国士兵投降后，大约 3 万人在长江沿岸被集体用机关枪扫射。据后来估计，日本占领南京后六周内杀害俘虏和市民至少在 20 万人以上，这个数字并不夸张，因为埋葬队和其他团体参加埋葬的尸体有 155 000 人，这还不包括被日军烧掉的尸体和投到长江的尸体。

对于这次惨绝人寰的屠杀，当时日本军方有这样的命令："归还士兵的不稳当的言辞不仅会引起流言蜚语，还会损害国民对皇军的信赖，影响团结。所以一定要严肃指导，一个是要使赫赫战功有始有终，一个是要发扬皇军威武，完成圣战之目的。"①可见，当时的日本军方就企图掩盖大屠杀的事实。

第四节 日本人的反省

第二次世界大战后，日本大部分人，包括在外务省等官僚机构都有不少人对战争表示反省，尽管反省的程度和角度不同，但是均表示了对那场战争的否定态度。比如，受降之后，1945 年 9 月 6 日，日本新任首相也是战后第一任首相东久尔稔彦在施政演说中表示了对战争的反省。他说："帝国根据大诏接受美英中苏联合宣言，以非常的措施终结大东亚战争……救万民于困苦，开万世之太平。"他还说："战败的原因并不是单一的，不管前线后方，不管军人还是平民，全体国民都应该反省，我们要总忏悔。要在神灵面前洗净一切邪念，将来要以过去为戒。"最后又说："我国国民坚信神州不灭，任何事态都不能使我们丧失对帝国前途的希望，我们要努力，建设一个和平文化的日本……只有这样才能慰藉在前线和后方献出生命的忠魂和英灵。"②他提到了全体国民的反省和总忏悔，提到了将来要以过去为戒，要建设一个和平文化的日本。东久尔作为皇族，他的反省也只能到这个程度。

东久尔的继任者币原喜重郎在 1945 年 11 月 28 日的演说中提到过日本的民主化和排除军国主义的内容，他说："我国接受了'波茨坦公告'，国民肩负着除去复活与强化民主主义障碍的任务。在我国国民中，自从明治时代就逐渐产生了民主主义倾向，但是近年，这种倾向被反动势力所压制，其成长被阻止。所幸这种思想的根没有完全枯萎掉，现在从反动势力的压迫中解放出来，比较容易恢复其活力。""近代民主主义倾向复活的根本条件是教育的刷新，政府必须排除军国主义及其极端国家主义的教育。"同日，陆军

① 《远东国际军事法庭判决书》，载《日本现代史资料——日本安保条约体制史(1)》，三省堂 1970 年版，第 704—705 页。

② 《日本现代史资料——日本安保条约体制史(1)》，三省堂 1970 年版，第 120 页。

大臣下村定说:“我作为最后的陆军,在议会向全国国民道歉,陆军要解体,对于过去的罪行我们今后要以事实为根据进行道歉和赎罪,但是也不能抹杀纯忠的军人之功绩,特别是对战死的英灵应该怀有同情。”①币原与下村的反省分别处于不同的角度,虽然提出要废除军国主义,但是却只提到排除军国主义,建立民主主义,以及向日本全国人民道歉,没有对被侵略国家人民的反省和歉意。下村定的发言为后来日本人纪念战死的军人留下了伏笔。

1945 年 11 月 30 日,无所属议员福家俊一在国会发言中指出了日本的战争责任问题。他说:“我是一个从战场生还的复员兵,两年前应召入伍,正在恶战苦斗之际,得知我国接受《波茨坦公告》。我国三千年的历史上未曾有的民族悲剧,我们前线的士兵茫然不知所措。痛定思痛之后,深感建设新日本,救国民于灾难,开万世之太平,是天皇陛下的仁爱之心。但是,在此之前必须对大东亚战争进行调查,追究战争责任,只有这样才能让我们的子孙再次免遭其害。战争的责任者至少包括在重臣、军阀、官僚、财阀和政治家之中,是他们把国家引向了灾难的深渊,使国民承受了战败的痛苦。这些人至今仍然身居高位,不思反省,把战争的责任转嫁到国民头上,他们对上欺骗天皇,对下误导国民。对此,我作为一名复员士兵,断然难以允许”。②福家的反省发言体现了日本人认识到战争的错误性,甚至要求追究战争责任,但只是日本式反省,也没有从道德上,特别是从被害国的角度进行反省。

日本外务省支持远东国际军事法庭的审判,没有从政府角度给予战犯以帮助。在远东国际法院审判之前,虽然日本政府有过“自主审判”的构想,但是最后还是放弃了。后来又有人提出政府应该组织一个有力的辩护团为战犯辩护,因为他们认为辩护内容对日本的将来有重要意义。他们的基本辩护主张是天皇应该免除责任,陆军对于侵略中国有责任,但是海军没有战争责任,也就是说对美战争日本没有责任。但是,这一构想被亲美的外务省否定。他们认为日本接受《波茨坦公告》条款投降,法理上应该协助对战犯

① 末川博、家永三郎監修:《日本現代史資料——日米安保条約体制史》(1),三省堂 1970 年版,第 228 页。

② 末川博、家永三郎監修:《日本現代史資料——日米安保条約体制史》(1),三省堂 1970 年版,第 228 页。

的审判，所以，外务省也尽量避免给人以“庇护战犯”的印象。最后外务省只限于在提供资料和证人方面给予协助，拒绝对辩护提供指导，战犯们实际上是独自在法庭上与控诉方周旋。

吉田内阁对东京审判持积极态度，并对军国主义深恶痛绝。他说：“我国自建国以来历史上第一次在战争中失败，既然我们已经成了战败国，大和民族就应该像大和民族，日本俗话说得好，菜板上的鲤鱼，挣扎抵抗也没有用。”所以，吉田茂欢迎东京审判，如果战败国需要做出牺牲的话，那就是通过审判战犯重新建设日本。他认为，日本自“满洲事变”（九・一八事变）以来，军国主义就是政治的“癌症”，他们自20世纪20年代就把日本引向了歧途。所以，1946年10月，吉田茂曾经给麦克阿瑟写信说，负有战争责任的是军人、官僚、右翼和一部分财阀。吉田认为通过审判战犯铲除军国主义，对于日本推行对美协调外交有好处。美国的占领政策已经很宽大了，审判战犯是容许范围内的事情。①所以吉田内阁对于审判的基本方针是：根据“终战诏书”的主旨，对于战争审判，日本政府忠实地履行联合国占领军总司令发出的一切指示。对于战犯，日本政府不提供任何公式辩护，政府各机关只在占领军总司令的允许基础上向被告家属提供联络等事务性服务。

第五节　战犯的态度

辩护分国家辩护和个人辩护。国家辩护是证明日本国家没有进行侵略战争。日本人组成的辩护团的主张是日本发动的战争是自卫战争，即“自卫战争论”。辩护人认为法国、英国、荷兰、美国对日本进行经济封锁，这是引起战争的主要原因。日本与欧美国家进行的战争不是侵略战争，而是彻底的自卫战争。被告人还认为荷兰就首先向日本宣战，所以日本与他们的战争不是侵略战争。但实际上日本长期谋划在荷属东印度的经济优越地位。1941年，日本的要求被荷兰拒绝，所以，日本制定了入侵东印度的计划。特别是战犯们不认为日本对中国的战争是侵略，他们只认为是“事变”，认为这个战争是对中国的“膺惩”，因为中国不承认日本民族的优越性和领导地位，

① 日暮吉延：《東京裁判》，講談社現代新書2008年版，第153页。

还拒绝与日本合作，所以要惩罚。

日本辩护团副团长清濑一郎认为，法庭并无对“破坏和平罪”、“违反人道罪”和“杀人罪”的管辖权，非战公约也没有对侵略战争的犯罪化规定。他认为法庭把战前日本的大政翼赞会和翼赞政治等同于纳粹组织是错误的，日本没有像纳粹迫害犹太人那样犯“违反人道罪”。他还认为“九·一八事变”是自卫反击中国军队的进攻，不是谋划的结果，“满洲国”的建立是“满洲”居民自发的运动，“卢沟桥事件”的责任在中国方面，日本曾努力把事态限制在局部地区解决；20 世纪 30 年代日本与苏联之间发生的“张谷峰事件”和“诺门坎事件”是边境争端，不是侵略战争；日本与德、意两国缔结三国同盟条约不是为了准备对美战争；到 1941 年秋季为止，日本的经济统制和军备都是防御性的，太平洋战争是日本为了生存不得已而进行的自卫战争。[①] 因此，清濑一郎全面否定了日本发动战争的侵略性，与检察方面提出的“侵略战争”论进行了针锋相对的较量。

个人辩护是指对战犯嫌疑人个人的辩护，然而，对于远东国际军事法庭的判决，全体被告却都主张无罪，没有丝毫的反省。以下是这些被告的辩护人主张的要点：

(1) 辩护人为荒木贞夫辩护，认为他无罪。荒木贞夫是陆军大将和陆军大臣，起诉的理由是他参加了 1928 年的侵略阴谋。但是，辩护人认为，“九·一八事变”爆发时，他不是陆军大臣，他是事件之后为了处理该事件被任命为陆军大臣的，所以，并无关于“残虐行为”的证据。

(2) 辩护人为土肥原贤二辩护，认为他无罪。土肥原贤二是奉天特务机关长，侵华日军第 7 方面军司令官。辩护人认为，侵略战争谋划时期，他已经出征战场，属于服从命令行为，没有参与“残虐行为”的证据。

(3) 辩护人为桥本欣五郎辩护，认为他无罪。桥本欣五郎大佐在“九·一八事变”时是参谋本部俄罗斯班班长，“卢沟桥事件”之后成为民间人，后来被任命为炮兵第十三连队长。辩护人认为，1937 年炮击英国军舰是因错觉导致，所以没有他参与“残虐行为”的证据。

(4) 辩护人为畑俊六辩护，认为他无罪。畑俊六是陆军大臣。辩护人

---

① 日暮吉延：《東京裁判》，講談社現代新書 2008 年版，第 183—184 页。

认为，战争爆发时并无他参与谋划的记录，他成为“中支那派遣军”司令是在南京陷落两个月之后，当时南京局势已经平稳，所以无罪。

(5) 辩护人认为，平沼骐一郎虽然担任过首相和枢密院院长，但是没有证据表明他参与了在中国的“残虐行为”。

(6) 辩护人认为，广田弘毅虽然担任过首相和外相，但是对他以南京大屠杀为由起诉是莫名其妙的，实际上他对于日本在中国的军事行动是有异议的，他还因此辞去了外相职务。辩护人指出广田不认为日本对英美的战争是“自存自卫”战争，所以，对他的起诉是一个错误。

(7) 星野直树是国务院总务长官、企划院总裁和东条内阁书记官。他的辩护人认为，他只不过是一个官吏，关于他在“满洲国”经济上排斥其他国民，实际上是对“满洲国”外资政策的误解。

(8) 板垣征四郎是关东军参谋和陆军大臣，侵华日军第 7 方面军司令。他的辩护人认为，“九・一八事变”是根据关东军司令本庄繁的命令行事，广东和汉口的杀人事件发生时，他是陆军大臣，以此给坂垣定罪还不充分。

(9) 贺屋兴宣是东条内阁的藏相，是职业官僚。他的辩护人认为，广东和汉口的杀人事件与他无关，当时他已经辞去藏相职务。

(10) 木户幸一是内大臣和文部大臣，“九・一八事变”时，他是内大臣秘书官，没有参与密谋。他的辩护人指出，他实际上是日本亲英美集团的一员，他推举东条内阁是为了避免日美战争，他认为东条可以控制少壮军官，他没有参与共同谋划。

(11) 木村兵太郎是陆军次官，缅甸方面军司令。他的辩护人认为，他是一个忠实于自己国家的军人，他担任陆军次官和缅甸方面军司令只是服从上级命令，但没有关于他直接虐待俘虏的证据。

(12) 小矶国昭担任过陆军军务长和首相，是陆军中的中立派。他的辩护人认为，“九・一八事变”时他是陆军军务长，他是遵照命令行事。太平洋战争期间，他认为战争是自卫合法的战争，并履行了首相职务，所以，辩护人认为他没有虐待俘虏的证据。

(13) 松井石根是侵华日军“中支那方面军”司令，他的辩护人认为，他是根据中央的命令进攻南京，作战中他在苏州指挥部，到南京只有很短时间，所以，他没有南京大屠杀的责任。

(14) 南次郎是陆军大臣，关东军司令。他的辩护人指出，他在“九·一八事变”时作为陆军大臣曾主张不扩大事态，海外派兵权不在陆军大臣而在参谋总长，而且在他任关东军司令期间无虐待俘虏的证据。

(15) 武藤章陆军军务局长，近卫师团长。他的辩护人认为，他在军队属于从属地位，关于虐待俘虏的证据大多是歪曲，武藤没有责任。

(16) 冈敬纯是海军省军务局长。他的辩护人认为，偷袭珍珠港时，他是服从命令，不是政策决定者，他始终反对战争，所以没有责任。

(17) 大川周明是国家主义思想家，是右翼头目。他的辩护人认为，他没有行动的权力和地位，没有战争责任。

(18) 大岛浩是驻德国大使，是官僚不是政策制定者。他的辩护人认为，他没有战争责任。

(19) 佐藤贤了是陆军军务局长。他的辩护人认为，他没有战争决定权，他作为军务局长管理俘虏收容所，但是属于陆军大臣管辖下。

(20) 重光葵是驻苏联和英国大使和外相。他的辩护人认为，重光葵作为外交官的发言是在本国政府的训令范围内，没有参加三国同盟谈判，虐待俘虏问题也没有他的责任。

(21) 嶋田繁太郎是海军大臣。他的辩护人认为，对美作战计划是军令部制定，他没有直接参与，故没有战争责任。

(22) 白鸟敏夫是外务省情报部长和驻意大利大使，是职业外交官。他的辩护人认为，他曾配合币原喜重郎试图阻止战争的外交努力，没有战争责任。

(23) 铃木贞一是东条内阁国务大臣。他的辩护人认为，他在中日战争时的军衔为大佐，不是政策决定者，没有责任。

(24) 东乡茂德是东条内阁外相。他的辩护人认为，他曾经主张遵守日内瓦协定和红十字会公约；而且外务省没有管理俘虏的权限，他在任东条内阁外相期间曾为日美交涉而努力，对美最后通牒没有及时交到美国政府，并不是他的责任。

(25) 东条英机是太平洋战争时期的首相。他的辩护人认为，关于对他共同谋划和虐待俘虏的指控都没有证据。

(26) 梅津美治郎是所谓“支那驻屯军司令”、陆军次官、关东军司令参谋总长。他的辩护人认为,他签订“何梅协定”是被委任权限,履行职务。作为陆军次官,他只是执行命令,1939 年他被任命为关东军司令,但是对诺门坎事件没有责任。

其实,战犯所犯下的反人类罪有目共睹的,不可能逃脱正义的惩罚。比如,荒木贞夫作为陆军大臣不可能推卸其“共同谋划”的责任;土肥原贤二作为特务机关长积极主张使用武力,并在新加坡制造了数千人的死亡事件;桥本欣五郎是谋划的宣传者;畑俊六在中日战争爆发后任教育总监,对政策具有影响力;平沼骐一郎作为枢密院议长对重要事项有发言权;广田弘毅一直是一个侵略者;星野直树控制满洲国的经济,是满洲国最有权势的人物;贺屋兴宣在财政上支持战争,是战争的共谋者;木户幸一是个机会主义者;木村兵太郎虐待俘虏还下令处死联合国航空兵;小矶国昭参与了侵略的谋划,还对虐俘有不可推卸的责任;松井石根是南京大屠杀的主要责任人;大川周明是共同谋划侵略战争的思想创始人,积极的阴谋家;重光葵是主要战争谋划的参与人,对于英美抗议日本虐俘问题,他拖延不办,违反交战法;嶋田繁太郎是侵略战争的积极推行者,也是东条英机的支持者;白鸟敏夫是三国同盟的积极推进者;东乡茂德对日美谈判负有责任;东条英机是中日战争中处于重要地位的责任人;梅津美治郎是日本侵略中国华北的主要责任人。这些战犯没有一个对战争罪行和自己所负的战争责任有任何反省,还认为日本与英美国家的战争不是侵略战争,日本对中国的侵略是对中国不承认日本民族优越地位和领导地位的惩罚,态度的傲慢和价值观的扭曲,值得人们深思。

第六节 战后民族主义的根源

尽管在判决之后,日本普遍接受了审判的结果,认为必须对侵略战争进行反省,但是,作为历史上的污点,民族的同类被联合国家判处死刑,仍然在日本人心灵深处留下难以磨灭的阴影。比如,当时有人对于被处死的战犯中唯一一位文官广田弘毅表示同情,甚至发起过救他一命的运动。另外,对于 74 岁的前陆军大臣南次郎和 81 岁的前首相平沼骐一郎锒铛入狱也有人表示了怜悯之心。占领军总司令部外交局长西博尔特曾说，多数日本人认为对于战犯的审判不过是胜者对败者的复仇惩罚而已，这些构成了潜在的民族主义，反美的种子从此生根发芽。战后新的民族主义在东京审判之后，特别是通过审判的继续——开除公职的过程——逐渐形成。

开除公职是对日本改造的又一重要环节，是东京审判的“配套工程”。开除公职的主要做法就是把潜在的军国主义分子驱逐出政府机构，禁止他们参加政治活动。1946 年 1 月 4 日，盟军司令部发表备忘录，规定所有极端国家主义团体、暴力主义团体、秘密爱国主义团体及其机关和合作团体的有力分子，参加大政翼赞会、翼赞政治会、大日本政治会活动的有力分子，一律要开除公职①。备忘录指出：理论上和实践上的国家主义和军国主义应该从教育制度中排除，陆海军将校等职业军人及下级士官还有其他一切军国主义和超国家主义推进者应该从监督和教育位置中排除②。1946 年 1 月 4 日到 1948 年，美国人总共整理出 150 万日本人的黑材料，其中大约 21 万人被开除了公职。币原内阁中，除了首相币原喜重郎、外相吉田茂和厚生相芦田均三人之外全部被肃清。

麦克阿瑟认为，要实现改造日本的构想，就必须把那些有可能反对新宪法的人开除公职。在他看来，日本“民主化”的前提是肃清“军国主义者”和“超国家主义者”；对于美国来说，敌人并不是某个人，不是几个战犯，而是一个阶级；这是社会结构问题，除了审判战犯之外，必须破坏日本的社会结构；如果不开除那些右派，多年受军国主义影响的日本人不会接受一个民主主义的宪法和民主主义的社会。

本来日本政府内的高级公务员“官僚”作为“官阀”，也和“军阀”、“财阀”一起被美国视为“封建主义的残渣余孽”，三者基本上都是侵略政策的推行者，只不过程度和速度不一样。军阀最残酷、最激进，官阀与财阀主张用外交和经济手段推行侵略政策。但是美国为了推行间接统治，不得不利用“官阀”这个行政团队。他们中有些亲英美派，比如，吉田、币原和芦田等职

---

① 末川博、家永三郎監修：《日本現代史資料——日米安保条約体制史》(1)，三省堂 1970 年版，第 590 页。

② 末川博、家永三郎監修：《日本現代史資料——日米安保条約体制史》(1)，三省堂 1970 年版，第 469 页。

业官僚就是亲英美派。他们得到美国的重用，几乎在整个占领期间都居于政权的中枢位置（当然官僚中的内务省、警察和司法省都被改革缩小，宫内省降格为宫内厅），配合了美国的占领政策。美国政策的积极支持者、官僚出身的亲美派吉田茂认为："日本在最近的十几年，由军部极端的国家主义者，或者称军国主义者支配，教育不用说，社会各个方面都被这种主义控制，国家主义和军国主义渗透到日本上下各个部分。因此必须彻底肃清这种主义才能在日本建立民主主义，才能实现自由主义，才能成为自由主义和民主主义国家。必须相当极端地彻底肃清，不打扫干净房间，任何好的宪法，任何好的选举都不能实现，日本也不能成为和平国家和民主国家。"①

与吉田等亲英美派形成对照的是被整肃的战争责任者成了潜在的民族主义者。

鸠山一郎在 1927 年担任过田中义一内阁的书记官（即现在的官房长官）。1931 年 12 月，犬养内阁时期，鸠山出任文部大臣。1932 年 5 月 15 日，犬养被暗杀，战前的政党内阁结束，此后进入军阀内阁阶段。鸠山其实在军阀时期是被边缘化的。因为他战后曾指出美国投下原子弹违反国际法，还批评过共产主义，因此他既得罪了美国又得罪了苏联。被开除公职之后，鸠山把自己创建的自由党托付给了吉田茂。但是 1951 年恢复政治自由后，鸠山却与吉田展开了权力争夺。吉田曾对杜勒斯说过：鸠山是"隐藏在地下的军国主义者"。②

自由党内鸠山集团的主要成员都是战前政友会的成员，都是职业政治家，所以也常常被称为"党人派"。经过占领时代的政治整肃，他们越加厌恶亲美派的官僚。在鸠山看来，外务官僚出身的亲美派吉田茂与麦克阿瑟合作所拥护的这部和平宪法是不符合日本国家利益的，这就是所谓的"战后体制"。鸠山认为占领军总司令与吉田等人通过"战后体制"使日本无力化。他还指责吉田与社会党沆瀣一气维护宪法，是卖国贼。③鸠山曾表示：初期占领政策的方向主要是日本的无力化，为达到此目的，制订了宪法、改革了

① 《众议院预算委员会记录》（1946 年 6 月 21 日），载《日本现代史资料——日本安保条约体制史（1）》，三省堂 1970 年版，第 228 页。

② 片岡鉄哉：《日本永久占領》，講談社 1999 年版，第 314 页。

③ 片岡鉄哉：《日本永久占領》，講談社 1999 年版，第 210 页。

教育制度,不适当地压制了国家观念和爱国心,还有很多分裂国权和无力化的措施。①

战后整肃无疑成了战后日本反美主义的起源,他们质问:21 万人被开除公职,其中有多少是真正的军国主义者。比如,陆海军少尉以上一律开除公职,他们必然对美国有怨恨。还有一些"不适当"审判和开除,比如,上述的文官重光葵和广田弘毅被处死刑,石桥湛三、鸠山一郎等人实际上是因为反对美国的占领政策而被贴上了"超国家主义"标签。所以,至少在战后的整肃中,"开除公职"造成了日美之间的隔阂,鸠山一郎、三木武吉、河野一郎、重光葵、石桥湛三、岸信介等人构成了战后反美势力的核心。

岸信介在战前曾深入研究过北一辉、大川周明等右翼理论家的思想,并成为一个民族社会主义者。虽然他战前做过东条内阁的大臣,但是在 1944 年塞班失守后,他也与天皇的亲信合作迫使东条辞职。战后他作为甲级战犯嫌疑人被收押,三年后无罪释放。作为战前的内阁大臣,岸信介在战后的环境下,至少应该为那场战争向日本国民道歉,但是对于战争的责任他并没有很好地反省。1951 年出狱以后,他组织了政治结社"日本再建联盟",主张修改吉田茂与美国签订的安保条约和战后宪法,但是他的这个政治组织在 1952 年的选举中失败。1953 年,通过胞弟佐藤荣介绍,他加入自由党。1954 年,他与鸠山一起组建民主党,次年该党与自由党合并成自民党,他任该党干事长。在摆脱战后体制方面,他与鸠山具有共同语言,他们认为,即使鸠山内阁不能实现目的,岸信介、河野一郎只要继续努力,三代内阁总会将之实现。

众所周知,岸信介是重视日美关系的,但是这只是表面现象。1957 年,岸信介成为首相,他吸取了鸠山内阁的教训,不再与美国对抗,而是突出强调反共问题,并与美国总统艾森豪威尔建立了个人信赖关系。他认为在这个前提下,推行不损害日本尊严的自主外交是可能的。岸信介明确打出了反共、民主主义的旗帜,主张加强日美同盟,避免美国怀疑。他曾经提醒与苏联签订渔业协定的河野一郎:被贴上赤色标签,在日本会成为首相的致

---

① 片岡鉄哉:《日本永久占領》,講談社 1999 年版,第 344 页。

命伤。[①]实际上，岸信介要追求日本的自主外交，他说：要建立日美之间的友好亲善就必须消除这些不平等残渣，使两国关系成为对等的关系。具体要解决的问题是安保条约的修改和冲绳问题。[②]在修改安保条约问题上，岸信介与主张废除这个条约的社会党有一定程度的共识，却与主张在安保问题上"搭便车"的吉田茂有所不同。岸信介所追求的是修改安保条约，进而修改和平宪法。

第七节　安倍晋三与东京审判

岸信介是战后民族主义者登上政治高位的代表人物之一，在他之后这一派并未成为日本政治的主流。直到安倍晋三上台，这种倾向才有抬头，安倍内心接受岸信的思想，在对待东京审判和靖国神社问题上具有历史修正主义倾向。日本的靖国神社供奉的是所谓为国家而战死的军人，战争期间日本士兵都曾以"靖国神社见!"相约，抱着必死的决心走向战场，也就是说，被供奉在靖国神社，意味着战死者被承认是殉国者，享受一种荣誉。1951年年末，东京审判判决的战犯家属就向日本国会参议院法务委员会提出了要把战犯的灵位放到靖国神社供奉。1952年5月，日本法务省取消了把战犯等同于被日本法院处刑犯人的规定，恢复了战犯的"公民权"。1953年，日本政府修改抚恤法，认定战犯的"刑死"和"狱死"都属于"公务死亡"。1956年，日本厚生省接受了日本遗族会的申请开始与靖国神社方面合作进行"战犯合祭"的进程。

"战犯合祭"问题由厚生省来插手，其原因是：战前的靖国神社是由陆军省、海军省和内务省管辖的国家机关，供奉名单由陆军省和海军省提出；战后，靖国神社变成民间宗教团体，根据宪法第20条关于政教分离的规定，政府不能参与宗教活动，但是战死者和战犯处刑者的确认并不是民间神社能够完成的，必须依靠政府的调查力量。另外，战前的陆军省和海军省都在非军事化过程中被解散，有关战争的善后处理问题交由厚生省

① 原彬久：《戦後日本と国際政治》，中央公論社1988年版，第392页。
② 原彬久：《戦後日本と国際政治》，中央公論社1988年版，第35页。

负责。祭祀的决定过程是，先由神社向国会提供战死者基本信息，然后由厚生省责成地方政府进行调查，最后在厚生省汇总送交靖国神社，由靖国神社最后决定。关于第二次世界大战时期战死的日本军人的“合祭”在1959年大体结束。

关于战犯的“合祭”，在1958年关在巢鸭监狱的所有战犯被释放之后开始，这项工作由厚生省“返乡支援局”负责。他们为了避免舆论批评，1959年3月，首先从乙级战犯和丙级战犯开始“合祭”进程。1959年4月，向靖国神社提供了346人的名单。之后，到1967年4月为止又分四次提供了984人的名单。

关于甲级战犯的“合祭”，是从1966年2月开始的。当时厚生省向靖国神社提供了12人的名单，包括：7名死刑犯，即土肥原贤二、广田弘毅、板垣征四郎、木村兵太郎、松井石根、武藤章和东条英机；在监狱病死的5名，即平沼骐一郎、小矶国昭、白鸟敏夫、东乡茂德和梅津美治郎。1969年1月，厚生省与靖国神社达成协议，不对外公布，但是当时还是没有做出决定。后来，由于反对东京审判的主张，如果不“合祭”甲级战犯，就会造成日本承认东京审判的结果，所以，靖国神社的决策机构“靖国神社崇敬者总代会”做出了“合祭”甲级战犯的决定，并向神社方面施加了压力，但是靖国神社负责人筑波藤麿态度谨慎，没有同意。1978年3月，筑波死之。7月，筑波的后任松平永芳成为靖国神社负责人。因为他的岳父醍醐忠重作为乙、丙级战犯被荷兰法庭判处死刑，因此松平一直认为东京审判应该全面否定。他于1978年10月17日把在审判前就死亡的松岗洋佑和永野修身也包括在内，总共14名甲级战犯秘密“合祭”在靖国神社。

14名甲级战犯被供奉在靖国神社的事实于1979年4月被媒体曝光，但是，当时并没有引起风波。到了1985年8月15日，中曾根康弘以首相身份参拜靖国神社时，该问题作为外交问题突出出来。从上述事实，特别是根据松平的观点和动机来看，供奉甲级战犯实际上已经超出了对战死者祭祀的范围，而是意味着日本一些人通过供奉甲级战犯和首相参拜靖国神社全面否定东京审判的政策，是日本一些民族主义者否定东京审判对日本的侵略行为定罪的行动。

安倍晋三对于东京审判，早有自己的定论。他根本不认为甲级战犯是罪犯，更不认为日本发动过侵略战争。他说，在国际法上，以事后法为根据的审判是无效的。他说，甲级战犯中活下来的，有人在战后重新活跃于日本政坛，比如，贺屋兴宣成为法务大臣，重光葵成为外务大臣，重光葵还代表日本参加联合国大会。有人批评说，日本接受《旧金山和约》就意味着承认“东京审判”，参拜靖国神社是违反国际条约的行为。对此，安倍解释说，重光葵出席联合国大会，并没有受到批评，他还获得过日本政府勋章，所以，从国内法角度看，甲级战犯没有被当作犯罪者对待，这是日本国民的意见，他们与其他战死者一样，其后人享受“遗族年金”①。可见，安倍基本上是反对“东京审判”的，他对过去军国主义犯下的罪恶没有丝毫反省。

安倍对靖国神社的参拜，反映了日本军国主义残余的思想死灰复燃，也反映了日美之间围绕东京审判产生的历史恩怨并没有随着时间的推移而消失，美国对日本的战后整肃并没有让反美的民族主义者销声匿迹。安倍参拜靖国神社遭到了美国的强烈批评，这使他企图借美国之力展开全球外交受到严重影响。美国对于历史问题并不是不管不问的。据美国智库布鲁金斯学会一次研讨会上美国智库学者的观点，对奥巴马政府而言，历史问题是美日关系需要处理的问题之一，如果安倍去参拜靖国神社，即便美国官方不表态，美国外交政策界也会联手《华盛顿邮报》、《纽约时报》等媒体警告安倍不要一意孤行。其实，2013 年 8 月，美国副国务卿曾告诉日本外务审议官杉山晋辅，美国很关心安倍是否参拜靖国神社。美国国务院高官还向日本外务事务次官斋木昭隆表示了美国对这个问题的关切。美国参议员梅南德斯曾在东京赞扬安倍不参拜靖国神社的保证，言外之意是美国反对日本首相参拜靖国神社。小布什政府的外交顾问艾伦·伯格也说，美国对安倍于 2013 年 12 月 26 日参拜靖国神社表示“失望”，说明安倍的行为对日美关系产生了负面影响。

总之，审判战犯虽然是肃清日本军国主义的重要措施，也是美国改造日本的重要措施，但是，战后日本的民族主义者却从未放弃为侵略战争翻案的念头，胜者对败者的审判这种固定观念在一些民族主义者头脑里根深蒂固。他们参拜靖国神社的用意在于向甲级战犯致敬，更在于向美国示威，旨在用

① 安倍晋三：《新しい国へ》，文春新書 2013 年版，第 73—74 页。

行动否认远东国际法庭的审判。日本如果继续如此向右转，那么，日美在历史问题上的矛盾将日益突出，必将在两国的战略合作上留下阴影。安倍自2013年底以来，再未亲自参拜靖国神社。主要政治考量是日美关系，其次才是日本与邻国的关系。

第二章　制定和平宪法

制定和平宪法是美国对日本进行改造的重要内容。美国在第二次世界大战结束之前就开始筹划如何改造日本，美国国务院还专门设置了特别调查部门研究战后对日政策，基本的观点是防止日本再度成为国际社会的威胁，也就是防止日本再度成为美国的威胁。美国政府内的主流意见是要对日本进行彻底的非军事化和民主化改造。其中，惩办战犯只是战后改造的第一步，要想巩固非军事化措施的成果，还必须通过法律规定保证日本必须走和平发展道路。因此，制定一部和平宪法，通过这个根本大法确立和平与非军事化原则是非常必要的，只有这样才会消除日本对美国在亚太地区优势地位的威胁，还能保证美国利用日本的经济力量和军事基地实现其在亚太地区的战略目标。和平宪法的核心内容是第九条，即非军事化条款的制定，本章集中对这个问题进行阐述，通过史料的挖掘分析日美两国在非军事化过程中明争暗斗的过程，进一步了解今天日本出现的修改宪法动向的战后史背景。

第一节　宪法第九条的形成

日本宪法之所以称之为“和平宪法”，是因为它的第九条。可以说日本宪法的核心内容是第九条，该条是日本非军事化的法律保障，它的思想来源是近代以来在欧美国家形成的“非战”理念。

一、非军事化

所谓非军事化，就是规定日本不得保持陆海空军、秘密警察，甚至民用航空等与武装力量相关联的组织和机构。美国当初的意图是非常明显也非常彻底的，具体说就是让日本的地上、航空和海军兵力解体，让日本的战时大本营、参谋本部和秘密警察等组织解散，还要没收日本的陆海空军用资材、陆海空军舰船、陆海空军设施及陆海军飞机和民用飞机。非军事化的历史背景是第二次世界大战，比如，1941 年的《大西洋宪章》和 1945 年的《波茨坦公告》都有关于废除日本武装力量的内容，特别是《波茨坦公告》具体规定了解除日本武装，防止其再军备的条款。总之，美国的最终目的就是《波茨坦公告》第七条规定的毁灭日本的战争能力。

本书前一章所述的审判战犯和开除公职也是非军事化的重要环节，除此之外，美国对日本的非军事化政策还进一步从人员整肃方面采取了比较彻底的措施。比如，拘捕日本大本营及参谋本部高级职员、日本政府其他陆海军高级职员、超国家主义及军国主义组织的领导人、其他军国主义及侵略的重要推动者，留待将来进行处分。开除公职就是将军国主义及好战的国家主义积极推进者从国家公职以及任何重要的地位中清除，解散并禁止超国家主义和军国主义性质的社会、政治、职业及商业团体和机关。

经过非军事化整肃，1945 年 10 月 16 日，麦克阿瑟首先宣布日本军复员完成，他说：今天，日本军队在全国范围内复员完成并从此消灭了，日本军队完全消失了。历史上，不管战时还是平时，不管是美国还是其他国家推行的，本人不知道是否有过如此迅速并且无摩擦地完成复员的例子。日本所有的陆海空军战力都被禁止，这将会带来该国军事力量及其军事力量在国际政治中影响力的终结。不管日本的规模大小，其不再被看作是世界列强的一员。如果要求生存的话，日本的将来，除了和平的道路之外别无他选。

正如麦克阿瑟所言，美国对日本的非军事化改造，就是铲除日本的武装力量，使之从世界列强的成员中退出，成为一个二流或者三流国家。非军事化使得包括海外驻军在内的日本的 700 万兵力，放下了武器。对此，麦克阿瑟不无得意地说：在日本进行的极其困难而危险的投降进程中，不费一发子弹，联合国士兵不流一滴血，这在历史上从未有过。这样，伟大的《波茨坦公告》决定的事项就完成了。①然而，这只是第一步。下一步麦克阿瑟还要

① 末川博、家永三郎監修：《日本現代史資料——日米安保条約体制史》(1)，三省堂 1970 年版，第 568 页。

从法律上规定日本的非军事化，以便牢牢束缚住日本，让日本自愿奉行和平主义政策，改过自新。这部法律就是战后日本的根本大法——宪法。

二、第九条的思想来源

非军事化的法律保障是日本宪法第九条。关于第九条制定的动机，有人认为是为了转移各国对保留天皇制批判的视线。[①]因为有了这一条的保证，也就防止了日本再次成为军国主义的可能，即使保留天皇制也只具有象征意义，没有了军队，天皇就不会再次被利用为侵略的工具。然而，即使这个想法是合理的，美国在日本实行非军事化仍然具有更深层次的思考。其实，关于非军事化的思想来源，一般认为是 1928 年的《巴黎非战公约》，它被认为是日本宪法第九条的思想起源。不过，更进一步思考的话，非战思想的出现比《巴黎非战公约》还要早，比如，1899 年的海牙和会，1919 年的《国际联盟规约》和 1924 年的《日内瓦议定书》等文件都规定了放弃以战争作为解决国际争端的手段和以和平手段解决争端的内容。

美国对日本的改造，是在消灭日本军国主义之后，通过制定和平宪法实现的。和平宪法的核心理念是彻底的非军事化、否定战争与放弃使用武力，避免日本再次由于政府的行为导致战争的惨祸发生，所以，麦克阿瑟执意要在日本宪法第九条中规定放弃战争的内容。

关于放弃战争的条款，早在麦克阿瑟担任菲律宾总统军事顾问期间就有先例，1935 年的菲律宾宪法就规定了放弃战争的条款。当时美国国会通过决议，承认菲律宾议会召集宪法制定会议，如果菲律宾宪法被美国总统批准，将具有与美国州宪法同样地位。罗斯福批准的 1935 年菲律宾宪法第二条第二款规定了菲律宾放弃战争作为国家政策的内容，麦克阿瑟是这一条的建议人。麦克阿瑟属于美国共和党保守派，它对于把美国文明引入亚洲一直抱有使命感，认为把欧美人的这些和平主义与民主主义理念注入亚洲是理所当然的。正是在这种背景之下，麦克阿瑟带着战胜国的威风来到日本，他要惩罚一下日本这个军事上的对手，惩罚的方式就是让日本解除一切武装，然后制定宪法巩固这一改造成果。于是，麦克阿瑟成了战后日本的

① 西修：《日本国憲法成立過程の研究》，成文堂 2004 年版，第 234 页。

"宪法之父"。

三、第九条的形成过程

日本宪法是在占领当局有关官员用一周时间起草的,第九条的日本原文如下:

(1) 日本国民は、正義と秩序を基調とする国際平和を誠実に希求し、国権の発動たる戦争と、武力による威嚇又は武力の行使は、国際紛争を解決する手段としては、永久にこれを放棄する。

(2) 前項の目的を達するため、陸海空軍その他の戦力は、これを保持しない。国の交戦権は、これを認めない。

译文如下:

(1) 日本国民诚实地谋求以正义和秩序为基础的国际和平,永远放弃由国家权力发动的战争和武力威胁或者行使武力作为解决国际争端的手段。

(2) 为实现前项之目的,不保持陆海空军及其他战力,不承认国家的交战权。

是谁首先提出了这一非军事化条款的内容?关于这一条款的发案人,有人认为是日本前首相币原喜重郎。[①]麦克阿瑟在1951年5月5日的美国国会证言中也谈到币原喜重郎首先提出过日本的非军事化问题。1962年12月10日,日本内阁宪法调查会会长高柳贤三在一份书简中也提到此事。[②]不过,仍然有人认为这一条的内容是麦克阿瑟在主导制定宪法的过程中提出的,[③]正确的说法应该是:麦克阿瑟根据币原发言最后确定的。[④]

事情的过程大致是这样的:1946年1月24日,当时的日本首相币原喜重郎拜访麦克阿瑟。币原向麦克阿瑟提出两个问题,一个是天皇问题,

① 深瀬忠一:《戦争放棄と平和的生存権》,岩波書店1987年版,第137—138页。
② 西修:《日本国憲法成立過程の研究》,成文堂2004年版,第219—220页。
③ 宮沢俊義、芦部信喜補訂:《コンメンタール全訂日本国憲法》,日本評論社1978年版,第167页。
④ 野中俊彦、高橋和之、中村睦男、高見勝利:《憲法(1)第4版》,有斐閣2006年版,第149页。

另一个是关于非军事化问题。关于非军事化问题，亲英美的币原认为战后日本应该放弃战争，以彻底的和平主义为战后日本的国家方向。币原的提议令麦克阿瑟十分钦佩。其实，币原在战前就主张日本应该与英美合作，反对日本在亚洲大陆行使武力，战后他提出了"建设一个贯彻民主主义、和平主义、理性主义的新日本"的构想。当然，宪法的和平主义主要还是出于麦克阿瑟的构想和创意，币原只不过是一般性的提议，即使他不提议，麦克阿瑟也早就决定了要铲除日本的武装，所以，既然币原迎合麦克阿瑟的意图主动提出，麦克阿瑟当然赞同这个提议。确切地说，把这种非军事化的理念注入日本宪法条文，使其法律化，毫无疑问只有麦克阿瑟才有专利。

非军事化的提议出自币原喜重郎，并不等于战后初期其他日本官员都赞成这个提议。其实，宪法第九条的具体制定还是经过了一个繁琐的讨价还价过程。

第二次世界大战结束之后，美国要求日本修改战争期间实行的所谓《大日本帝国宪法》，所以，战后初期的日本政府修改了明治时期制定的这部帝国宪法的一部分。但是，他们并没有对之进行实质性改动，比如，他们把旧宪法中的陆海军改称为"军"，规定军事行动须由议会同意，这些都是一些微不足道的修改，美国显然不会满意。1946 年 2 月 1 日，日本政府的宪法问题调查委员会(委员长是松本烝治)提出对旧宪法的修改草案，即所谓"松本案"，主要规定了"天皇主权制"。这一草案立即引起麦克阿瑟的不满，他于 2 月 3 日指示盟军司令部民政局单独起草宪法，并提出了三项原则：维持天皇作为日本国民象征，放弃战争，废除封建制度。其中，关于放弃战争的内容英文原文是：War as a sovereign right of the nation is abolished. Japan renounces it as an instrumentality for settling its disputes and even for preserving its own security. It relies upon the higher ideals which are now stirring the world for its defense and its protection. No Japanese Army, Navy, or Air Force will ever be authorized and no rights of belligerency will ever be conferred upon any Japanese force.

译文是："日本放弃作为国家权力的战争。日本放弃作为解决争端的手段和保护自身安全的手段的战争。日本的防卫与安全依赖世界崇高的理想。日本将来也不保持陆海空军,日本军不具有交战权"①。

1946年2月3日,盟军司令部民政局长惠特尼(Courtney Whitney)召集了副局长菲勒兹(Bonner F.Fellers)、民政局官员哈斯(Alfred R.Hussey)中校和罗威尔(Milo E.Rowen)中校,把起草新宪法的任务交给他们。惠特尼还交给这三位起草人一个写有"麦克阿瑟三原则"的记录。之后,三人构成了运营委员会,下设七个小委员会分担起草任务。宪法草案在一周内完成。1946年2月13日,惠特尼等人到东京日本外相官邸将宪法草案交给日方。

根据"麦克阿瑟三原则"的记录,惠特尼的起草班子起草的宪法草案"关于废止战争"中的内容规定:第二章第八条:废除作为国民主权的战争,永远废除武力或武力威胁作为解决争端的手段。关于放弃战争的这一条款的内容是由菲勒兹副局长起草的,他去掉了关于放弃自卫战争的部分,将其改为只放弃意味着侵略战争的"作为解决纷争手段的战争"。他认为,考虑到国际政治的现实情况,不宜连自卫权都放弃,如果占领当局强加于日本一部这样的宪法,对日占领一旦结束,宪法的全部内容都有被废除的危险。当时,麦克阿瑟同意了菲勒兹的修改,这样看来,宪法第九条所说的放弃战争,当然指的是放弃侵略战争。

根据占领军总司令的上述意图,日本政府于3月2日提出新宪法草案,其中第二章第九条规定:永远废除作为国家权力的战争及以武力行使和武力威胁作为解决与他国争端的手段,不承认陆海空军及其他战力和交战权。3月5日,日本政府又提交了另一份草案,其中的第二章第九条规定:永远废除作为国家主权的战争及以武力行使和武力威胁作为解决与他国争端的手段,不允许保持陆海空军及其他战力,不承认交战权。在这里,"国家权力"被改为"国家主权",并增加使用了"不允许"陆海空军及其他战力的说法。宪法改正草案纲要于1946年3月6日公布,其中第二章第九条的内容是:永远废除作为国家主权的战争和以武力行使和武力威胁作为解决与他国争端的手段。不允许保持陆海空军及其他战力,不

① 《3-10 マッカーサー三原則(「マッカーサーノート」) 1946年2月3日》,《日本国憲法の誕生》,国立国会図書館2009年12月9日閲覧。

承认国家的交战权。

1946 年 3 月 6 日，麦克阿瑟就宪法问题发表声明称，5 个月之前，即 1945 年 10 月，他曾首次指示制定新宪法，他认为新宪法应该是一部启蒙宪法，宪法的第一重要内容就是：放弃战争作为国家主权权利；永远放弃以武力威胁和行使武力作为解决纷争的手段；禁止拥有陆海空军及其他战力，不承认国家具有交战权。通过这样的保障和誓约，日本放弃主权上的固有权利，将来的安全与生存应该依赖世界的爱好和平的国民的善意与正义。为此，作为解决国际纷争的手段，战争已经毫无意义，日本基于这种认识，决定沿着对人类的正义、忍耐和理解的信赖所指引的道路前进。

草案首次公布以后，1946 年 4 月 17 日，日本政府发表了枢密院咨询案，其中第二章第九条规定：永远放弃作为国家主权的战争及以武力行使和武力威胁作为解决与他国争端的手段，不允许保持陆海空军及其他战力，不承认国家的交战权。沿用了“国家主权”和“不允许”的用语。5 月 25 日，枢密院咨询后的草案公布，其中第二章第九条的内容是：永远放弃作为国家主权的战争及以武力行使和武力威胁作为解决与他国争端的手段，不保持陆海空军及其他战力，不承认国家的交战权。改动之处是将“不允许保持陆海空军……”改为“不保持……”。

在日本新宪法的制定过程中，虽然美国施加了压力，但是，美国人还是征求了日本人的“同意”。特别是日本天皇裕仁也是支持新宪法的，所以，严格地说，日本的和平宪法是在占领军总司令麦克阿瑟、日本首相币原喜重郎与日本天皇裕仁三者达成共识的背景下成立的。尤其重要的是币原内阁接受了这部宪法，才使得它能够通过日本政府发布并实施，战后日本才开始了和平发展道路。之后，日本国民逐渐接受并赞成这部宪法，以至于后来不管美国本身还是日本的“修宪派”企图修改这部宪法都难以实现。吉田茂和币原喜重郎一样也是有名的保皇派，由于宪法把天皇制规定为象征性质，起初他并不赞成这部宪法，但是，等到他继任首相之后，也开始转变态度成了护宪派。由于这位长年把持日本政治主导权的政治家及其接班人的“护宪”态度，这部以第九条的非军事化内容为核心的和平宪法终于没有被任何势力所撼动。

第二节　宪法第九条的解释

日本宪法虽然至今不可撼动，但是对于其中第九条并不是没有异议。有关第九条的争议由来已久，主要集中在“芦田修正案”的含义，“战力”的含义，自卫队的性质以及核武器等问题。

一、“芦田修正案”的意义

早在宪法公布之前，日本还是对这一条的内容进行过参与，著名的“芦田修正案”便是其中之一。

1946 年 6 月 25 日，日本枢密院通过的宪法草案提交众议院，当时的众议院帝国宪法改正委员会小委员会委员长芦田均对这一草案提出了修正，他在第九条第一款加上“日本国民诚实地追求以正义与秩序为基础的国际和平”，在第二款，他加上了“为实现前项之目的”①，这样，日本宪法草案第九条的内容变成：

> 第一款，日本国民诚实地追求以正义与秩序为基础的国际和平，永远放弃作为国家权力的战争及以武力行使和武力威胁作为解决与他国争端的手段。
>
> 第二款，为了达到上一条款之目的，声明不允许保持陆海空军及其他战力，否认国家的交战权。

但是，芦田于 7 月 29 日向国会提出了上述案文之后，7 月 30 日，上述案文被国务大臣金森德太郎等参加小委员会会议的议员修改为：

> 第一款，日本国民诚实地追求以正义与秩序为基础的国际和平，声明不保持陆海空军及其他战力，否认国家的交战权。
>
> 第二款，为了达到上一条款之目的，永远废除作为国家权力的战争

① 野中俊彦、高橋和之、中村睦男、高見勝利：《憲法(1)第 4 版》，有斐閣 2006 年版，第150 页。

和以武力行使和武力威胁作为解决与他国争端的手段。

这一修改的特点是，两款的内容有所颠倒。后来，国会经过再次讨论，还是将第一款和第二款再重新颠倒过来，即：

第一款，日本国民诚实地追求以正义与秩序为基调的国际和平，永远放弃作为国家权力的战争和以武力行使和武力威胁作为解决与他国争端的手段。

第二款，为了达到前一条款之目的，不允许保持陆海空军及其他战力，不承认国家的交战权。

那么，芦田对宪法草案的修正包含着什么意义呢？对于这个问题，1946年8月24日，芦田均在众议院曾经做过解释。他说："决意放弃战争、撤销军备的动机，无非是出于对人类的和谐、世界和平的追求。"①但他的解释并没有解答人们的疑问。一般认为芦田是为了不放弃自卫战力而做的修正，只是关于这一点并没有实际资料证明，芦田本人又没有具体说明，所以，芦田为什么这样修正，至今是个谜。

尽管如此，作为国际法学者出身的政治家芦田均不会不意识到他的修正会产生重大的意义，这就是日本有可能根据他的修正内容，把宪法第九条第二款解释为：日本有保持"自卫战力"的可能性，甚至继而为日本拥有自卫权提供了解释的余地。事实上，当时对于芦田的这一修正，远东委员会曾提出过异议，他们认为这一修正有可能使日本以自卫为借口保持军事力量，②所以，后来宪法增加了"文民条款"，即第66条第2款的规定：内阁总理大臣及内阁所有国务大臣必须由文民担任。这一规定进一步限制了日本再次走向军国主义的可能。

事实上，芦田的修正案确实为后来的宪法解释提供了根据。本来宪法

---

① 官報号外：《昭和21年8月25日，衆議院議事速記録》第35号，第503页。

② "Transcript of Twenty-Seventh Meeting of the Far Eastern Commission, Held in Main Conference Room, 2516 Massachusetts Avenue, N.W., Saturday, September 21, 1946"，《日本国憲法の誕生》，国立国会図書館2009年12月9日閲覧。

第九条第一款明确规定了日本要永远放弃战争及行使武力作为解决国际争端的手段,不以武力相威胁。第二款前段规定,放弃一切军备,后段规定"不承认国家的交战权"。这样,一般的理解当然是日本通过宪法的这个条款也放弃了自卫战争。但是,后来有人解释说,芦田修正案既然在第一款加上"日本国民诚实地追求以正义与秩序为基础的国际和平"一句,那就意味着日本是在这一前提下放弃使用武力和以武力相威胁,但是如果日本受到违反"正义与秩序"的不正当侵略,还是拥有自卫权的。既然日本拥有自卫权,那么,在自卫权的范围内进行排除他国侵略的自卫行动也不应该禁止。另外,自卫权并不是一个简单的抽象概念,它是以必要最小限度的实力为基础的,后来组建的自卫队就是作为自卫权的内容存在的必要最小限度的存在,所以自卫队并不违反宪法。可见,芦田修正案在法律上为日本通过解释宪法,主张拥有自卫权和"必要最小限度的战力"提供了可能。

二、什么是"战力"?

宪法第九条第二款规定了日本不保持陆海空军及其他战力,不承认国家的交战权。首先明确禁止了日本拥有陆海空军,其次作为兜底条款也禁止了"其他战力"。也就是说除了陆海空军之外,相当于军队的"战力"也不能拥有。但是,由于这里的"战力"一词极具模糊性,所以,哪些力量属于"战力",哪些力量不属于"战力",其解释因人而异,为日本拥有不属于"战力"之力量提供了解释的空间。那么,什么是战力呢?这要从英文原文来看,宪法第九条第二款的英文原文是:

> In order to accomplish the aim of the preceding paragraph, land, sea, and air forces, as wεll as other war potential, will never be maintained, the right of belligerency of the state will not be recogniced.

"war potential"一词虽然一般被日本人翻译成"战力",但是,有一种意见认为"战力"的含义就是指可以对战争发挥作用的所有潜在能力。[①] 这样

① 鵜飼信成:《憲法 新版》,弘文堂1968年版,第61—62页。

解释的话,所有的警察力、重工业设施、港湾、飞机、机场、航空学等科技、能源等因素都可以被看作是"战力",因为它们都可以被看作是能够对战争发挥作用的潜在能力。显然,这种解释有点扩大化了,①实际上,战后美国虽然通过包括解体财阀在内的非军事化改造肃清了日本的军国主义,但是日本的基本工业设施,警察、港湾、机场等基本设施和组织还是被允许存在的。

有一种观点认为,所谓除了陆海空军以外的"战力",是指超过警察力程度的实力,也即是指军队或者军备。然而,军队本身就是用于抵制外敌进攻和国土防御的实力,包括人力、物力手段和组织,②属于陆海空军,第九条第二款已经提到了。所以,"超警察力"的解释还是没有解释什么是"战力"的问题。

还有一种解释是近代战争说,认为宪法的"战力",是指实行近代战争所必要的装备和编制。③吉田内阁做过这种解释。④吉田茂在1950年7月的国会答辩中说:警察预备队完全是为了维持治安和维持秩序,除此之外没有任何其他目的。不是为了加入联合国的条件,不是为了再军备,警察预备队不是军队。⑤1952年的吉田内阁"政府统一见解"是:"战力"是实行近代战争时发挥作用的装备和编制,拥有不具备"战力"程度的实力,并用于针对直接侵略的防御,不违反宪法。⑥1953年7月,日本保安厅长官木村笃太郎对这一观点又做了进一步解释,他说:宪法第九条第二款的"战力"是进行近代战争所必要的装备和编制力量,这种力量是可以向外国实行侵略战争的巨大力量,虽然用于侵略战争的力量不一定是"战力",但是对外国进行侵略战争的力量往往是"战力"。⑦其实,"近代战争能力论"与"超警察力论"一样,还是把"战力"解释为军队。

---

① 宮沢俊義、芦部信喜補訂:《コンメンタール全訂日本国憲法》,日本評論社1978年版,第167页。

② 宮沢俊義、芦部信喜補訂:《コンメンタール全訂日本国憲法》,日本評論社1978年版,第167页。

③ 《朝日新闻》1952年11月26日。

④ 《朝日新闻》1952年11月26日。

⑤ 《1950年(昭和25年)7月29日,衆議院本会議における佐瀬昌三議員に対する吉田茂首相の答辩》,《第八回国会衆議院会議録第十号》,第164页。

⑥ 阪田雅裕:《政府の憲法解释》,有斐閣2013年版,第9—10页。

⑦ 《1953年(昭和28年)7月25日,参議院予算委員会における亀田得治議員に対する木村篤太郎保安庁長官の答弁》,《第十六回国会参議院予算委員会会議録第二十三号》,第3页。

与上述两种解释有类似之处的还有一种解释叫做“超自卫力”，这种解释把“战力”称为“超过自卫上必要的最小限度的实力”。1946 年 9 月，国务大臣金森德太郎对第九条的解释是：第九条第二款禁止拥有武力，但是可以用武力以外的方法进行一定程度的有限度的防卫，不能进行战争；根据第九条第一款不一定禁止自卫战争的规定，第二款规定的是进行自卫战争的力量。[①]沿着这个思路，1954 年，自卫队成立时，鸠山一郎内阁做了相同的解释。[②]该解释也是现在日本政府的基本见解，其基本要点是：宪法第九条第一款并没有否定自卫权，所以，为了行使自卫权有必要拥有“自卫上必要的最小限度的实力”，这点实力不属于第九条第二款规定的“战力”，超过这个实力才是第九条第二款规定的“战力”[③]。

可见，上述的解释都把日本现有的警察、自卫力量等准武力排除在了宪法第九条第二款规定的“战力”之外，所以，拥有这些现有的力量都不违反宪法。

三、自卫队是“战力”吗？

既然日本把宪法第九条第二款规定的“战力”解释为从事“近代战争”的能力、“超警察力”或者“超自卫力”，也就为自卫队不属于这一“战力”范畴，因而自卫队不违反宪法第九条找到了一个“合理”的解释。1954 年 12 月 21 日，社会党议员成田知巳在众议院预算委员会就自卫队的性质向鸠山一郎提问，以下是成田与鸠山的辩论。

成田：自卫队是不是军队？

鸠山：我不知道自卫队与军队有什么区别。

成田：你说不知道有什么区别，那就是说自卫队与军队一样了？我可以这样理解吗？

鸠山：我只是不知道把自卫队说成军队是否是错误的，说它们是

---

① 《1946 年(昭和 21 年)9 月 13 日，貴族院帝国憲法改正案特別委員会における高柳賢三議員に対する金森徳次郎国務大臣の答弁》，《第九十回帝国議会貴族院帝国憲法改正案特別委員会議事速記録第十二号》，第 3 页。

② 《1954 年 12 月 22 日，鳩山一郎内閣政府統一見解》。

③ 《昭和 47 年 11 月 13 日，参議院予算委員会、吉國内閣法制局長官答弁》。

> 同样的是否可以,说它们不同是否可以…… 自卫队以自卫权为由进行战争是被承认的,从行使自卫力量的点上看,交战是被承认的。
>
> 成田:这是你鸠山总理的解释吗?
>
> 鸠山:这是我的解释。我是这样认为的。自卫队如果是因为自卫可以进行战争。发生战争时自卫队不是军队是困难的,因此可以说是军队,不可以说是军队的东西可能就是自卫队吧。
>
> 成田:我想鸠山您也很苦恼,国民对你的信赖是因为你比较直率,除此之外没有别的。但是国民对你刚才的答辩感到很悲哀。大家都知道自卫队在外敌入侵时的出动有自卫队法规定。看看自卫队的装备,可以知道它当然是军队。如果不是军队它又是什么呢?为什么不能直率地承认自卫队就是军队呢?
>
> 鸠山:因为宪法使用了容易引起误解的文字,所以出现了"没有战斗力的军队"这样的答辩,我这样的答辩也是可以的。这是因为宪法本来就写得不明白。所以我认为宪法有必要修改,我今天仍然这样认为①……"宪法第九条的意思是为了自卫可以拥有必要的最小限度战力,但是不能拥有解决争端或者发动侵略战争的任何战力。所谓战力是指战斗能力,其实就是军队。可以这样解释:为了自卫可以拥有军队。"②

从上述答辩可以看出鸠山在自卫队是否可以界定为宪法规定禁止的"战力"的问题上是很纠结的。他好像倾向于承认自卫队是军队,但是,他也深知宪法明确规定日本不可以拥有军队性质的"战力",所以他闪烁其词,不想明了地称自卫队是军队,但是他表示了要修改宪法的意思。

1954年12月,鸠山一郎内阁关于自卫队性质的"政府见解"反映了鸠山的意图。该见解说:宪法第九条承认了我国作为独立国家所拥有的自卫权。所以,拥有执行自卫任务的自卫队,而且设立为了完成自卫的目的拥有必要的相当范围的实力部队是不违反宪法的。自卫队是军队吗?自卫队肩

---

① 末川博、家永三郎監修:《日本現代史資料——日米安保条約体制史》(1),三省堂1970年版,第190—191页。

② 末川博、家永三郎監修:《日本現代史史料——日米安保条約体制史》(1),三省堂1970年版,第191页。

负着应对外国侵略的任务，这种部队是军队的话，自卫队也可以说成是军队，但是拥有这种实力部队不违反宪法。①

鸠山内阁的这个"基本见解"是说：日本既然拥有自卫权，那么，自卫队就是行使自卫权所不可缺少的组织或者部队，所以它不违反宪法。如果这种执行自卫任务的部队可以说成军队的话（注意，这里说的是假设，而且前提是自卫），那么，它不违反宪法。这里，鸠山内阁的"基本见解"说的是自卫队不违反宪法，不是说日本自卫队就是军队，而且不违反宪法。按照鸠山的意思，如果修改了宪法，这种纠结就消除了。

1961年4月13日，日本政府委员林修三阐述了日本政府关于"自卫权"和"战力"问题的"统一见解"。他说：宪法第九条第二款规定，为了达到前款的目的，不允许保留海陆空军等战力。什么是战力？就是指战斗中发挥作用的力量。警察力也包括在内吗？当然不是，因为宪法第九条第一款并没有规定放弃自卫权，所以，自卫上必要最小限度的实力，并不是第二款规定的所谓"战力"②。这样，就为自卫队不属于"战力"范围开辟了道路。1967年3月，佐藤荣作提到：我国的自卫力不构成对其他国家的侵略威胁，因为现在自卫队的自卫力是有限的。自卫队虽然逐渐加强，是因为各种武器、常规武器的侵略也在不断增强，所以必须增加相应的抑制力。宪法允许的范围是不构成对别国的侵略威胁。③

1969年2月21日，日本政府委员高辻正巳说：第二款规定不能拥有"海陆空军和其他战力"，那么，什么是"其他战力呢？"日本政府的解释是：海陆空军是用来抵御外敌进攻的，战力是指潜在战力，一定的人和物的组织体。但是，第二款规定"为了实现前一款的目的，不保持海陆空军和其他战力"。所以，为了自卫这一正当的目的，拥有一定限度的战力，不是宪法禁止的战力。这是政府解释。④可见，虽然自卫队具有军队性质，武器也不断与

---

① 《1954年（昭和29年）12月22日，衆議院予算委員会における福田篤康議員に対する大村清一防衛庁長官の答弁》，《第二十一回国会衆議院予算委員会会議録第二号》，第1页。

② 末川博、家永三郎監修：《日本現代史資料——日米安保条約体制史》(3)，三省堂1970年版，第2页。

③ 《1967年（昭和42年）3月31日，参議院予算委員会における鈴木強議員に対する佐藤榮作首相の答弁》，《第五十五回国会参議院予算委員会会議録第四号》，第3页。

④ 末川博、家永三郎監修：《日本現代史資料——日米安保条約体制史》(4)，三省堂1970年版，第2页。

时俱进实现了现代化，但是，日本政府以自卫权为幌子，硬说它不是“战力”，更不是军队，认为自卫队不违反宪法规定。

由上述解释可以看出，虽然宪法第九条第二款规定日本不得拥有军队和其他“战力”，但是日本政府却认为日本可以保有不达到“战力”程度的实力，他们把这种实力叫做自卫力或者防卫力，他们认为日本应该通过自卫力行使自卫权。至于第二款关于不承认交战权的规定，他们也进行了宪法解释上的“规避”，他们认为：由于自卫，行使必要最小限度自卫力，这种情况下作为例外，日本是有交战权的。①

四、核武器是“战力”吗？

按照宪法第九条第二款的规定，日本不可以拥有军队，也不可以拥有任何“其他战力”，自卫队只要不改名为“军队”(这涉及宪法的修改)，它就属于是否为“战力”的议论对象。为了不与宪法相冲突，日本政府的解释一直是把自卫队说成不具有“战力”的自卫组织。从上述的论述可以看出，鸠山一郎对这种掩耳盗铃的解释非常反感，他认为日本应该干脆修改宪法，明确规定拥有军队。其实，日本对宪法的掩耳盗铃解释不仅反映在自卫队的性质上，还反映在对核武器的认识上。

比如，按照“超自卫力”的解释，核武器也有可能不属于“战力”，只要它用于自卫的目的。1957 年 5 月，岸信介指出：核武器当然是进攻性武器，从宪法的自卫权角度解释，日本不可以拥有核武器。但是，核武器也不能一概而论，如果完完全全是防御性的武器，单因为它的名称是核武器，不能说它违反宪法。问题在于宪法并没有明文规定日本禁止拥有核武器。当然，我的意见是：从自卫权的角度，从自卫的角度，我国应该保有的实力或者力量，应该有所限制。②

1978 年 4 月，内阁法制局长官真田秀夫说：政府对宪法的一贯解释是我国作为独立国家的自卫权没有被否定，这一点从宪法前言和全体文脉可以清楚地知道。为此，自卫上需要必要最小限度范围的实力，这与第二款规定的禁止战力不相矛盾，超过这个限度的战力才是这一款所禁止的。关于

① 伊藤正己：《憲法》第三版，弘文堂 1995 年版，第 178 页。

② 《1957 年(昭和 32 年)5 月 13 日，参議院予算委員会における小林孝平議員に対する岸信介首相の答弁》，《第二十六回国会参議院予算委員会会議録第二十九号》，第 22 页。

核武器，如果是必要最小限度范围，宪法上是允许的，本来宪法没有禁止规定。当然，现在我国坚持无核三原则、遵守原子力基本法与核不扩散条约，不拥有核武器。①

1979年3月，大平正芳首相说：宪法并不禁止不超过最小限度范围的实力，所以，超过必要最小限度范围的武器，即使是常规武器也不拥有，这是宪法的精神。根据宪法的这一精神，核武器如果在上述限度范围之内，政府的解释是宪法没有禁止的规定。当然，虽然政府对宪法有如此解释，但是我国的政策选择是以坚持无核三原则为基本国策，遵守原子能基本法与核不扩散条约，不拥有任何形式的核武器。②

从如上言论可以看出，日本政府不认为宪法禁止了核武器，也不认为核武器完全是进攻性武器，只要它用于自卫，也可以不作为宪法禁止的"战力"看待。因此，即使日本拥核也不违反宪法，只是现实上日本实行无核政策，不发展和拥有核武器而已。这些言论显然为日本一旦认为有必要拥核，走上核武装道路做了铺垫。

第三节　围绕宪法的日美关系

战后日本的政治，如果以宪法为轴心观察，实际上是"护宪派"与"修宪派"的博弈过程，其实质是国际派（亲美派）与民族派的博弈。"护宪派"比较认可追随美国的外交政策，但是反对修改宪法。"修宪派"虽然表面上看赞成美国关于修改宪法、推行再军备政策的要求，但是实际上反映了战后日本民族主义乃至右倾保守势力向美国争取自主权的意愿。"修宪派"在20世纪50年代后期获得日本政治的主导权，并进行过修改宪法的尝试，鸠山一郎和岸信介是他们的代表，安倍晋三则是这一派的继承人。

一、"护宪派"主张轻武装，继续利用美国实现安全保障

对于反映日本非军事化原则的宪法，一部分政治家是欢迎的，比如，战

① 《1978年（昭和53年）4月3日，参議院予算委員会における矢追秀彦議員に対する真田秀夫内閣法制局長官の答弁》，《第八十四回国会参議院予算委員会会議録第二十三号》。

② 《1979年3月16日，参議院本会議における吉田正雄議員に対する大平正芳首相の答弁》，《第八十七回国会参議院会議録第九号》，第3页。

后初期的进步党议员斋藤隆夫曾经说："现在，从天的那一边诞生了《波茨坦公告》。该公告要求强制命令我们日本建立民主政治。这种命令并不是为了灭亡日本，而是为了让日本再生而发出的。它让日本打破长期的高压政治，建立自由政治，从黑暗世界迈向文明世界，所以我们日本国民应该欢迎。"①

倒是美国在朝鲜战争爆发之后，就试图鼓动日本修改宪法，实行再军备，好为美国承担防卫责任。对此，日本的护宪派进行了抵制。吉田茂是日本护宪派的代表。他说过："关于放弃战争的精神，政府从来都是坚持的，只要有机会，无论是在国会还是其他场合，都会表明这一基本立场。"②吉田的态度影响了他的继承人，直到 20 世纪 70 年代，拥护宪法的主张仍然在日本政界占有主导地位。比如，1973 年 1 月 30 日，在一次关于日美安保条约的辩论中，田中角荣提到了宪法。当时，田中针对越战后国际局势的缓和，有人提出日美安保应该废除的意见，在国会发言说："如果没有日美安保，日本的防卫力就应该扩大。"其实他的意思未必是追求日本扩大防卫力，而是主张日本应该继续坚持日美安保条约。但是，在野党社会党紧追不放，要求田中说清楚，为什么日本要增加防卫力，于是，田中解释道：我国的防卫力是在宪法规定的必要的最小限度内，这与安保条约的有无没有关系。③从中可以看出田中维护宪法的态度。

1975 年美国在越战失败之后，又有人开始提出日本应该分担防卫责任的问题。1976 年 4 月 19 日，被认为有望成为国务卿的美国财政部长克纳里就外交问题发言说：美国应该要求日本政府鼓励日本国民认真思考实质上的再军备。④特别是 1979 年苏联进攻阿富汗以后，美国再次提出日本不能永远在安保上"搭便车"。鸽派的大平正芳首相首次提出日美关系是同盟关系。针对美国的批评，大平还召集国际政治学者猪木正道、高坂正尧等人，提出了"综合安全保障"构想，修正了"吉田主义"。该构想认为宪法不能修改，日本不能跟西欧一样提供军事贡献，但是可以在经济技术方面做贡献。

① 《1945 年 11 月 27 日，众议院本会议记录》。
② 《1946 年 7 月 30 日，众议院预算委员会记录》。
③ 《日米安保がなければ防衛力増す必要》，《朝日新闻》(晚刊)1973 年 1 月 30 日。
④ 《日本に再武装を求めよ》，《朝日新闻》(晚刊)1976 年 4 月 19 日。

美国利用日本的“综合安全保障”构想，默认了日本向美国输出和投资，用贸易赚得的钱购买美国国债，形成了巨大的资金环流。日本护宪派用经济方法再次顶住了美国的军事贡献要求。

20 世纪 80 年代，里根上台之后，美国继续要求日本分担防卫责任，但是，增加军事责任需要增加军事投入，这显然涉及宪法的修改。里根政权曾经要求大平的继承者铃木内阁和宫泽内阁负担海上交通线的防卫和扩充军队，但是遭到拒绝。对于当时里根政府对日本加强防卫力量的要求，铃木首相认为：美国应该知道日本有宪法的限制，所以不能发挥军事作用。对于中东波斯湾美苏两国的争夺，铃木说：即使日本从中东进口的石油出现断绝，我国也不能卷入国际纷争。从而明确否认了日本与美国之间的战略连动。[①] 1981 年 3 月 11 日，铃木善幸首相在国会答辩中称：“铃木内阁期间不会修改宪法。将来即使修改宪法问题提到政治日程上，宪法中的和平、民主、人权等基本理念还是要坚持，以这些理念为基础，宪法第九条也应该继续坚持。”

二、“修宪派”主张通过修改宪法扩大武装，实现日本的自主独立

“修宪派”至今为止有三次修改宪法的尝试。第一次是鸠山一郎的尝试。鸠山是民族主义者。在要不要修改宪法的问题上，鸠山与吉田产生了巨大的分歧。在鸠山看来，吉田与麦克阿瑟合作所制定与维护的这部和平宪法是不符合日本国家利益的。鸠山曾表示：初期占领政策的方向主要是日本的无力化，为达到此目的，制订了宪法、改革了教育制度，不适当地压制了国家观念和日本人的爱国心，还有很多分裂国权和无力化的措施。[②]

在摆脱“战后体制”信念的支配下，鸠山获得执政权之后开始了修改宪法的尝试。1954 年 3 月，鸠山在自由党内成立了宪法调查会，岸信介任会长，并发表“宪法改正纲要”。这一年，自由党发生分裂，党内鸠山派，还有岸信介与重光葵的改进党组成了民主党，鸠山成为总裁。鸠山率领的新党有

① 《「九条」将来も堅持》，《朝日新闻》1981 年 3 月 12 日。

② 片岡鉄哉：《日本永久占領》，講談社 1999 年版，第 344 页。

四个政治目的：修改宪法，日美对等，政党交替，限制官僚，表现了典型的独立自主倾向。1955 年 1 月，鸠山对记者说：解决日本与中苏两国的外交关系问题之后，应该积极推进修改宪法进程。1955 年 6 月，鸠山代表民主党与自由党党首绪方竹虎会谈，就制定自主宪法达成一致(绪方是吉田的接班人，但是他被开出过公职，是修宪派)。11 月，两党合并成自由民主党，合并的目的在于为修改宪法获得国会多数议席。1956 年鸠山又决定在内阁设立宪法调查会，加快了修改宪法的步伐。

但是，鸠山修改宪法的尝试并没有成功，因为美国担心一旦民族主义者鸠山真的上台，日本可能从此变得不听话。美国深知鸠山要求的"自主性"是政治与外交的自主，鸠山反对日本成为美国的保护国，还探索日本与中、苏两国正常化的途径。对于鸠山的外交倾向，美国驻日本大使馆也向国务院报告说，鸠山上台可能反美。所以，美国即使后来改变了对日本宪法的态度，主张日本再军备，但没有支持鸠山一郎。

继鸠山之后，"修宪派"的岸信介执政时期进行了第二次修宪尝试。岸信介也是一个民族主义者，战后作为甲级战犯嫌疑人被收押，固有的民族主义理念和对美国占领的不满，使他很快成了一个坚定了"修宪派"。1951 年出狱以后，岸信介组织了政治结社参加选举，但是失败。在修改宪法问题上，岸信介与鸠山一郎具有共同语言，修宪的信念非常坚定。

岸信介重视日美关系，但不改修宪之志。1957 年，岸信介成为首相，他吸取了鸠山内阁的教训，改变策略，不再与美国对抗，而是突出强调反共问题，并与美国总统艾森豪威尔建立了个人之间的信赖关系。他认为在这个前提下，推行不损害日本尊严的自主外交是可能的。为了实现修改宪法的最终目的，岸信介明确打出了反共、民主主义的旗帜，主张加强日美同盟，目的在于避免美国怀疑。当然，岸信介的"亲美"态度不过是一种策略考虑，他的最终政治目标是修改日美安保条约和宪法，这两点都是对美国控制的挑战。岸信介骨子里是反美的，是民族主义的，是主张日本应该有自主外交的。

岸信介修宪的切入点是修改日美安保条约。1957 年 8 月 13 日，岸信介内阁召开了战后首次"宪法调查会议"，自民党和学者各有 17 人参加。1958 年 10 月 9 日，岸信介对美国记者谈了废除宪法的问题。他的做法是通过安保条约的修改进入修宪程序。岸信介说：要建立日美之间的友好亲善就必须消除这些不平等残渣，使两国关系成为对等的关系。具体要解决的问题是安保条约的修改和冲绳问题的解决①。然而，在修改安保条约问题上，岸信介与主张与吉田茂有所不同。吉田认为在安保问题上追求日美平等，将涉及日本的自主防御，如果是这样，就会涉及修改宪法问题。然而，吉田所反对的，恰恰是岸信介所追求的，日美平等的结果，当然是自主防御，进而是日本的再军备，最终会触及宪法。由此可见，修改安保条约只不过是岸信介实现修改宪法的一个重要步骤而已。

但是，岸信介与鸠山一郎一样遭到美国的排除。岸信介修改安保条约引发了反安保运动。社会党认为岸信介修改日美安保的努力仍然是与美国合作。社会党是反对日美安保的（尽管他们拥护宪法），所以他们发起了声势浩大的反美、反安保运动。当反安保运动变成了反岸信介的游行之后，美国对之暗中提供了资金支援，很多亲美企业也向学生组织提供过资金。美国虽然认为修改宪法有助于日本再军备，但是民族主义者岸信介实现自主外交目标与美国的战略不相符，所以，岸信介在这场运动中倒台，其修改宪法的目标也无法付诸实施。之后的实践证明，社会党与自民党官僚派合作，修改宪法问题在之后的几十年时间里成为禁区。经过了大众示威游行的冲击，日本人关心的焦点转到了经济，就连岸信介的胞弟佐藤荣做当时也说："宪法已经在国民中间生根。"②

安倍晋三是"修宪派"的继承人，特别是他继承了岸信介的遗训，认为战后日本无力化的根源是宪法。他认为实现修改宪法目的之际就是日本完成独立之时。如今，在美国调整亚太政策的背景下，安倍发起了修宪攻势。安倍的修宪主张是战后日本"修宪派"主张的传承，是"修宪派"的新尝试，也是民族主义势力追求日本"自主独立"努力的延续，这也成了安倍晋三不能获得美国信任的根本原因。

安倍晋三认为，对于现在的日本来说，大患的原因是宪法。修改宪法就

---

① 原彬久：《戦後日本と国際政治》，中央公論社 1988 年版，第 35 页。

② 山際澄夫：《安倍晋三と「宰相の資格」》，小学館文庫 2006 年版，第 134 页。

是为了维护他的外祖父岸信介以及明治维新时代的志士为之奉献的日本的独立与自尊而进行的斗争。①他还说修改宪法是日本恢复独立的象征，也是必要步骤。②安倍修改宪法的深层次隐藏着日本民族主义者要摆脱美国的野心。

安倍一走上政坛就参加推动修宪的运动。1994 年自民党与社会党合作重返政权之后，召开过党内的理念和纲领再认识讨论，核心问题是要不要修改宪法，但是最后没有结果，只好把这个问题搁置起来。对此，安倍及其同路人国会议员中川昭一等人表示了不满。1997 年 5 月 23 日，日本国会成立超党派“设置宪法调查委员会议员联盟”，安倍是成员之一。2000 年，日本国会设立了为期五年的宪法调查会，2005 年众参两院都提出了报告，这一年自民党还发表了宪法修改草案，其中提出在第九条中加入“自卫军”条款和允许使用集体自卫权的内容。安倍晋三是这个草案起草委员会的代理委员长，委员长是中曾根康弘。党内鸽派河野洋平任总裁时，曾试图把修改宪法的内容从党的纲领中削除，遭到了安倍等人的激烈反对。③

安倍晋三成为日本首相之后力推修宪进程。安倍继承祖辈的政治遗愿，声称“制定自主宪法”是自民党的结党精神，还说“制定平成的宪法是我们这一代的使命”④。他在一次自民党内部会议上发言说：他的梦想就是修改宪法与教育基本法。⑤他说：“摆脱战后体制是日本的最大课题”，“恢复日本，并不简单是从民主党政权夺回日本，这是一场从战后的历史中，把日本这个国家重新还给日本国民的战斗”⑥。他认为现在的宪法已经制定 56 年了，一点都没有变化，可以称为昭和的宪法。“今后我们年轻一代应该制定平成的宪法，这是我们的使命。只有这样才能使日本摆脱战后的束缚”。⑦他还说日本不能永远被关在五十多年前建造的笼子里，实质上是要摆脱美

① 山際澄夫：《安倍晋三と「宰相の資格」》，小学館文庫 2006 年版，第 60 页。
② 安倍晋三：《美しい国へ》，文芸春秋 2006 年版，第 28—29 页。
③ PHP 研究所编：《安倍晋三対論集》，PHP 研究所 2006 年版，第 47 页。
④ 山際澄夫：《安倍晋三と「宰相の資格」》，小学館文庫 2006 年版，第 178 页。
⑤ 山際澄夫：《安倍晋三と「宰相の資格」》，小学館文庫 2006 年版，第 55 页。
⑥ 安倍晋三：《新しい国へ》，文芸春秋 2013 年版，第 254 页。
⑦ 山際澄夫：《安倍晋三と「宰相の資格」》，小学館文庫 2006 年版，第 56 页。

国的束缚。

2012年年底，安倍重新上台意味着“修宪派”时隔多年再次掌握日本政治主导权。安倍内阁制定的《防卫白皮书》提出了强化日本独自防卫能力的方针，称美国削减防卫预算可能导致其遏制力的减弱，这为日本强化自主国防力量提供了背景。安倍认为，自民党在政权承诺中提出，宪法第九条第一款关于日本放弃发动战争的权利，不以使用武力和武力威胁作为解决国际争端的手段，在此大前提下，应通过修改宪法将自卫队定位为国防军，因为除了自己国家保护自己的国民之外，不能依靠任何其他的国家，言外之意是不能依靠美国。2014年2月4日，他还说：“现行宪法的原案是占领军起草的，我们的宪法由我们自己写的精神可以开辟未来。”①从中可以看出安倍的独立自主意识，明显包含着摆脱美国的野心。

小　结

日本战后的体制是宪法体制，这是美国对日本改造的成果。鸠山一郎、岸信介要“真正的独立”，佐藤荣作说“冲绳不返还，战后就没完”，小泽一郎要建设“普通国家”，中曾根康弘讲“战后政治总决算”，安倍晋三要“摆脱战后体制”，都反映了战后日美关系的真相的重要一面。“护宪派”的存在意味着美国对日本改造的成功，因为他们是美国的代理人，但是“修宪派”的存在则意味着美国对日本的改造不能长久维持下去，会不断受到挑战。尽管朝鲜战争爆发之后，美国要日本修改宪法，而且，在宪法问题上，美国与日本的“修宪派”立场一致，但是，“修宪派”的脱美志向令美国不放心。日本国内“护宪派”与“修宪派”的争论和博弈反映了日本人在两种意见之间的选择，他们要选择一条对日本的发展最为有利的道路。至今，他们还没有达成一致，“护宪派”的观点似乎仍然是日本社会的主流。但是，以安倍为代表的“右派”掌权，反映了“修宪派”观点的增加，也反映了日本脱美倾向的加强，所以，从宪法问题中所反映出的日美关系未来走向问题是值得继续关注的。特朗普在竞选期间有关日本应该增加防卫经费，特别是增加负担驻日美军

---

① 《憲法96条改正は必要＝安倍首相》，http://jp.wsj.com/article/JJ10850911224047153535117902645890327743131.html、2014-2-4。

费用的发言，对日本震动很大，对于“修宪派”来说，这在相当程度上是符合他们“自己国家保护自己的国民”，“不能依靠任何其他国家”，“不能依靠美”的主张的。如果美国继续推动日本增加军事负担，同时逐渐收缩其在日本的军事存在，其结果必然是加快日本“自主防卫”的步伐。最后，抛弃这部和平宪法。

第三章　保留皇室体制

关于战后日美关系，特别是在如何处理作为战胜国与战败国的两国之间关系问题上，美国吸取了欧洲历史的经验和教训。拿破仑战争后，反法的急先锋奥地利首相梅特捏曾努力拼凑维也纳体制，并接受了法国成为其中的一员，为欧洲带来了相对长期的和平与稳定，表现了梅特捏的战略眼光；但是，第一次世界大战后，战胜国英法操纵的《凡尔赛和约》却制定了彻底制裁德国的条款，结果导致了后来纳粹在德国出现，破坏了世界和平，被称为"凡尔赛的失败"。第二次世界大战之后，美国对日本的改造主要表现为两大方面，一个是非军事化，一个是民主化。美国人认为，只消灭日本的武装力量还不足以构成防止日本再次成为美国威胁的保证，必须对日本的政治体制进行民主改造，只有通过民主化把日本纳入西方民主主义阵营，才能一劳永逸地铲除日本军国主义产生的土壤。美国认为，日本变成民主的堡垒，不仅对美国的安全有重要意义，而且对于美国的亚太战略也具有重要意义。在美国看来，欧亚大陆东端的岛国日本成为美国控制下的民主国家和军事基地，对于美国的地缘战略十分重要。广义地讲，美国对日本的民主改革包括废除所谓大日本帝国宪法，确立主权在民、象征天皇制、放弃战争和男女平等重要内容。其中，象征天皇制的创设，既是美国对日本封建主义"国体"的改造，也是铲除军国主义温床的重要举措，还是对日本进行民主改革的不可缺少的一环。但是，值得注意的是，美国在这个改革过程中顺应了日本较广泛的民意，没有彻底废除天皇制，这便赢得了日本人对美国占领政策的认可与合作。

第一节　天皇制的历史

在日本进行民主改革的试验，首先要解决的是如何处理日本"国体"的问题,也就是如何处理日本天皇制的问题。日本的天皇制是历史形成的,关于“天皇”的称呼,也有一个形成过程,最早称“大王”。到了公元 7 世纪,日本开始模仿中国政治体制,定国号为“日本”,形成了以“天皇”为中心的中央集权制国家。但是,后来日本的天皇经常处于大权旁落的状况,比如,从公元 10 世纪开始,贵族中与天皇有较强姻亲关系的集团逐渐主持朝政,有名的藤原家族开始实行摄政政治,天皇大权开始旁落于外戚。11 世纪开始,作为一种权术,天皇经常将皇位提前禅让给继承人,然后自己做“上皇”,继续掌握实权实行一种被称为“院政”的政治,结果造成天皇成了一个“儿皇帝”,并无实际权力。在“院政”时期,摄政王藤原系统失去权势,外戚的权势得到控制。

到了镰仓幕府时代,武士开始掌握权力,形成以天皇为中心的朝廷和以将军为中心的幕府两重权力结构,其中,朝廷因为没有军事实力,所以是被架空的。镰仓幕府被灭之后,天皇暂时亲政,但是,到了室町幕府时代,仍然是武士握有实权,天皇再次失去权力。战国时代,织田信长、丰臣秀吉等武士也曾利用天皇加强自己的权力,但是基本上是武士主导全国政治,天皇对政治无能为力。德川幕府虽然也保留了天皇制,但是朝廷的地位受到极大的限制,日本政治的重心是幕府而不是朝廷,政治活动的中心在江户,而不在京都。可以说,在日本历史上,朝廷很少处于政治的中心,幕府时代武士建立的幕府才是政治的中心。

明治维新的意义在于当时的政治家(其实主体也是以长州藩和萨摩藩为中心的武士)通过“倒幕运动”,推翻幕府统治,推行“王政复古”政策,恢复天皇大权,政治的中心由将军幕府转向天皇朝廷。这次运动意味着明治的上层武士们学习西方,废除了封建割据的幕府统治,重建了中央集权制,实际上是模仿欧洲的君主立宪制。明治时期的大日本帝国宪法是参照普鲁士和比利时宪法制定的。宪法起草人伊藤博文考察了欧洲的议会政治,意识到国民统合的基础是宗教,所以,他希望天皇也能发挥宗教性精神作用。明治时期制定的大日本帝国宪法开篇就规定了“天皇万世一系,神圣不可侵犯”,还规定了作为“现人神”的天皇实际上也是面向大众的宗教象征。

明治维新之后的天皇也是军国主义进行战争动员的机构。明治宪法规定了天皇作为国家元首具有统治权,是陆海军的统帅,在国会协助下行使立法权，国务大臣被规定辅佐天皇行使行政权，司法权也以天皇的名义行使。然而，实际上明治时期的政治家才是日本政治的主导者，他们虽然表面上主张“天皇亲政”，实际操作上却没有给天皇以实权，天皇不过这个制度精心设计的一部分而已。比如，明治政府设计的天皇制并没有明确天皇到底是国家机关的一部分还是超乎国家之上的主权者，也就是说，天皇到底是“亲政”还是“超政”的问题，始终都是不甚明确的。造成这种制度设计的历史原因是明治维新时期的政治家要统合一百五十多个封建藩走向近代化，面对各自为政的军阀割据，明治时期的政治家必须利用天皇的权威推行改革，除此之外没有别的办法。既然他们把天皇看成国家的代表，利用人们对天皇的崇拜统一曾经由幕府控制的封建割据国家，那么，天皇的权威就要有权力做后盾，天皇如果只是一种象征的话，是不能保证有实际上尊严的。但是，如果天皇真正具有最高权力的话，他本人难免会陷入权力争夺之中，受到野心家的挑战，这反而会失去权威。日本历史上幕府将军多次操控政治，成为权力的中心，使天皇大权旁落的事实已经证明了这一点。所以，明治维新时期的政治家，把政治交给内阁，天皇成了超越政治的存在，天皇成了所谓“家传的宝刀”，拔出来一定管用，但是他们并不想使用它。这就是明治宪法对天皇制规定的奥妙所在，这种体制就是日本人所坚持的“国体”。

第二节　天皇的战争责任

明治维新之后的日本人认可了天皇制这种政治设计，认为这种所谓的“国体”是日本长治久安的保障，因为天皇制说到底是一个可以由政治家利用和操纵的机制。至于明治维新时的“元勋”们是否真的从心底愿意在打倒一个幕府将军之后，再臣服一个两千年来大多时间都被架空的天皇，就只有他们自己知道了。长州军阀山县有朋曾经在与亲信交谈时说过：“那个小孩(指明治天皇)，是靠我们才成为天皇的。”可见，明治维新的政客们要求国民崇拜天皇，他们自己却把天皇当傻瓜。20 世纪 30 年代，日本军国主义猖獗，他们以天皇的名义扩张势力，原因在于天皇虽然是国家元首，但是并没有对日本军队的实际控制权。天皇只有承认内阁决定的权力，当时的内阁也没有对军队的实际控制权，这样，军队就不受任何限制了。既然军队不受天皇制约，也不受内阁制约，而是自成一体，那么只要军队的野心膨胀，便会成为脱缰的野马。这是战前的日本产生军国主义的一个重要原因。

战前的军国主义者对天皇制进行了利用，这是事实。比如，石原莞尔在其著作《世界最终战争》中说："经过世界最终战争，全人类都敬仰现人神天皇，应该借助天皇的灵力统一世界。"石原的基本主张是通过天皇征服世界，实现世界和平。石原是"大日本帝国"的陆军参谋，他认为世界最终战争就是王道与霸道的决战，是信仰天皇者与不信天皇者的决战，是决定以天皇为世界的天皇还是以西洋的总统为世界统治者的人类历史上空前绝后的大决战。石原说，作为现人神的天皇是世界统一的灵力基础，人类要想达到真正的信仰，没有日本民族和日本国家的正确行动只能是空想。

实际上，战前的天皇本人和一部分政治家都反对过军国主义者发动的侵华战争和太平洋战争，因为他们具有起码的常识，日本对中国开战或对美国开战都不可能有胜利的把握，但是疯狂的日本军阀由于自我膨胀失去理性而缺乏这种常识。在当时的内阁中，海陆军大臣都是由现役军人担当，不是选举产生的，而内阁决议必须全体一致才能生效，这就导致了如果军人不同意内阁的决定，他们就会以辞职要挟，破坏内阁的决定，结果是内阁什么决定也做不出来，内阁丧失了对军人的控制。在战争期间，为了控制军人的疯狂言行，天皇和他的亲信木户幸一想出了由军人出任首相，以军人牵制军队冒险主义者的办法，因为战前的政治家已经无法掌握军人的动向，这便是东条内阁成立的背景。但是，事实证明东条英机并没有控制住军队的冒险，倒成了军队的代言人，日本军阀还是发动了一场注定要失败的战争，太平洋战争就是在东条任职期间爆发的。

有人提出疑问，既然天皇有相当大的威信和影响力可以被军阀所利用，他为什么不在战前阻止战争？其实，战前的天皇在日本军阀于 1928 年炸死张作霖后，确实发挥过作用，当时他因为这件事斥责过军人首相田中义一，结果导致田中内阁辞职。军阀显然并不喜欢天皇干涉他们的冒险行动，天皇的这次"干政"之后，还引起了对所谓"宫中阴谋"和"重臣集团"的批评，矛头显然是针对天皇。如果天皇不听话，军人们肯定要"清君侧"。这样，天皇在战争期间再没有发挥应有的影响力。正因为如此，有人说应该追究天皇的战争责任，其实，天皇未必支持军阀发动的那场战争，只是他没有决策权。

比如，开战前，裕仁天皇曾在御前会议上朗诵了一首明治天皇希望和平的诗，表示过他对战争的抵制，无奈他无力阻止军阀的冒险，战争进入最后阶段，军人只向他报告夸大的战果，封锁战局的消息，天皇成了军国主义发动战争的政治工具。

在战后，战争责任问题其实并不是一个历史事实问题，而是一个政治问题。裕仁天皇向美国展示了自己的影响力，从他在日本全国巡幸的过程中可以看出日本国民的大多数都认为他在战后仍然是天皇，日本的民意并未把战争的责任指向他。美国则从中进一步印证了天皇的威信，美国要有效占领日本，必须利用裕仁天皇的权威。不管怎么说，从结果看，日本平稳地度过了战败的非常时期，与裕仁天皇对美国占领的合作有一定关系，这为战后日本的天皇制能够获得永久巩固做了有力的注脚。

第三节　天皇与战争的“终结”

天皇制之所以在战后被保留下来，还与裕仁天皇在结束战争时发挥过积极作用有密切关系。日本军阀欺骗日本国民发动了侵略战争，给周边国家造成了巨大的伤害，而战争的结果也使日本面临灭亡的危机。如果要打倒控制日本多年的军阀，只有一个人可以依靠，这就是拥有特殊地位的裕仁天皇。战争末期，天皇的亲信内大臣木户幸一利用自己的特殊地位，开始说服天皇，天皇同意了木户的意见，决定终结这场残酷的战争。当时天皇曾秘密派遣亲信搜集信息，了解真实的战况，也得知日本军阀准备困兽犹斗，进行本土决战。于是，天皇与他的近臣木户幸一开始了秘密的“终战工作”。东条英机辞职之后，继任者小矶国昭因为无力扭转战局，被迫辞职。小矶辞职后，发誓要在本土决战的日本陆军方面希望继续由陆军军人出任首相，东条英机也支持陆军的这个主张。但是，天皇的另一位近臣近卫文麿等人提出反对意见，他们选择了铃木贯太郎大将作为首相候选人。铃木虽然也是军人，但是他曾经给裕仁天皇做过 7 年的侍从武官，是天皇的亲信。铃木本来不想蹚这趟浑水，但是天皇亲自秘密召见他，对他说“请求你出马”，他于是答应了。

天皇对一个臣下说“请求”，这恐怕是日本开国史上未曾有过的事情。

对此，77岁的铃木深知其中的含义。他组阁时选择了一直对战争持反对态度的东乡茂德做外相。1945年8月6日和9日，美国分别向广岛和长崎投下原子弹之后，日本败局已定。9日深夜，在内阁要人会议上，铃木贯太郎首相一开口就说:“四周形势紧迫，应该接受《波茨坦公告》。诸位意见如何?”参加会议是外相东乡茂德、陆相阿南惟几、海相米内光政、总参谋长梅津美治郎和军令部长丰田副武共计六人，对于铃木的这个开场白，众人皆沉默。外相东乡提出两个方案：一个是保留天皇制，接受《波茨坦公告》。一个是保留天皇制，确保国家主权和自主解散武装，接受《波茨坦公告》。海军大臣米内光政赞成前者，因为他的海军除了特攻敢死队之外已经全军覆灭，早已丧失了与美国讨价还价的资本。

为了说服主战派接受《波茨坦公告》，日本外务省对这份公告关于天皇制的规定作了乐观的解释。当时，对日本来说，最高命题是拯救天皇与天皇制。外相东乡茂德认识到，维护天皇和皇室的存续是日本政府艰巨的任务。外务省详细研究了盟军提出的投降条件，认为要想维护天皇制，日本就必须在其他问题上做让步，因为公告关于天皇问题的模糊规定是美国的策略。东乡认为，虽然《波茨坦公告》没有明确指出是否保留日本的天皇制，接受这个公告有可能意味着接受废除天皇制的危险，但如果拒绝这个公告而进行本土决战，失败后盟军会提出更加苛刻的条件。

参加这次内阁要人会议的其他三人是主战派，他们是总参谋长梅津美治郎、陆相阿南惟几和军令部长丰田副武。他们认为，维护日本“国体”，即天皇制，十分重要，日军应该以此种战斗精神为最后筹码，要求同盟国答应日本的条件。如果美国还珍惜美军士兵的生命，就可以接受日本唯一的要求，即以保持天皇制为条件的投降，否则的话，别指望日军会投降。也就是说，战争末期，日本军阀希望的是有条件投降，是保留日本“国体”的投降。陆军大臣阿南惟几成了关键票。如果他也坚持本土决战，会造成三比三的局面，内阁难以作出决定；如果他辞职，陆军又拒绝推荐继任者，内阁会垮台，日本政治将陷入危机。最后，阿南选择了前者，坚决主张“拒绝《波茨坦公告》”，“实行本土决战”，会议意见形成三比三，决定难以形成。会议休息时，主和派的铃木与东乡面见天皇，要求召开御前会议作出决定。对于主和派要求天皇裁决的意见，“主战派”的阿南惟几并没有反对，这使得御前会议得以召开。御前会议增加了枢密院议长平沼骐一郎，会上主战派和主和派严重对立，会议一直持续到10日凌晨两点。最后，铃木请求天皇裁断，天皇做了如下发言：

> 朕同意第一个方案。理由是，战争爆发以来，陆海军的所作所为，预想与结果相差太多。现在，陆海军正准备本土决战，说有胜利的把握，朕对这一点也非常担心。前日，总参谋长报告了九十九里滨的防卫情况，朕派侍从武官去现地考察，证明总参谋长的报告有误，防御对策基本上没有完成。另外，总参谋长说新编成的师团已经完成，但是实际上士兵连枪还没领到。这样的状况下，实行本土决战，结果会怎样呢，朕十分担心。
>
> 是不是要日本民族全部牺牲掉呢？如果这样的话，祖先传下来的日本国家，再也不能传下去了。为了使日本民族子子孙孙传下去，只有让更多的国民生存下去，才能再次复兴。如果继续战争，不仅日本国民，他国国民也会更多受到损害。朕对忠勇的军队投降和解除武装及战争责任者的处罚非常痛心，一想到他们的忠诚，就感到无比难过。但是，为了拯救全体国民维持国家，必须忍受这些痛苦。朕想到日清战争后三国干涉时，明治天皇卧薪尝胆的心境。大家都在为朕担心，但是朕会怎样这并不重要，朕已经下定尽快结束战争的决心。士兵和国家已经英勇战斗过，大量的人战死了，受伤了，空袭被炸了，财产失去了。考虑到他们和他们的家属，感到心如刀绞。还有在外地的人也让朕十分担心。①

裕仁天皇的发言持续了三十分钟，与会者全部埋头呜咽。裕仁天皇实际上对军阀的无能进行了批判，铃木趁机高声宣布：陛下的旨意就是会议的结论。②下午三点，会议再次召开，决定了日本接受《波茨坦公告》。下午四点，东乡外相赶往外务省起草致盟军电文。日本向盟军表示以“不变更天

---

① 《终战工作》，http://www.t3.rim.or.jp/～miukun/pacific22.htm。

② 《鈴木貫太郎内閣による終戦工作について(聖断はいかにして下されたか)》，http://blog.livedoor.jp/mark22003/archives/51519951.html。

皇对国家统治大权的理解下”宣布接受《波茨坦公告》。日本方面要求美国履行这一条件，不要让天皇退位。对此，杜鲁门政府的回答是：自投降之瞬间，天皇与日本政府的国家统治权限从属于盟军最高司令官，并指出，日本最终的政府形态根据《波茨坦公告》由日本国民自由表达的意志决定。杜鲁门政府的回答，对天皇制是否可以保存，依然模糊。

盟军虽然没有明确承诺是否保留天皇制，但是在宣布结束战争和投降的决策问题上，裕仁天皇还是发挥了关键作用。1945 年 8 月 14 日，裕仁天皇再次召开御前会议，最后决定接受《波茨坦公告》，宣布“终结”战争，日本军队放下武器。8 月 15 日，完成投降“大任”的留守内阁首相铃木贯太郎大将宣布辞职，继任首相是天皇的叔叔东久迩稔彦亲王，因为在这种时候，只有他作为皇族能够压服那些不甘失败的军阀和士兵。

第四节　美国保留天皇制的原因

天皇制之所以能够保留下来，与美国单独占领日本有重要关系。如果苏联参与管理日本，那么事态将是另外的局面。1945 年 8 月 18 日，美国政府拒绝了美军内部提出的将日本分割占领的建议，决定采取以麦克阿瑟为最高统帅，邀请其他盟国参加的联合占领。这实际上是美国单独占领。为此，杜鲁门拒绝了两天前斯大林提出的由苏联占领北海道东北部的要求（于是，苏联在库页岛、千岛群岛和齿舞、色丹继续战斗，并于 9 月对这些岛屿进行了占领）。1945 年 12 月，美、苏、英三国召开莫斯科外长会议，决定成立管理占领日本事务的国际机构，这些机构包括在华盛顿设立的对日占领最高决策机关“远东委员会”和在东京设立的“对日管制委员会”。“远东委员会”由美、苏、中、英等对日战胜国及法、荷、加、澳、新、印、菲的代表组成，“对日管制委员会”由美、中、苏三国各派一名代表及英联邦（包括英国、澳大利亚、新西兰和印度）联合派一名代表构成。不过两个机构都是形式上的，实际权力掌握在占领军总司令麦克阿瑟手里。

当然，尽管美国掌握了管理日本的主导权，天皇制的保留还是经过了波折，因为美国内部也有不同意见。1945 年 9 月 6 日，美国总统批准了《投降后初期占领政策》（SWNCC150/4，即“State-War-Navy Coordinating

Committee"的略语，意为："国务院、陆军和海军联络委员会"）。这份文件规定美国的对日政策是利用日本现有的政治形态，而不是支持这种形态，最终目的是鼓励日本国民或者政府主导的政治形态变革，改变封建的威权主义体制。对此，日本的理解是如果发生革命，而革命者获得占领军的支持，日本政府就别指望获得占领军的保护，日本将发生翻天覆地的变化。日本外务省也认为，美国拒绝承诺对日本皇室制度的保障，比《波茨坦公告》要严酷得多；如果《波茨坦公告》是这样的内容的话，日本当时就不会接受。对于SWNCC150/4文件，有人怀疑它是否偏离了《波茨坦公告》的精神，他们并不想违反这个公告，认为如果偏离公告惩罚了天皇，将使美国的名誉受到损害。但是，美国国内确实在情绪上存在惩罚战犯，包括惩罚天皇的舆论，因为不管怎么说天皇都是战时的日本元首。如果只根据《波茨坦公告》，处分天皇和大幅度社会改革都未必具有正当性，所以，他们认为SWNCC150/4的公布是必要的。总之，按照这个文件，日本的天皇制很难保留下来，裕仁天皇也难免受到审判。当时，天皇制确实成了风中的蜡烛，裕仁天皇也命运难料。

在保留天皇制的过程中，占领者麦克阿瑟发挥着举足轻重的作用。1945年8月28日，美军先遣部队到达日本海军基地的厚木机场。30日，麦克阿瑟乘运输机在厚木机场降落。9月2日，在东京湾举行了受降仪式。东京湾，曾经的江户湾，是佩里上校登陆的地方，如今美国太平洋舰队战舰云集一堂，停泊在海平面的远方，比佩里到来时壮观了不知多少倍。当年佩里舰队的"黑船"，已着实让日本人恐惧过。第二次世界大战后，面对盟军强大的阵容，日本军国主义只好乖乖地在密苏里号战舰上接受投降，听任战胜国的安排。

尽管如此，在日本的"国体"问题上，麦克阿瑟通过战争末期的交涉清楚地了解了日本的态度。作为一个国家的君主和国家元首，在战争失败之后没有退位，甚至君主制度也能保留下来，至少在20世纪的历史中是不多见的。麦克阿瑟之所以做出保留天皇制的决定，与战前的日本政治体制设计者一样，也看到了天皇制的利用价值。他没有忘记战争结束之际，正是裕仁天皇宣布了"终结战争"，才使那些疯狂的日本军阀乖乖放下武器，同意无条件投降。在占领者麦克阿瑟看来，天皇制是日本战前体制的基础，对于日本军国主义有利用价值，那么，战后初期这种体制对于美国的占领也会有利用价值。

麦克阿瑟的考虑是有现实意义的，虽然他在横滨接受了驻朝鲜日军的投降，然后下令以战犯嫌疑逮捕了前首相东条英机。当时的日本人也认为，既然美军逮捕了天皇的国务大臣，那么，天皇本人的安危也命悬一线。但是，麦克阿瑟没有忽视这样一个事实，即日本帝国的陆海军尚未解除武装，各部队都在原地待命，如果美国国务院关于废除天皇制的政策文件被日军士兵得知，会带来不可预知的结果。有鉴于此，麦克阿瑟考虑到，如果日本士兵或者日本国民对美国处理天皇的方式不满，美国占领军将无法应对。

第二次世界大战期间，美国对日作战的基本目标是罗斯福总统提出的"无条件投降"，日本军阀是坚决拒绝这一要求的。这一方针最早由罗斯福与丘吉尔在卡萨布兰卡会议上提出。杜鲁门上台之后，1945 年 7 月 26 日，《波茨坦公告》发表，规定了所有日本的武装部队必须"无条件投降"，却没有明确规定是否保留日本的天皇制，只是规定：根据日本人民自由表示之意志，成立倾向和平及负责之政府，对于这一点，日本政府应该遵守承诺。然而，这种模糊的规定给了日本军阀困兽犹斗的借口。他们面对败局，虽然已经丧失了谈判的所有筹码，但是还有能够让美国感到恐惧的局部战场战斗力。这种战斗力加上日军的自杀式战斗精神，的确有点让美军头痛。比如，上文提到的日本针对《波茨坦公告》，在由铃木贯太郎召集的最高战争指导会议——内阁要人会议——上，主战派就认为，既然这个公告没有明确是否允许日本保留天皇制，所以日本应该拒绝投降，在本土决战。

另外，在战争结束之前，日本军部上层就要求士兵去"玉碎"，实施本土决战，他们并没有减少牺牲的意识。本土决战虽未实施，但 1945 年 8 月 14 日晚上，反对投降的日本近卫师团发动了叛乱。麦克阿瑟在硫磺岛战役中也领教过日军的战斗力，当时，日本守军 23 000 人除 200 人之外全部自杀"玉碎"，而美军的伤亡也达 23 000 人(其中 6 000 名美国士兵战死)。了解日本的美国人也提出日本的天皇就像蜂王，如果破坏了天皇制，那么日本人就失去了聚集的核心，美国至少要在日本投入一百万兵力。

战前的日本天皇在宪法上确实是国家的元首，尤其是在士兵和国民当中具有绝对的威信，只有他宣布"结束"战争，疯狂的日本军人才会乖乖地放下武器。从这个角度上看,日本天皇对于战争的“终结”发挥作用,对于美国有重要意义。否则的话,日本按照军阀的疯狂主张,实行本土决战,那么,美军将损失惨重,日本人也将付出巨大的牺牲。德国坚持“本土决战”,结果是元首希特勒自杀,政权被彻底消灭。如果日本坚持本土决战难免面临同样结果,战争指导者被击毙,或者被逮捕,天皇也必定受到惩罚,然后日本社会将陷入混乱。这些构成了麦克阿瑟决定拥护天皇制,利用天皇稳定日本局势的背景。

另外,天皇对于避免在日本发生革命也具有重要意义。历史上,战争失败后不发生革命的情况是很少的,当政者都是在战争失败后,因为爆发革命而失去政权的。当时日本如果发生革命很有可能是共产主义革命,比如,共产党书记长德田球一,曾高呼“打倒天皇,建立人民共和国”的口号。战败之前,日本政治家近卫文麿在给天皇的奏折中也提到:“维护‘国体’的意义在于防止战败引起的共产革命。”“近卫奏折”里说:“战败已成定局,只有终止战争,别无他法。如果只是战败的话,国体尚可维持,但是国体维持之前令人忧虑的是,战败引起共产革命。纵观我国面临的形势,现在共产革命正在急速进行。”①

其实战争结束之前,日本根据《治安维持法》,由特高警察运用各种手段彻底破坏了共产主义思想和革命势力的发展,就连非共产系的劳农派也遭到了镇压。近卫鉴于欧洲政治的变化,预言在战争“终结”后,苏联在亚洲将发挥影响力。尤其是他看到了日本国内已经具备了发生革命的条件,国民生活贫困,劳动者发言权增加,反对敌国英美,对苏联抱有好感,军队内部革新势力活跃,社会上的左翼分子也十分活跃。如果发生共产革命,日本的“国体”将无法维持。所以,“终结”战争的决断,意义在于“与其革命,还不如战败”。战败就是败给美国,不允许日本发生革命,不许日本落入苏联势力范围。

对于占领军总司令麦克阿瑟来说,如果日本顽固的军人抵抗美军的占领,如果日本爆发革命,对日战争成果将难以确保,这便是他想利用天皇达到控制日本之目的的深层原因。所以,美国的初期对日方针规定:拥有一

① 白井聡:《永続敗戦論》,太田出版社 2013 年版,第 178 页。

切权力的最高司令官为了达到美国的目的，通过包括天皇在内的日本政府机构及其各机关行使其权限，日本政府应该在最高司令官的指示下行使国内行政事项。①

第五节　麦克阿瑟对天皇制的改造

战争结束之后，日本的政治家继续努力维护这个“国体”天皇制，这既是为了传统，也是为了现实政治需要。正如上文所述，战争结束之前，一些人（例如上文提到的木户幸一、近卫文麿等人）利用天皇展开过所谓“终结战争”的工作，他们认为天皇对结束战争有过贡献，战后日本也少不了天皇的配合。战后的首相吉田茂也是一位保皇派，他是天皇的亲信枢密院顾问牧野伸显的女婿，不仅是天皇制的拥护者，也是具有强烈“臣民”意识的官僚，曾参与了近卫文麿等人开展的秘密“终结战争”工作。吉田作为战后的首相是麦克阿瑟的重要交涉对手，围绕保留天皇制，日美之间经历了复杂的政治博弈过程。

《投降文书》签署之后，9 月 3 日，外相重光葵曾经拜访麦克阿瑟。麦克阿瑟告诉他，美国不想破坏日本这个国家，也不想把日本国民当作奴隶，美国要通过日本政府实行间接统治。重光把麦克阿瑟的话转达给裕仁天皇，裕仁听到这个消息之后略感欣慰，因为他知道美国国内有人主张追究自己的战争责任，既然麦克阿瑟这样说，或许有可能利用自己的影响力统治日本。但是，当 9 月 11 日，麦克阿瑟下令逮捕东条英机等战犯之后，裕仁天皇又感到自己仍然有被惩办的危险。1945 年 9 月 17 日，麦克阿瑟接收了日本皇宫对面的第一生命保险公司办公大楼作为办公地点，这一举动实际上是向日本天皇示威。

其实，这时麦克阿瑟的军事顾问已经向他介绍了关于日本天皇的事情，说他是日本人精神的象征，美国应该通过他统治日本。但是，麦克阿瑟对日本天皇还没有感性认识，根本不知道裕仁是个什么样的人。虽然现在他与这位天皇近在咫尺，两人的会面却并非简单之事。当时有人建议麦克阿瑟

① 末川博、家永三郎監修：《日本現代史史料——日米安保条約体制史》(1)，三省堂 1970 年版，第 494 页。

是否把天皇请过来见一面，因为他既然已经来到日本，两人总要见面。但是麦克阿瑟认为还是应该等一等，他认定裕仁天皇会前来拜访。这是当然的，战败国皇帝应主动一些，裕仁果然表示了见面的意思。9月中旬，新任外相吉田茂开始为裕仁与麦克阿瑟的见面穿针引线，他到麦克阿瑟的办公室转达了裕仁要拜会麦克阿瑟的意向。吉田对麦克阿瑟说："陛下有意前来进行拜访，怎么样，你会接受天皇的拜访吗？"从此，"僵局"被打破，日本天皇与占领军最高指挥官实现了历史性的会晤。

1945年9月27日上午九点五十分，裕仁从皇宫出发到美国大使馆拜会了麦克阿瑟。裕仁是十点整到达美国大使馆门口的，当时不见麦克阿瑟的身影，出来迎接的是两位副官。由此，日美两国之间的地位可以略见一斑。麦克阿瑟当时既没有打算出迎，也没有打算礼送这位战败国的天皇。会见时裕仁对麦克阿瑟说："关于战争行为，我国国民的所有政治责任和军事决定都由我来负责。"[①]从明治宪法的角度看，天皇虽然未必是真正意义上的国家元首，但也不是纯粹意义上的傀儡，所以，完全否认天皇的战争责任未必妥当。但是，裕仁对麦克阿瑟讲他可以承担全部责任，给麦克阿瑟留下了较好的印象，认为他是一位绅士。当然，裕仁还向麦克阿瑟表示了什么，至今不得而知，总之，会见之后麦克阿瑟比较满意，于是他一改初衷，结束三十五分钟的会见之后，决定亲自把天皇送到门口。通过这次会见，麦克阿瑟改变了对裕仁的态度。

裕仁天皇拜访麦克阿瑟之后第二天，盟军司令部向各大媒体发布了裕仁与麦克阿瑟的合影照片。照片上的裕仁身穿燕尾服，麦克阿瑟却身穿便装军服，而且没有系领带，特别是麦克阿瑟比裕仁天皇高出一头还多。这种不经修改加工的照片能够发表在当时的日本是不可想象的。日本内务省曾经以不敬罪为由，试图禁止照片发表。但是，日本内务省的措施激怒了占领军司令部，他们下令解除日本的新闻检查制度，于29日在各大媒体刊登了照片。对此，日本人恨得咬牙切齿，痛骂"麦克阿瑟这个混蛋"。

不过，既然麦克阿瑟开始利用天皇的影响力维持美国对日本的占领，裕仁天皇的地位也就逐渐稳固了。实际上，麦克阿瑟是通过天皇与日本政府

① 片岡鉄哉：《日本永久占領》，講談社1990年版，第47页。

实现对日本间接统治的，天皇不但在“终结”战争时发挥过作用，而且在战后美国统治日本过程中也发挥了作用，日本人能够在战后“甘心情愿”接受美国的统治，除了一些文化和民族性格上的原因之外，裕仁天皇的作用不容忽视。1946 年 1 月 1 日，麦克阿瑟发表声明，对天皇的性质进行了表述，他说：天皇可以成为人民民主的指导者，天皇将来应该诚实地站在民主主义路线一边。①美国的初期对日政策方针规定：拥有一切权力的最高司令官为了达到美国的目的，通过包括天皇在内的日本政府机构及其各机关行使其权限，日本政府应该在最高司令官的指示下行使国内行政事项。②

当然，麦克阿瑟决定利用天皇和日本政府间接统治日本，并不意味着照原样保留天皇制。对于麦克阿瑟来说，天皇制毕竟在战争期间被军国主义所利用，美国既然要铲除军国主义，就不能原样保留这种体制，必须对它进行改造。天皇的地位后来以象征性方式被宪法规定所巩固。1946 年 2 月 13 日，日方宪法起草人松本烝治和吉田茂外相去见占领军外交局长惠特尼，他们希望美国对日本宪法法案有所回答。但是惠特尼给他们的是美方起草的方案，惠特尼告诉他们如果保住日本的天皇制，必须接受美国的宪法草案。美国的法案对天皇的规定是“symbol”（象征）。惠特尼告诉吉田茂，如果你们接受美国起草的宪法草案，最高司令将支持你们，接受这个草案是你们生存的唯一道路。③ 这无疑是在威胁日本领导人，日方对此大失所望。吉田等人并没有妥协，他们对天皇地位的规定有不同看法，他们认为规定天皇只是国民统合的象征，而不是国家元首，这并不符合《波茨坦公告》的规定，他们认为日方在接受《波茨坦公告》时已经提出，不包括改变天皇对国家统治权的内容。

2 月 19 日，日本内阁就此问题争论不休，但是无奈决定权不在日本手中。2 月 21 日，币原首相再次与麦克阿瑟会见，仍然没有回旋余地。麦克阿瑟没有答应他们的请求，他认为明治宪法实际上并没有明确天皇是国家还是国家的一个机关的问题，这为日本走向军国主义提供了基础，所以有必

---

① 末川博、家永三郎監修：《日本現代史史料——日米安保条約体制史》(1)，三省堂 1970 年版，第 584 页。

② 末川博、家永三郎監修：《日本現代史史料——日米安保条約体制史》(1)，三省堂 1970 年版，第 494 页。

③ 片岡鉄哉：《日本永久占領》，講談社 1990 年版，第 85 页。

要将天皇的地位明确规定为国民统合的象征。币原最后不得不同意了美国的方案，他还要求内阁成员配合美国的方案，裕仁天皇接受币原的报告后，同意了这部以象征天皇制和放弃战争为主要内容的宪法。

第六节　对天皇与天皇制的评价

日本的战后体制，是在日本的亲美势力与美国的世界战略结合的基础之上形成的，天皇制在战后以象征天皇制形式得以继续存在，它与和平宪法一起构成了日本战后体制的两大政治支柱。对于日本政治家来说，他们曾经争取过维护明治以来传统的天皇制，但是没有成功。不过，对于天皇来说，能够保住性命，不被审判，已经是最好的结果。对于他来说，甚至对于日本的天皇制来说，天皇本人没有实权的现象在日本历史上是经常出现的，所以，他本人接受了这样的定位。

另外，天皇支持美国的占领和改造政策，对于美国对日本的控制起到了积极作用。《日美安保条约》就是一个典型的例子。日美安保体制也是战后体制的核心内容。《日美安保条约》是在美国的强大压力下签署的，是一个典型的不平等条约，该条约体制的成立与天皇的支持分不开。日本的批评者指出，对于付出巨大牺牲，但是还是战败的结果，天皇不但没有负责任，而且还直接把敌人引进来，积极要求敌国军队驻留在自己国家，目的只有一个，就是保护自己的安全和自己的权力。[①]

对于安保条约，当时的日本外务省并不是无所作为，他们也曾为了使该条约成为一个平等条约，与美国进行过交涉。但是，因为担心内外共产主义的威胁，裕仁天皇希望美军留在日本，赞成日美签订安保条约。吉田茂和外务省也确实担心朝鲜半岛局势的不稳定，希望与美军共同应对，但是天皇明确表示了希望美军留在日本，这才有了美国获得在希望的地点和希望的期间驻留日本的权利，而且冲绳再次成了军事基地，成了日本丢弃的石子。反安保的人说，正是对于天皇来说，安保体制才是日本战后的“国体”。

日本新宪法规定了天皇是日本国家和国民统合的象征，这种体制以主

---

① 白井聡:《永続敗戦論》,太田出版社 2013 年版,第 174 页。

权者国民的总意、国会决定的《皇室典范》为基础，通过世袭传承，天皇的职务仅限于国事行为，必须以内阁的建议和承认为基础，不具有国政的权能。另外，明治宪法规定了天皇是国家元首，当然也是国家的象征，与之不同的是新宪法规定的天皇没有内阁总理大臣行使的行政上和实质上的权限，所以被称为象征天皇制。

关于天皇是不是元首和君主，有不同解释。因为宪法中没有任何关于天皇是否为国家元首的规定，所以，根据元首的定义不同，必然有不同的解释。一般认为日本是君主立宪制国家，日本政府解释认为：可以认为日本是“君主立宪制”，那么，天皇被有关国家视为“君主”也是可以的。关于天皇是否为国家元首，日本政府解释是可以认为天皇是国家元首，天皇是有限意义上的元首，因为外国在天皇访问时也给予天皇以元首待遇。

天皇的国事行为包括：以国会指名为基础任命内阁总理大臣，以内阁指名为基础任命最高法院院长，公布法律和政令，召集国会，解散众议院，公布总选举的实施，认证国务大臣和其他官员的任免，接受国书，国书的认证，认证大赦、特赦、减刑和刑期免除，授予荣誉，条约批准书的认证，接受外国使节，举行仪式等。当然，以上国事行为必须接受内阁的建议和承认，权力还属于内阁。

总之，象征天皇制在战后日美关系中发挥了非常重要的作用，裕仁天皇的战争责任问题并不是他个人的问题，而是美国考虑如何平稳占领日本的问题。有人说天皇制对日本人很重要，完全可以惩罚裕仁而选用皇族中其他人做天皇来保留天皇制，但是，事情并不那么简单，其他人的正当性未必能够获得日本人的认可。天皇制的保留并不是一个道德与正义的问题，而是一个现实政治上是否有效的问题，事实证明，美国利用裕仁天皇及其他所象征的天皇制，既维持了占领的顺利展开，也让日本人接受了《日美安保条约》，构成了战后美国对日本统治的重要环节，也是战后美国主导的对日战后体制的重要内容。

第四章　决定片面媾和

从地缘政治理论的角度看，中国位于欧亚大陆的东侧，虽然是大陆国家，但是不同于欧亚大陆的心脏地带，布热津斯基认为中国极有可能成为美国遏制心脏地带的“远东之锚”。所以，在一些地缘政治学家眼里，中国对于美国的亚太战略来说具有极其重要的作用。麦金德曾经强调俄国作为心脏地带的重要性，关注它的危险性。他同时关注中国在战略上的重要性，认为不管谁控制欧亚大陆的心脏地带都会对海洋国家造成威胁。他说：某一新的力量代替俄国对这片内陆地区的控制，将不会降低这一枢纽位置的意义。尤其是他担心：假如中国被日本组织起来去推翻俄罗斯帝国，并征服它的领土，那就会因为他们把海洋的优越地位和巨大的大陆资源加到一起——这是占有枢纽地区的俄国人现在还没有到手的有利条件，构成对世界自由贸易威胁的黄祸。麦金德的预言在 20 世纪 30 年代由于日本军国主义的扩张成为事实，美国和亚太地区大多数国家都成了日本侵略的被害者。当时日本军国主义之所以能够拥有践踏亚太地区的力量，是因为他们侵占了中国大陆。所以，战后美国改造日本的一个重要目的就是阻止日本再次与中国结合。当中国成为冷战时期美国在亚太地区的威胁之后，美国更加注意防止日本重返中国大陆，无论是以侵略的方式还是以友好的方式，美国不能想象中日两国结合起来在战略上对海权国家的重大威胁。于是，在战后初期，美国通过片面媾和把日本拉入西方阵营，同时也阻断了日本与中国大陆的接触。本章旨在通过旧金山媾和的过程，分析美国阻止日本选择中国作为媾和对象的战略原因。

第一节　美国主导片面媾和会议

对日媾和是在第二次世界大战结束之后，美苏两国开始出现对立的形势之下举行的。具体地说，旧金山媾和会议其实是在1950年朝鲜战争爆发之后被提到议事日程的，也就是说，会议是在朝鲜战争期间进行的。当时，中国，从某种意义上还有苏联，与美国实际上处于交战状态，所以，基于各自对日本战略地位的重新认识，美国不可能就对日媾和问题与苏联达成一致意见。此外，主导这次会议的美国不可能无视退缩在中国台湾的国民党当局的态度，而邀请中国大陆参加和会。因此这次和会不过是西方国家与日本之间召开的片面媾和会议。

一、日本关于媾和的态度

关于对日媾和条约，由于美苏两国的对立，美国利用对日本占领的优越地位主导媾和会议已经是不争的事实。对此，在日本国内出现了支持与美国等资本主义国家"单独媾和"和与第二次世界大战期间与日本交战的所有国家媾和的"全面媾和"的意见对立。全面媾和是与包括中国、苏联在内的所有与日本交战的国家之间的媾和，日本国内的左派政党及知识精英，如日本共产党、日本劳动者农民党以及进步学者都支持全面媾和，劳动者农民党还组成了"全面媾和爱国运动协议会"支持全面媾和的主张，日本社会党也主张全面媾和。他们的目的是主张日本也与中国、苏联等社会主义国家媾和，不希望日本在冷战中站在一方立场反对另一方立场，把日本再次引向战争的惨祸之中，所以，全面媾和的主张具有浓厚的中立主义色彩，不想参与美苏之间的争夺与对立。

单独媾和则是与以美国为首的所谓民主阵营国家之间的媾和。当时的首相吉田茂主张单独媾和，他说："如果只与少数国家媾和也能导致最后实现全面媾和，它是应该被同意的。"①他说的所谓少数国家是指美英等少数西方大国。吉田茂虽然也不是不希望日本与所有交战国之间解决战后处理问题，但是，当时的形势不容他等待美苏达成协议之后再做选择，他希望日本尽快签订和平条约，结束占领，实现国家独立。他认为朝鲜战争的爆发对于早期媾和是一个千载难逢的机会，为此，他派遣亲信池田勇人访问美国表示日本希望早期媾和，秘密向美国国务院和国防部官员表示了日本愿意配

① 宮沢喜一：《東京一ワシントンの秘談》，実業の日本社1956年版，第209页。

合美国的亚洲战略(后来证实池田传达的“保证”是日本在安保条约方面配合美国)。对于吉田的亲美立场,当时的东京大学校长南原繁认为:在国际社会分成自由主义阵营和社会主义阵营的背景下,日本应该严守中立,争取实现全面媾和。为了反对吉田茂的片面媾和举动,1950 年 4 月,南原繁等人结成“和平问题恳谈会”,形成日本国内主张全面媾和的舆论中心。对于南原繁等学者的活动,吉田茂认为:永久中立和全面媾和是极其不现实的,南原校长等人涉入政治家的领域,说三道四,无非是一些“曲学阿世之徒”①。吉田的话在日本国内引起轩然大波,由此可见,在媾和问题上,日本的选择不仅在国际冷战的背景下,而且也是一个在日本国内“冷战”背景下的政治选择,吉田等亲美的当政者以“力排众议”的方式,作出决定,配合了美国主导的片面媾和。

二、美国对于媾和的态度

关于对日媾和,起初,美国国内一直存在两种意见:一种意见认为应该长期占领日本,持这种观点的人是从战略上思考问题。但也有人认为,战胜了日本这个宁可“玉碎”也不肯投降的凶恶敌人之后,被占领之后的日本根本不可怕,既没有反抗占领,也没有与美国作对。不仅如此,日本人还对美国人非常热情,他们对美国士兵就像远道而来的客人,日美关系宛若亲密的朋友,给了美国兵舒适的待遇,因此美国军方有很多人鉴于在日本享受的优越条件,都不愿意离开日本。另外,美国试图长期赖在日本也有一定的法律根据。按照《波茨坦公告》第十二条规定:在达到占领目的之后,日本国民根据自由意志表现了和平意志,并且成立了有责任的政府之后,联合国占领军立即从日本撤退。但是关于《波茨坦公告》的目的是否已经达到,要由美国来判断,如果美国判断还没有达到占领的目的,美国可以无限期占领下去。

另一种意见认为应该早期结束占领,从日本撤退军队。占领军总司令麦克阿瑟就认为任何占领都不应该超过三年,历史上如果占领超过五年,占领军的士气就会低落,部队纪律会涣散,还会产生腐败现象,最后导致在被

---

① 信夫清三郎:《戦後日本政治史Ⅳ》,勁草書房 1967 年版,第 1112 页。

占领国内部出现排外的民族主义，这对占领国十分不利。所以，麦克阿瑟早在1947年3月就表示过应该签订媾和条约结束对日本的占领。但是，由于战后美国与苏联很快进入冷战状态，美苏两国对于媾和意见不一致。美国主张由远东委员会的七个国家召开媾和预备会议，因为这个机制中，支持美国的国家占绝对多数；苏联则主张由美苏英中四大国准备媾和会议，因为这个机制中，采取的是一票否决制，苏联的发言权比较大。另外，美苏双方还在媾和的程序、会议的方式等问题上争论不休，无法达成协议。再加上美国内部本身也存在早期媾和与长期占领的两种意见，所以，对日媾和问题一直拖了下来。

1950年4月，民主党的总统杜鲁门终于下决心实现媾和，他任命共和党的杜勒斯为国务卿艾奇逊的顾问，起草媾和条约，实现了美国国内在该问题上的一致，达成了超党派共识。杜勒斯上任之后，三次访日进行媾和调研。第一次是在1950年6月21至27日。朝鲜战争在此期间爆发，战争进一步加速了美国尽早实现媾和的进程。他指出，美国希望尽早实现媾和，但是苏联因为主张四大国一致原则，与美国不一致。如果两国达不成一致意见，美国仍然会推进媾和。1951年1月29日，杜勒斯第二次访问日本，就媾和问题与日本进行了交涉。吉田茂对他表示，日本将实现民主化和经济自立，将对强化自由世界做出贡献，特别是将建立与美国牢固的友好关系，表示了日本坚决站在美国一边的态度。杜勒斯对吉田茂说：如果是三年之前缔结媾和条约，就不会有今天这样的有利条件，今天我们并不想缔结一个战胜国与战败国之间的和平条约，而是一个友邦之间的条约。①杜勒斯第三次访问日本是在1951年4月，当时杜鲁门刚刚解除了麦克阿瑟的职务。杜勒斯告诉日本，麦克阿瑟离开日本并不影响美国的媾和政策。吉田则告诉杜勒斯日本将不会选择非现实的全面媾和方式，而是与美国合作实现单独媾和，②站在西方一边。可见，美国想抓紧时间趁日本的亲美派掌权，缔结一个有利于美国亚太战略的和约，把日本留在西方阵营之中，而日本则抓住美国推动媾和的机会，实现早期媾和（即使是片面和约），并实现对日本最为有

① 吉田茂：《回想十年》(3)，中公文庫1998年版，第30—31页。
② 吉田茂：《回想十年》(3)，中公文庫1998年版，第33页。

利的条件下的独立。

三、旧金山会议及对日和平条约的特点

和平条约的内容是在美国主导下起草的。1950 年 11 月 24 日，美国发表“对日媾和七原则”，内容如下：

(1) 当事国是指与日本进入战争状态或者所有具有以媾和提案为基础确保和约成立的国家。

(2) 考虑日本加入联合国。

(3) 日本承认朝鲜的独立，同意美国对琉球和小栗原岛行使行政管辖权并交由联合国托管。关于台湾、澎湖列岛，库页岛南部及千岛群岛的地位，应该接受美、英、苏将来的决定。条约生效一年之内仍不能决定时，由联合国大会决定。日本必须放弃在中国的特权及权利。

(4) 关于安全保障，在联合国形成有效的安全保障机制之前，为了维持日本地区的国际和平与安全保障，该条约须考虑继续维持有关日本的设施和美国等有关国家军队之间的协调。

(5) 同意日本参加有关禁毒和渔业方面的国际多边条约，可以经过双方同意复活战前的双边条约。在缔结新的通商条约之前，可以根据通常的例外措施给予日本最惠国待遇。

(6) 所有当事国应该放弃自 1945 年 9 月 2 日之前因为战争行为发生的请求权。但是，不包括在联合国家领土内部已经控制的日本人的财产，或者日本已经返还的联合国家人民的财产，或者不能恢复原状的财产，以日元按一定比率给予补偿的财产。

(7) 关于请求权的争端，由国际法院院长设立的中立的特别法庭解决。其他争端由外交途径或者司法途径解决。

通过上述媾和 7 原则的内容可以看出，美国决定宽大处理日本的战后问题。1951 年 7 月 12 日，美国发表了媾和条约草案。对于这个比较宽大的条约草案，吉田茂立即写信给杜勒斯表示感谢。20 日，美国政府向有关国家发出了旧金山会议邀请函，日本也接到邀请。吉田茂立即组织了一个举

国一致的全权代表团，其中除了大藏大臣池田勇人等执政党代表之外，还包括改进党和绿风会的代表。会议于 9 月 4 日至 8 日上午在旧金山歌剧院举行，这里也是联合国宪章的诞生地，参加会议的共有 52 个国家。美国国务卿艾奇逊是大会主席，杜鲁门在大会开幕式上讲话。他说：我们丢弃恶意，远离憎恨，我们之间没有胜者与败者之分，只有对和平而努力的平等国家。

《旧金山和约》的主要内容包括：日本与联合国家结束战争状态；恢复日本国民的主权；宣布朝鲜独立；日本放弃台湾及澎湖列岛的一切权利；日本放弃千岛列岛和库页岛南部的一切权利；日本放弃根据国际联盟规定获得的南太平洋诸岛的一切权利；日本将同意美国关于将冲绳等岛屿交由联合国托管的建议；接受远东国际军事法庭以及日本国内和其他联合国家对战犯的审判的判决；日本应支付的战争赔偿只限于劳务赔偿，其金额由日本与个别国家之间谈判决定；联合国承认日本拥有联合国宪章第 51 条规定的个别自卫权或者集体自卫权以及日本可以自主建立集体安全保障机制。

从上述主要内容可以看出由美国主导签订的《旧金山和约》有如下特点：

第一，规定日本可以不向亚洲各被害国家支付战争赔款，因此中国作为最大的被害国家无法向日本有效要求战争赔偿，反映了美国要扶植日本的意向。

第二，规定日本拥有自卫权或者集体自卫权，美国的目的在于使日本成为防止所谓共产主义侵略的堡垒。

第三，规定日本通过这个和约只与所谓“民主主义阵营”国家结束了战争状态，却不邀请社会主义国家，如，中国、朝鲜、越南、蒙古参加会议，所以日本没有与这些国家结束战争状态，反映了美国主导的是日本与冷战中的民主阵营之间的媾和，是美国把日本拉入民主阵营意图的反映。

第四，因为美英之间也存在战略上的勾心斗角，亚洲其他国家也没有参加会议。比如，由于英国的反对，旧金山会议也没有邀请国民党当局、韩国和泰国参加，事实上亚洲其他批准和约的国家只有四个，其中柬埔寨、老挝、南越是法国殖民地，这三国不过是法国的傀儡，只有菲律宾是真正的批准国家。亚洲一共有 9 个国家未批准和约，缅甸拒绝参加和会，印尼虽然参加，但是没有批准，缅甸与印尼拒绝参加或批准条约的理由是条约规定日本不支付战争赔偿。日本与东南亚国家之间的战后处理问题，实际上是到了日本经济高速增长期才解决。对于失去中国市场的日本来说，经济“进出”东南亚是利用劳务赔偿形式实现的，日本把战后赔偿与经济援助以及经济扩张结合了起来。当然，日本这样做的结果是，后来由于日本的经济扩张，东南亚国家，如泰国和印尼发生了批判日本经济侵略的反日运动。

第五，条约留下的后遗症给日本外交，特别是日本与周边国家的关系造成了难以消除的障碍。日本与苏联之间直到1956年联合声明发表之后才正式结束战争状态，但两国之间的和平条约至今无望签订，领土问题根本没有解决的可能。日本与中国之间经过20年才恢复邦交正常化，和平条约是1978年才签订的。日本与朝鲜之间至今没有建立外交关系。

第二节　美国排除中国参加媾和会议

中国共产党早在1949年7月7日就明确表示：“新中国的全权代表必须参加对日媾和会议。”① 1950年12月4日，周恩来又重申了中华人民共和国的这一立场，他说：“不让经过八年抗战最后取得胜利的中华人民共和国参加对日媾和会议是不公平的。”②但是，美国的立场至少从两个方面理解都不会同意中国参加旧金山会议。一个是从地缘政治角度，美国绝对不会允许成为共产主义国家的中国大陆成为对日媾和的主要角色；另一个是美国与台湾当局保持着友好关系，它不会让中华人民共和国人民政府代表中国与日本媾和。

事实上，当时媾和的决定权在美国、苏联和英国等主要大国手里。苏联是中华人民共和国人民政府的盟友，当然支持中国参加媾和会议。1950年年末，苏联驻联合国代表马立克向杜勒斯提出过应该邀请中华人民共和国的代表参加对日媾和会议。但是由于美国掌握着对日媾和的主导权，又与台湾当局保持着密切接触，所以新中国的代表参加旧金山对日媾和会议是

① 日本国際問題研究所編：《新中国資料集》(第二卷)，日本国際問題研究所1969年版，第537页。

② 日本国際問題研究所編：《新中国資料集》(第二卷)，日本国際問題研究所1969年版，第212页。

不可能的。尽管英国当时支持中华人民共和国参加媾和会议，但是英国毕竟是美国的盟国，最后必须与美国采取一致立场。事实上旧金山会议最后是在英国与美国的操纵下召开的，中国没有被邀请参加会议也是美英两国妥协的结果。

英国曾经一度支持中华人民共和国，但是没有坚持到底。这里有必要说明一下英国为什么一度要与美国唱反调，支持中华人民共和国人民政府参加对日媾和会议。这是因为，英国在第二次世界大战期间就因为香港问题与国民党当局产生对立。英国在中华人民共和国成立以后，为了确保香港的稳定和保护在上海的 15 亿美元投资，在西方国家中率先承认了中华人民共和国人民政府并与之建立了代办级外交关系。所以，英国在台湾的归属和对日媾和等问题上都是支持中华人民共和国的。1951 年 1 月 10 日，英国曾正式向美国提出过备忘录，指出："中共应该参加对日媾和，台湾应该归还给中国。"①

美国当时不是没有考虑英国的意见，因为美国可以无视苏联的要求，但不可以不考虑英国的态度。英国不仅是美国的盟国，而且是还是英联邦的"首领"，如果印度、加拿大、澳大利亚等英联邦国家追随英国抵制美国主导的对日媾和会议，一定会使这次会议破产。所以，虽然美国已经发表了"无意与中共讨论对日媾和问题，继续反对中共加入联合国"的声明，但是当美国接到英国的备忘录以后，仍向英国作了一定的让步，提议不邀请中国任何一个"政府"参加对日媾和会议，1951 年 5 月 28 日，杜勒斯向杜鲁门提交了让步方案的内容，他说："我们的意思是不让中共和国民政府的任何一方参加会议。"②

美国对英国的让步虽然看起来不是很大，因为美国不是完全同意英国的意见，但是美国的这个意见对包括国共双方在内的中国全体来说是最坏的，因为美国的意见是不让中国任何一个"政府"参加旧金山和会，等于剥夺了中国与日本签订和平条约的权利。当时国民党当局对杜勒斯排除中国参加旧金山会议的做法非常不满，1951 年 6 月 1 日，"外交部长"叶公超向驻美

① 中国社会科学出版社译：《顾维钧回忆录》(九)，中华书局 1988 年版，第 66 页。
② 《美国外交关系文件》(1951 年)(以下简称 FRUS) VI1, p.1050.

"大使"顾维钧发出了下述指示：

> 对日战争是由日本侵华开始。我国作战最久，且与美国负主要作战任务。如不获签约，反不如其他盟国，于理实难谓平。如杜氏在英时对此事遭遇困难，我亦可赞同各国分别签订和约。但仍主用共同约稿。①

叶公超还指示顾维钧代表"中华民国国民政府"向美国提出抗议。然而，对国民党当局的抗议，杜勒斯说："对日和平条约不能因为国民政府的僵硬态度而失败。如果失败了，美国人民，特别是不同情国民政府的美国人会认为国民政府是美国的麻烦。"②

1951年6月6日，美国驻台"公使"兰辛受杜勒斯之命，在台北会见了叶公超。兰辛以个人名义向叶公超提出了在多边条约签字后由日本和中国单独媾和的建议。他说："双边条约可以在其他同盟国与日本签订媾和条约的同时，由日台双方签订。"叶公超回答说："如果是与多边条约同时签署的话可以同意。"这里值得注意的是叶公超强调的是"中华民国"必须"与各国同时签订同一个条约"。6月9—15日，得到了叶公超的认可以后，杜勒斯前往伦敦与英国首相莫理逊达成了一个暂定协议。在这个协议中，美英双方约定："不邀请中国参加多边条约签字……日本可以与中国之间签订一个跟多边条约同样内容的双边条约……等多边条约生效以后，日本可以跟包括中国在内的任何一个未签订多边条约的国家开始缔结双边条约的谈判。"③

这里需要注意的是美英两国达成的这个暂定协议提到"跟多边条约同样内容的双边条约"，但没有提到叶公超关心的"同时"签署的问题，更重要的是英美所说的是与多边条约同样内容的双边条约，而不是叶公超同意的"与各国同时签订同一个条约"。可是，杜勒斯仍然以上述叶公超6月6日的"认可"为理由主张美英的暂定协议是得到叶公超同意的，这让叶公超有

---

① 中国社会科学出版社译：《顾维钧回忆录》(九)，中华书局1988年版，第98页。

② 中国社会科学出版社译：《顾维钧回忆录》(九)，中华书局1988年版，第105页。

③ "Confidencial U.S. State Department Special Files JAPAN (1947 - 1956)", Lot Files Reel 19, p.655.(以下简称：Lot Files)

口难辩。杜勒斯说:“美英的这个暂定协议有百分之九十是叶公超的意见,台湾应该对这个协议感到满意。”①由此可见,杜勒斯的外交手法十分狡猾,也根本没有诚信。最后,在他的权谋术数之下,中国完全被排斥在旧金山会议之外。

蒋介石得知英美的这个决定之后,训斥了叶公超,他指示“国民政府”决不接受美英的这个暂定协议。但是,对国民党当局来说,即使不接受美英的暂定协议也没有参加媾和会议的可能。蒋介石只好就日台双边条约的细节进行安排,指示顾维钧与杜勒斯举行谈判。

1951 年 6 月 21 日,顾维钧与杜勒斯会谈,做了最后的努力,他说:“如果中国被排除在多边条约之外的话,日‘台’双边条约应该比多边条约先行签字。”但是杜勒斯提醒他:“多边条约签字以前,日本的主权还未恢复,因此没有资格与国民政府签订双边条约。”②杜勒斯既然与英国达成了暂定协议,也就不可能违反协议同意国民党当局参加协议,也不能同意让日“台”双边条约先行签字。

对与国民党当局来说,作为战胜国,却由战败国日本来决定是否与自己签订双边条约,这无疑是一种污辱。但是,对国民党当局来说,如果没有美国的支持,别说反攻大陆就连台湾的安全也不能保障,这是个基本事实,蒋介石没有别的选择,只能忍气吞声。

第三节 美国阻止日本与中国接触

中国被排除在旧金山会议之外,只好等媾和会议之后,谋求与日本单独签署和平条约。按照上述英美之间的暂定协议,日本签署旧金山和约之后,应该与中国签署双边和平条约,也就是说,日本有权选择与中国大陆还是国民党当局作为谈判对象。这样,日本就面临着选择中国大陆还是国民党当局代表中国全体与日本签署和平条约的问题。当时日本必须听从美国的安排,但是也受到英国的影响。如果尊重美国的意见,日本必须选择国民党当

① 中国社会科学出版社译:《顾维钧回忆录》(九),中华书局 1988 年版,第 124 页。
② Lot Files Reel 19, p.908.

局签署和平条约。如果尊重英国的意见，日本就应该选择中国大陆签署和平条约。

其实，当时的日本仍然不想放弃与大陆接触，不管中国大陆成了什么样的国家体制，日本从安全和经济的角度都有意与大陆建立新的关系。当时的首相吉田茂本人既是日英协调论者也是日美协调论者，他更倾向于英国的立场，他认为英国的外交更具有现实性。他之所以推行对美追随政策，当然是因为日本被美国占领，对于这一基本事实，任何日本人都无能为力。在他的内心则是重视日本在中国大陆可以获得的经济利益。

吉田茂本来是以反共著称的，但是同时他也是经济中心主义者，无论战前还是战后他都特别重视对华贸易。尽管战后他紧紧追随美国的反华政策，可是他还想重开战前的对华贸易以使日本的经济尽快得到恢复。他尤其“怀念”战前的所谓“日满贸易”，这与他作为战前大日本帝国的外交官，曾经为维护日本在中国东北的利益做出过努力的经历有密切关系。从1907年起到“东北王”张作霖被暗杀的1928年为止，他曾经出任过日本驻安东(现在的丹东)、济南、天津领事和驻奉天总领事，在华供职时间的总和长达13年，其中在东北的时间最长。在战前，中国东北被称为日本的“生命线”，吉田茂在东北任职期间，对各地领事分馆增设、铁道权益的维护以及对所谓“满洲国”既成事实的承认都做出过对当时的日本帝国来说是积极的“贡献”。

中苏同盟条约签订以后，日本右翼都在该条约把日本作为假想敌的条款上做文章，吉田茂则不认为中苏同盟的结成是个太严重的事件，他也不认为美日会在战后不久与中苏进行战争。例如，当中苏同盟条约签订的消息传出以后，他发表评论说：“作为一名长年在外的外交官，我认为鼓吹战争就要爆发的人是没有外交感觉和没有知识的人。中苏同盟条约对日本不会有什么影响。”①他还说：“因为共产主义者在中国取得了胜利，因此他们理所当然要充分利用这个条约，但是这对日本没有什么影响。”②

对于中苏同盟条约，吉田茂不像其他犯“恐华症”的人反应那么激烈，是

① 児島襄：《講和条約》(二)，新潮社1995年版，第358页。

② 《朝日新聞》1950年2月23日。

因为他对苏联人和中国人的区别有着自己的理解。根据自己的这种理解，他判断中苏同盟关系不会长久。1950 年 4 月 7 日，他叼着雪茄烟预测过中苏同盟必然破裂。他说："中国绝不会成为克里姆林宫的奴隶，中国人在吸收和消化任何外国统治方面都是成功的，这已经被中国的历史所证明。中国人在智慧、聪明和政治上的狡猾远远超出俄国人之上。"①这是吉田茂在华工作经历的心得体会。

吉田茂认为对于苏联来说，中国太大了。他还表示过对最后的结果拭目以待。他说的"最后的结果"，当然是指中苏分裂的结果。然而，对这个认为战争是可以避免的人来说，非常不幸的是，当时发生了朝鲜战争。尽管如此，吉田茂仍然坚持自己的观点，他辩解说："总不至于爆发世界大战吧。世界舆论是倾向于和平的。这次，联合国和美国总统都决心抑制大规模的混乱，日本国民可以放心，日本的安全是有保障的……认为大规模战争会发生是没有感觉的表现。"②"日本国民没有理由动摇，日本的态度是坚定的，日本是和平国家，也是为和平而努力的国家。但是日本很贫穷，这样贫穷的国家，如果有盗贼进入的话，只会被逮捕。向这样的国家扔炸弹就像在伊甸园偷吃苹果一样会遭天罚的。"③

吉田茂甚至主张应该把中华人民共和国人民政府拉入西方阵营。他说："中国人终究会认为战争是战争，贸易是贸易的。日中之间开展一定程度的贸易是完全可能的。"④他还说："不管中国是红色的还是白色的，它是我国的邻国这一点是不可改变的。只要有充分的时间，地理和经济的因素可以克服任何意识形态的分歧及人为的贸易壁垒。"⑤

然而，美国对日本的中国大陆贸易倾向是十分警惕的。战后在所谓"亚洲的冷战"的背景下，尤其是在朝鲜半岛事实上的"热战"条件下，美国非常担心日本被共产主义势力所控制。他们担心"日本的人力和工业资源被共产主义利用后，会成为共产主义在太平洋地区进行新的侵略的源泉"。⑥所

① 児島襄：《講和条約》(二)，新潮社 1995 年版，第 377 页。
② 《朝日新闻》1950 年 7 月 22 日。
③ 児島襄：《講和条約》(二)，新潮社 1995 年版，第 500 页。
④ 《读卖新闻》1982 年 9 月 20 日。
⑤ 吉田茂：《回想十年》(一)，中公文庫 1998 年版，第 270 页。
⑥ 《日本经济新闻》1951 年 12 月 15 日。

以，美国一心想把日本“留在”西方阵营里，并极力阻止日本重返中国大陆。

美国也必须考虑日本的经济是外向型的，没有中国大陆的资源和市场，日本经济根本不可能得到恢复。所以，当时美国构想把日本经济引向英国的势力范围东南亚。①美国的这个构想实际上是一箭双雕的，它既能阻止日本再次接近中国，避免中日结合造成对美国的地缘政治威胁，又能利用日本的经济扩张打击曾经的海洋大国英国在东南亚的势力，以达到美国一国支配世界的目的。然而，对于美国的这个构想，日本国内经济界，特别是全面媾和论者认为，东南亚经济基础落后，日本只有与中国开展贸易才能使经济得到恢复。②吉田茂也持这种观点，他说：“如果中共政府能够转向自由，那么，日本就可以和它展开政治、经济来往。当然，眼下日本只能通过香港与之进行贸易，不过，日本政府终将有一天会促进日中之间的贸易。”③

对于吉田茂的中国观，美国从战略角度考虑是不能听之任之的。尤其是在日本与中国的双边和平条约尚未签订之前，吉田茂关于对华贸易的发言，不能不引起美国的关注。日本是选择中华人民共和国人民政府还是选择台湾的国民党当局作为双边和平条约的谈判对象，对美国来说至关重要。美国的舆论认为，如果旧金山和约缔结以后，日本选择了中华人民共和国人民政府作为媾和的对象并与之缔结双边和平条约的话，那将是对美国战略利益的巨大打击。1951 年 7 月 28 日，华盛顿邮报一个叫维拉明的记者发表了一篇关于日本在对华媾和问题上的态度的文章。他指出：如果把选择哪个中国作为媾和对象的权利给予日本，那么从经济利益上考虑，日本很有可能选择中共作为媾和的对象。不仅如此，如果日本选择了中共，那么其他国家也会仿效。更有甚者，中共会要求加入联合国，并以《开罗宣言》为根据在联合国主张对台湾拥有主权。那样的话，美国在太平洋的防卫线就会受到打击。④

维拉明的这篇文章引起很多人注意，当然也引起了一部分美国政治家

---

① 児島襄：《講和条約》(二)，新潮社 1995 年版，第 501 页。
② 《世界》1950 年 3 月号，第 61—64 页。
③ 《朝日新闻》1950 年 3 月 28 日。
④ *The Washington Post*, Saturday, July 28, 1951.

的注意。1951年8月2日，国务卿艾奇逊给东京的盟军司令部外交局长西博尔特发了一封电报，指示他向日本确认一下关于对华媾和的态度。①接到电报以后，8月4日，西博尔特会见了日本外务次官井口贞夫。8月6日，听了井口的汇报以后，吉田茂给杜勒斯写了一封信，不得不承诺日本无意与中华人民共和国人民政府媾和。他在信里保证：

> 我非常理解贵方在中国问题上的担心，在日"台"和平条约签订之前，我会尽快向台湾派一名经济观察员（财务大臣河田烈）。日本政府无意与中共缔结双边条约。②

然而，吉田茂的保证不过是为了促使对日本极其有利的媾和会议成功而已，因为当时旧金山会议还没有召开，吉田不想因为中国问题影响日本尽快签署媾和条约。但是从吉田茂的内心所想来看，长年的中国任职的经验使他不能不"怀念"中国东北对日本具有的经济魅力。多次承诺不与"中共"缔结双边条约的吉田，甚至在旧金山会议期间也在探索与"满洲"贸易的方法。他说："我们虽然不与中共接触，但是与满洲贸易非常重要。应该考虑一定范围的对满洲贸易。"③旧金山会议闭幕以后，回到日本的吉田茂就把此前作的各种保证抛在脑后，又谈起了中国贸易和承认中华人民共和国人民政府的问题。例如，1951年10月15日，他在国会上作了让美国大为震惊的演说。他讲："关于和中共的关系，我从来就没有过小的评价。日本不与中国发生经济关系是非常不现实的。日本已经有连续六年和中国没有任何关系了。如果有人说没有中国，日本就不能生存，我想这种说法绝不是言过其实。"④

对于吉田茂的"不负责任"的发言，杜勒斯开始施加压力。他说日本应该发表一个声明，表示日本打算与台湾的"国民政府"谈判缔结和平条约，日本无意与大陆的中华人民共和国人民政府发生任何接触。⑤杜勒斯这是赤

---

① FRUS, 1950, Vol Ⅵ, p.1236.
② Lot Files, Reel 28, p.118.
③ FRUS, 1950, Vol Ⅵ, p.1237.
④ Lot Files, Reel 21, p.61.
⑤ Lot Files, Reel 28, p.137.

裸裸地对日施加压力，他试图压迫日本按照美国的意志决定本国的对外政策。

1951 年 12 月 12 日，日本外务省外务次官井口贞夫被西波尔特叫到了盟军司令部，在场的杜勒斯让他向吉田茂转达口信。口信的主要内容是要求日本配合美国支持国民党当局的政策，主要包括以下五个方面：

(一) 关于占领的早期终结。

(二) 关于日本制裁、战争赔偿以及琉球·小笠原。

(三) “国民政府”在联合国对日本的加盟有否决权。

(四) 日本并不是承认“国民政府”为中国的唯一合法政府而是承认它为支配台湾·澎湖的一个政府的现实。

(五) 关于日本与中国大陆的关系，可以等形势变化以后再决定。如果中国大陆出现一个对日本友好的政府，日本可以与之接触和开展贸易。①

杜勒斯提出的以上五项内容，不管是早期结束占领、赔款、冲绳返还，还是加入联合国问题，无一不是日本非常关心的问题，而每一项都不能没有美国的帮助。其中，有关台湾的国民党当局对日本加入联合国问题有否决权一项就使日本不得不重新考虑承认国民党当局的问题。另外，在杜勒斯提出的这五点里，有一项最让吉田茂动心的是，承认台湾的国民党当局但并不把它作为中国的唯一合法政府，对于中华人民共和国人民政府则可以等形势的发展而决定。吉田茂虽然不情愿承认国民党当局，但是，在延缓承认人民政府问题上和美国是一致的。特别是对于承认国民党当局作为支配台湾·澎湖地区的一个政府的观点，是吉田茂完全可以接受的。这一点在以后的日本与国民党当局的谈判中也得到了证明，谈判中，日本坚持认为国民党当局的支配范围只限于台·澎地区。

1951 年 12 月 13 日，吉田茂和杜勒斯举行了会谈。杜勒斯向吉田茂宣读了一份备忘录，其主要内容中有关日“台”条约的适用范围，是这样规定

① Lot Files, Reel 28, p.122.

的：避免提及"国民政府"是否代表全中国的问题，条约只适用于"国民政府"事实上统治的地区。关于日本与"国民政府"不能统治的大陆部分的关系，等将来形势的发展随机而定。①

1951年12月24日，吉田茂向美国国务院顾问杜勒斯提交了《吉田书简》，其中提到：

> 至于中国共产党政权，该政权事实上仍被联合国判定为侵略者，且联合国已因此而建议对抗该政权之若干措施；日本对该措施现正赞同，将来亦必予赞同，因依照多边和平条约第五条甲款第三项之规定，日本已承担对于联合国依宪章规定而采取之任何行动尽力予以帮助，并于联合国对于任何国家采取防止或执行行动时，对该国不给予任何协助也。复查1950年在莫斯科缔结《中苏友好同盟互助条约》实系以对付日本为目的之军事同盟。而在事实上亦有甚多理由相信，在中国之共党政权，现在支持日本共产党图以暴力推翻日本现政权之宪政政体。鉴于此等考虑本人可向阁下保证，日本政府无意与中国共产党政权缔结双边和约。

虽然寄出了《吉田书简》，但是，吉田茂仍然没有放弃追求选择谁代表中国的问题上的"自由行动权"。他利用美英的意见分歧，尽量争取获得美国同意推迟与国民党当局的谈判。1951年12月27日，他又给杜勒斯发了一封信，信中写道：

> 以往，在列强的合作下，中国的排外主义终于得到了抑制，使中国实现过安定和秩序的恢复。今日也可以在另外的意义上，仍然需要列强特别是美英两国的一致。
>
> 关于中国问题，我们所要达到的目的以及我们所要制定的政策，都需要美英两国的一致。如果不是这样，日本政府就不能确定跟中国建立什么样的关系。在联合国的占领下，日本没有必要正面与中国打交

① FRUS, 1951, Vol.Ⅵ, p.1430.

> 道。旧金山会议关于中国代表权问题也被巧妙地解决了。但是，独立以后的日本要有独自的对华政策。①

日本已故著名政治学者高坂正尧指出：吉田书简就其性质来说，只能约束吉田内阁，而对以后的内阁，在法理上并没有约束力。②就连《吉田书简》的"作者"杜勒斯也说过：书简不过是吉田茂以其诚意寄给他的一个关于日本意图的声明。③尽管如此，这个声明的基本原则，却决定了1972年之前的日中关系。吉田茂接受了杜勒斯的要求，也就接受这个书简的基本原则，不选择中华人民共和国人民政府作为媾和的对象，使得以后20年的时间里没有一个内阁能够打破这个原则承认中华人民共和国人民政府。根据外务省冈崎胜男的解释：就不承认中华人民共和国人民政府原则来说，《吉田书简》是战后日本与中国人民政府关系的紧箍咒。④

就日本与台湾的国民党当局媾和这一点来看，《吉田书简》意味着在美英摩擦中英国的失败和日英协调构想的失败，同时意味着美国战略构想得到了实现。美国通过《旧金山和约》，分断了中日关系，避免了中日两国的结合——这种结合无论是战前通过日本的军国主义对中国大陆的支配还是战后美国担心的中国对日本的"赤化"，都对美国的亚太战略是巨大的威胁。所以，对于美国来说，片面媾和对美国支配亚洲来说具有重要的战略意义。

小　结

日美关系的本质，在冷战阶段表面上是意识形态决定论，但是背后隐藏的其实是地缘政治考虑。美国在太平洋战争中打败日本，实现了两个地缘政治目标。一个是消灭了日本在太平洋上的海军力量，把日本赶出了太平洋，控制了太平洋特别是西太平洋的制海权；另一个是把日本从中国赶出去，斩断了日本对中国大陆的影响，实现了美国自19世纪中叶便开始的亚太梦，美国的太平洋帝国梦想实际上是在第二次世界大战之后才真正实现

---

① 《日本外務省外交資料 B4008》，第83—85页。
② 高坂正尧：《宰相吉田茂》，中央公论社1968年版。
③ 约翰·道维尔：《吉田茂とその時代》，中公文库1991年版。
④ 《日本外務省外交資料 B4008》，《日華和平条約関係(第三卷)》，第114页。

的。冷战的逻辑不过是表面现象,地缘政治和权力的转移才是日美关系发展变化的真正动因。因此,美国不可能允许日本再次接近中国,无论是政治的还是经济的。战后以来直至今日,在中日关系问题上,美国一直是非常敏感的。旧金山会议前后,日本选择中国大陆还是选择国民党当局作为媾和的对象国是如此,中日邦交正常化时期美国对日本放弃台湾选择中国大陆代表中国恢复外交关系也是如此。鸠山由纪夫提出东亚共同体构想主张中日和解也反映了日本从政治和经济角度构建安全战略的一种思路,这种思路不是突然出现的,而是有其历史渊源的,因此,美国对鸠山由纪夫进行了"更换"。日本自旧金山会议之后,便表现出不得不在外交上听从美国安排的特性,这种特性在今天仍然有所表现。安倍内阁敌视中国,紧跟美国的战略部署,表面上看迎合了美国的亚太战略,但是,安倍的大国意识和民族主义倾向并不让美国放心,美国仍然担心日本以任何形式与中国重归于好。分化中日关系,也许一时有所成就,但是从长期战略角度看,对于美国来讲,防止中日接近是美国亚太战略的不变主题。对于日本来讲,失去外交选择权,是日本"永续战败"的具体表现,这种对美从属的根本结构是从美国对日本的战后处理、占领改革、战犯审判、日美安保,特别是片面媾和的过程中形成的。其中冷战使这个结构更加强化。① 奥巴马政府的亚太再平衡战略,又使这个结构进一步深化。特朗普上台后,日美在朝鲜半岛问题的军事合作既是对朝鲜也是对中国的,这种合作越是密切,中日关系的互不信任就越深刻。

---

① 白井聡:《永続敗戦論》,太田出版社 2013 年版,第 122 页。

第二部分　猜　　疑

美国通过对日本的改造消除了东亚可以再次挑战美国的对手，从而确立了美国在亚太地区的主导地位。日美之间的权力对比发生了变化，昔日的敌人，变成了战后的盟友，但是，这种盟友关系是从属性的，日本从未放弃追求自主独立的努力。因此，日美关系自从战后开始就存在着潜在的矛盾，这种矛盾具体表现为相互之间的猜疑。第一，日美安保体制虽然是战后日美关系的核心，但是该体制并不平等，日本谋求自主和美国防止日本脱离的模式一直有所外露；第二，美国占领了日本的军事基地，享有种种特权，两国围绕基地的矛盾时隐时现，表面看日本自愿向美国提供基地，但收回基地的运动却此起彼伏；第三，近年来，日美两国围绕钓鱼岛防御问题时有摩擦，美国对防卫钓鱼岛的态度左右摇摆，并经常表现出在中日两国之间采取中立的态度，令日本十分不满，而美国则对日本因该问题将美国拖入冲突抱有警惕；第四，中国宣布划设防空识别区，引起日本激烈反应，并要求与美国一道向中国施加压力，但是，美国视该问题为中日两国之间的争端，并没有满足日本要求中国撤销防空识别区的强硬要求，反映了两国在对华政策上的差异；第五，日美两国在经济上的摩擦由来已久，后来又通过 TPP 问题表现出来，呈现了两国在经济利益上相互对立的一面；第六，日本的右翼是反美的基础，尽管他们当中的大多数在战后认为可以利用美国反对共产主义和防范中国，但是，他们反对美国占领的本性没有改变，在主张摆脱战后体制方面，他们与自民党鹰派如出一辙。总之，日美之间的互相猜疑，是理解战后日美关系的一个重要侧面，不了解这一点，就会被表面现象所迷惑，就无法全面了解战后日美关系的真相。

第五章　日美安保体制的真相

日美安保体制是日美关系的核心，也是支撑美国亚太战略的重要组成部分。该体制关系到美国从地缘战略上在亚太地区能否处于优势地位的问题，所以，美国在战后当初执意要与日本签订安全保障条约和行政协定以确保自己通过第二次世界大战在日本和亚洲获得的有利地位。但是，剥开日美关系的外皮，我们会发现两国之间的关系存在许多不和谐因素，所谓的日美摩擦并不专指经济摩擦，其实在安保领域，两国之间的关系也存在着龃龉。两国之间的互相依赖只是表面现象，随着日本经济实力的增长，两国之间的权力关系也发生微调。所以，两国之间的互相不信任和猜疑也自然成了我们必须关注的问题。本章主要通过两国之间的互相依赖、互相猜疑和美国对日本的控制，分析日美关系的复杂性，并着重聚焦两国之间的不和谐部分，揭开日美安保体制的面纱。

第一节　日美之间的相互依赖

日美之间的相互依赖从表面上看是美军需要驻留日本完成在亚太地区发挥影响力的任务，而日本则需要美国的保护，特别是需要美国的核保护伞。但是，日本在防卫上需要美国保护的问题其实是一个伪命题，因为日本的"轻武装"政策虽然是自身的选择，但归根到底是美国造成的。如今的日本早已恢复了元气，如果摆脱美国的控制，他们可以自主解决防卫上的问题。可以说，在日美两国之间的互相依赖中，美国在战略上对于日本的依赖也占很大比重，因为从美国的亚太战略角度看，美国虽然鼓励日本承担防卫责任，但是，美国不会放松对日本的控制。本节的重点在于通过美国对日政策的意图分析两国之间的相互依赖与日本对美国的追随。

一、美军要求长期驻留日本

战后初期，在对日媾和的酝酿过程中，美国国务院与军方是有分歧的。国务院主张早期媾和，以免长期占领会引起日本的民族主义，但是，美国军方更重视日本的军事战略价值，他们希望长期并且自由地使用日本的军事基地，因此反对早期媾和。即使在决定媾和之后，美国军方仍然认为，现代战争正发生迅速变化，日本领土的全部都有可能成为潜在的军事基地，一旦发生战争，冲绳固然是空战的主要战场，但是日本本土也必须维持一定的军事存在，于是，美国五角大楼向美国政府施加压力，要求在媾和之后，也必须维持美军在日本的军事基地。①

为此，媾和的主要负责人杜勒斯构想了日美之间签订一个协议，通过该协议赋予驻日美军拥有"在希望的军队、希望的地点、希望的期间驻下去的权利"②。这样，美国国务院与军方经过协商终于达成共识，在保证不影响美军自由使用日本军事基地的前提下与日本媾和，所以，形成了《旧金山和约》与《日美安保条约》同时签字的前所未有的先例。历史上，一般在战争结束之后，占领军都会适时撤出战败国，但是如上所述，第二次世界大战后的美国军方从军事战略角度思考，特别是从亚太战略角度思考，并没有打算从日本撤走。美国之所以同意在朝鲜战争期间缔结《旧金山和约》与《日美安保条约》，其目的还在于遏制和孤立与之处于交战状态的中国，并把日本拉入自己的阵营和无限期使用日本的军事基地。这些目的要通过安保条约来实现，所以，这种在媾和的同时签订安保条约的做法便构成了美国处理日本战后问题的最大特点。美国通过这两个条约确保了自己的军队在日本的长期驻留，特别是《日美安保条约》，其本质就是确保美国对日本的持续占领。

《旧金山和约》虽然规定了日本恢复独立后，美军应该撤出日本。但是，条约的"但书"里规定：如有其他规定不受此限。这里指的是日美之间的行政协定，该协定规定了美国驻军的各种细节及其特权，其中连水电费都要由日本的地方政府负担。1960 年安保条约修改，行政协定也改为"地位协

① 豊下楢彦：《安保条約の論理》，柏書房 1999 年版，第 56 页。
② 鸠山由纪夫、孙崎享、植草一秀：《対米従属という宿阿》，飛鳥新社 2013 年版，第 163 页。

定”,但是实质没有变化。行政协定实际上是安保条约的实施细则,其中有很多侵犯日本主权的条款,比如,美国拥有对美国士兵在日本犯罪的审判权等,都是通过这个行政协定规定的。安保条约则只规定了一些大原则,便于日本国会通过,而行政协定则可以绕过国会审议,但它才是规定日美关系的根本性文件。

当然,在推进媾和与安保条约的进程中,日本也发挥了作用。日本急于媾和是因为想尽早结束占领状态,恢复独立。时任日本首相吉田茂认为,朝鲜战争的爆发对于早期媾和是有利的,因为战争爆发,美国势必需要日本的军事基地,更希望日本能够配合战争的进行。所以,吉田认为,只要日本表现出积极满足美国战略要求的态度,美国就会答应早期媾和。吉田茂想利用朝鲜战争的机会早日缔结和平条约,当时,他释放给美国的信息是:日本政府希望尽快媾和,为此,日本认为出于保障日本和亚洲地区安全的考虑,美军驻留日本是必要的。可见,吉田已经摸透了美国人的心思。吉田的这个信息是通过他派往美国的亲信池田勇人传达给美方的。当时,吉田担心美方不能接受,于是补充道:如果美方感到这样的要求不便于提出,日方可以首先提出。①

对于日美安保体制的形成渊源,吉田茂本人的说法是,《日美安保条约》为非武装、无防备的日本的安全提供了保障。吉田认为《旧金山和约》与《日美安保条约》是不可分割的一个整体,《旧金山和约》实现了日本的独立,《日美安保条约》则保障了日本的安全,不可能把国家的独立与国家的安全分开来考虑。《波茨坦公告》规定了日本必须解除武装,日本宪法也明确规定了日本放弃战争、放弃军备和交战权,在这样的前提下,日本外务省曾经考虑过日本可以选择永久中立或者向远东委员会成员国提出设立集体安全保障机构的请求。最后,日本决定国内发生骚乱由日本自己应对和处理,国际上出现不稳定事态时,保障日本独立的最好手段是与美国签订特别协议,希望美国保障日本的安全。为此,有必要由美军驻留在日本,一旦发生不测日本将向美军提供军事基地。

由此可见,日美安全保障体制是日美两国共同达成的协议,在日本非军

① 宫沢喜一:《東京ーワシントンの秘談》,実業の日本社 1965 年版,第 44—46 页。

事化前提下，这个协议中日本愿打愿挨的成分也比较明显，日本的选择当然是迎合美国的意图而提出的。另外，还需要特别注意的是，安保条约虽然是美国保护日本安全的承诺协议，但是，更主要的目的还在于美国亚太战略的需要。正如在《日美安保条约》签字仪式上美国国务卿艾奇逊所说："这个条约跨出了太平洋安全保障的第一步。"①不过，这里需要注意的是，艾奇逊没有提保护日本的安全，而只强调太平洋的安全保障，为此美国必须长期驻留日本。

二、美国要求日本重新武装

美国需要日本的又一个表现是希望日本重新武装。早在1950年6月，杜勒斯首次访问日本时，就提出了日本再军备的问题。因为当时的一般想法是，媾和之后，联合国对日本的占领将结束，非军事化的日本将出现防卫上的真空状态，所以，当时的美国人一改之前的想法，转而主张日本重新武装，并且认为日本的再军备是媾和的条件之一。但是，吉田茂对于日本的重新武装持反对态度，理由有三：一是美国在第二次世界大战后拥有了强大的军事力量，其他国家如果要想拥有与美国相匹敌的军事力量将承担巨大的经济负担，即便能够承受这样的负担，也未必能够达到美国的水平。二是日本国民思想现状已经丧失了再军备的基础。三是对于刚刚从战争的废墟上站立起来的日本国民来说，战后的处理尚未完成。

但是，吉田还是抵不过美国的压力。1950年7月，朝鲜战争爆发之后不久，日本就按照麦克阿瑟的指示，在日本警察的编制之外组组建了一支75 000人的治安警察部队——警察预备队。具体说，警察预备队是1950年7月8日，麦克阿瑟写信给吉田茂"命令"他组建的。为了组建这支部队，吉田不得不对战后初期被解除公职的原陆海军大尉、少佐和中佐等军人恢复名誉，让他们重新工作。1952年这支部队增加到11万人。在此基础上，日美安保条约的前言中也规定了日本应该逐渐增加自我防卫责任的内容。警察预备队的组建与朝鲜战争有密切关系。1952年，美国设想如果战争结束，美军将削减驻日兵力，日本的警察预备队应该负责日本的陆上防卫，因

① 吉田茂：《回想十年》(3)，中公文庫1998年版，第134页。

为战争耗费了美国大量的财政费用，美国要调整东亚安全政策，应该利用日本承担更大的责任，至少承担一部分日本的防卫责任。这便是美国要求日本再军备的背景。

根据美国国务院的揭秘资料，1952 年 4 月，《旧金山和约》生效之后，美国国安会制定了对日政策，认为如果日本的任何一部分领土被敌对势力占领，美国都会为之战斗，表明了美国承担日本的防卫责任。但是，美国也要求日本重整军备，承担为其他太平洋国家的安全做出贡献的义务。1952 年 10 月，日本警察预备队改为保安队，任务从维持治安转型为防止侵略，但是保安队的组建仍然没有达到美国的要求。1953 年 1 月，美国助理国务卿艾利逊对日本外务省官员讲，美国不会永远待在日本，日本应该加速建设防卫军。①

但是，1953 年 4 月，日本自由党在总选举中未获得半数，吉田政权出现危机，他不得不依赖在野党的支持。如果在防卫政策上过于“向美一边倒”，迎合美国的再军备要求，左派政党就会批评吉田；如果迎合右派政党关于尽快武装，实现独立自主并摆脱美国控制的激进要求，强大的社会党会坚决反对，甚至会引起美国的警觉，内阁“运营”会出现困难。最后，吉田选择了比较慎重的道路。

1953 年 10 月，吉田的代表自由党政调会长池田勇人赴美与美国助理国务卿罗伯逊会谈。美国代表指出：远东地区的共产主义侵略是重大问题，特别是苏联与中共的军事力量是重大问题，苏联的最大目标是日本，所以在远东地区对抗苏联 50 万军队的必要最小限度军事力量是十个师，约 32 万人。美方认为，如果苏联进攻日本将导致第三次世界大战爆发，因此要求日本增加武装。但是，对于美方的建议，池田以国民感情、财政状况和宪法的制约为理由没有答应。他提出一个日本加强防卫力量的计划，计划在 1957 年以前组建 18 万人的部队。这与美国要求的人数相差甚远，对此杜勒斯非常不满意。②

池田在华盛顿的会谈没有什么进展，会谈也没有达成具体协议，但是，

---

① 豊下楢彦：《安保条約の論理》，柏書房 1999 年版，第 112 页。

② 《朝日新闻》1985 年 5 月 23 日。

日本渐进方式的防卫力增强却在美国的不断压力下有所进展。1954 年 7 月 1 日，日本颁布《自卫队法》，除了保安队改成陆上自卫队外，还新设了负责领空警卫的航空自卫队和海上自卫队。其中，海上自卫队是战前的日本海军的残余部队经过改组，由海上保安厅和海上警备队演化而来的，实际上成员都是战前日本海军的遗产。另外，在自卫队设立的同时，日本还制定了《防卫厅设置法》，设立了防卫行政部门——防卫厅，还设立了统合各自卫队的协调机关"统合幕僚会议"。负责人当时叫议长，2006 年统合幕僚会议改称统合幕僚监部，负责人改称统合幕僚长，相当于总参谋长，实际上是三军最高司令。日本自卫队的总兵力现在是 24 万人，其中，陆上自卫队约 15.2 万人，海上自卫队约 4.5 万人，航空自卫队约 4.7 万人。当然，日本的自卫队实行文民统治原则，受制于内阁与国会，首相拥有对自卫队的最高指挥和监督权。

美国需要日本分担责任。关于日本对日美同盟的责任，一般理解为日本向美国提供军事基地，安全问题则由美方负责。但是，随着时间的推移和形势的发展，美国越来越不满足于这一点。虽然 20 世纪 70 年代由于国际局势的缓和与冲绳返还问题的解决，使得日美之间没有再出现安保争端，但是，1975 年美国在越战失败之后，特别是 1979 年苏联进攻阿富汗以后，美苏关系再度紧张，美国提出日本不能永远在安保上"搭便车"。为了应对美国关于增加军备的要求，大平内阁提出了"综合安全保障"构想，认为日本虽然不能修改宪法，跟西欧一样提供军事贡献，但是可以在经济技术方面做贡献。里根政权时期，美国继续要求日本增强军备，并要求日本负担海上交通线的防卫和扩充军队，但是遭到日本拒绝，只有中曾根康弘内阁比较积极地配合美国的战略。后来美国利用日本的"综合安全保障"构想，默认了日本的经济贡献，即，美国默认日本向美国输出和投资，用贸易赚得的钱购买美国国债，形成了巨大的资金环流，这是日本用经济的方式承担责任的一种表现。

三、美国希望深化日美同盟

在冷战阶段，日本当然需要美国的保护，而美国更需要日本这个在亚洲的重要伙伴。但是，冷战结束之后，日美互相需要的结构不存在了，美国在亚洲存在的理由也消失了。日本人问美国为什么还留在亚洲，为什么还留在日本，于是日本出现了修正冷战时期防卫政策的动向。1994 年 2 月，细川内阁设立了“防卫问题恳谈会”，会议主席樋口广太郎等人整理出一份报告，虽然强调日美关系仍然很重要，但是怀疑日美同盟作用的含义还是比较明显。

对于同样的问题，冷战结束当初，美国也有议论。在这些议论中，以《日美安保条约》为基础的日美军事合作关系如何再定义问题是一个焦点。美国有智库提出，鉴于美国每年使用 350 亿美元纳税人的钱保护日本和韩国的安全，美国应该停止对富裕的同盟国进行援助，制定更有效的防卫战略。他们认为：日本是世界第二经济大国，民主化也已经实现；朝鲜半岛虽然存在危险，但是，韩国更加重要，因为在韩国的经济利益超过了朝鲜；苏联已经不是威胁；中国的军事现代化在当时并未对邻国造成重大威胁；所以应该调整超过十万人的美军在亚洲的存在，解除《日美安保条约》，让日本在与地区统合的进程中探索防卫合作的途径。

但是，日美安保的问题并不仅仅具有应对冷战需要的意义，它是美国亚太战略整体利益考虑的结果，安全保障问题的实质是美国如何为了推进自己的世界战略而使用日本的问题。对于美国来说，在亚洲的军事存在，是维持其在亚洲影响力的基础，如果中国的崛起有碍于美国的战略利益，那么，美国对中国单独进行遏制将花费巨大的费用，美国必须寻找同盟国以分担防卫战略的责任。特别是如果美国的盟国日本与中国和解并且合作的话，以美国为中心的亚太秩序乃至于世界秩序都将受到强烈的挑战。所以，尽管冷战已经结束，在中日之间制造麻烦，防止两国接近，对于美国来说都是最好的战略，同时可以使美国的军产复合利益集团获得利益。①

美国前国防部副部长约瑟夫·奈从上述战略的角度分析了冷战结束之后美国的亚洲政策。他认为，鉴于朝鲜半岛的不稳定及东亚的局势，日美安保体制仍然应该发挥作用，为了应对该地区的不稳定因素，美国至少今后十年不应该考虑减少兵力。② 1995 年 2 月，他主持起草了一份《东亚战略报告》，指出：美国应该在东亚保持 10 万人的驻军，并对日美安保关系进行重新定义。

---

① 白井聡：《永続敗戦論》，太田出版社 2013 年版，第 136 页。

② 《日米安保解消を提唱》，《朝日新聞》1995 年 2 月 19 日。

以中国的发展和崛起为借口，拉拢和利用日本，达到继续留在亚洲的目的，这是美国亚太战略调整的重要一环。本来，战后日本虽然以日美安保体制为主轴，但是一直坚持遵守的以和平宪法为基础的专守防卫、禁止向海外派兵、无核三原则和武器出口三原则。这些都是限制日本走向军国主义的原则，也是避免刺激邻国的和平主义原则。这些原则在冷战结束之后，仍然被自民党主流派的鸽派集团所奉行。比如，1994 年 7 月 25 日，日本外相河野洋平在曼谷表示日本根据和平宪法坚持专守防卫，不做军事大国，遵守无核三原则和不扩散条约，重视美军在日本的存在。然而，随着美国的不断施压和日本民族主义的上升，鹰派观点逐渐占据主导地位，配合与利用美国的战略调整，改变日本对外战略的势头有所上升。

1995 年 11 月，日本为了呼应约瑟夫·奈的《东亚战略报告》，修改了防卫计划大纲。在这种背景下，1995 年的台湾海峡危机为美日摸索新的合作提供了借口。1996 年 4 月，克林顿访问日本，与日本首相桥本龙太郎签署“面向二十一世纪的同盟”宣言，提出了日美安保再定义问题。双方确定日美安全保障合作是“维护东亚太平洋地区繁荣与稳定的基础”，强调美国在该地区有必要驻留 10 万人的兵力，另外，双方还修改了“日美防卫合作指针”。

“日美防卫合作指针”是 1978 年两国以苏联威胁为背景制定的，规定了防止侵略，应对日本受到武力攻击的措施和远东事态中的日美合作。1997 年的防卫合作指针不再提“远东”，代之以“日本周边”的概念，这是一个比“远东”更加广泛的概念。这次修改适应了冷战后的国际形势，认为苏联的威胁不存在了，日本受到武力攻击的可能性下降，所以，自卫队在救灾和参加联合国维和活动方面将发挥更大作用。①两国当时提出“周边事态”的概念，意在防范台湾海峡与朝鲜半岛的危机。不过，当时中日关系比较稳定，中美关系也比较顺利，所以，日美两国应对冷战结束后的“安保再定义”问题并没有引起较大的风波。伴随中国的崛起。日美之间这种战略调整逐渐露出真正面目，2010 年日方在钓鱼岛海域非法抓扣我渔民渔船事件之后，日本在防卫计划大纲中点名把中国和朝鲜称为“地区与国际社会的担忧事项”，日美同盟以中国为假想敌的意图愈来愈明显。

---

① 《『日本周辺の有事』最優先》，《朝日新闻》1996 年 6 月 8 日。

日美安保体制通过美国的核保护伞、第七舰队、美军基地的存在，使日本能够保持“轻武装”和经济大国地位，但在中国的崛起和美国亚太战略调整的背景下，日本开始显现出扩军备战的倾向。尽管冷战期间与冷战后有个最大的不同是，经济的全球化进展迅速，即使是对手国家之间也建立了不可分割的经济互相依赖关系，但是，日美两国仍然谋求深化同盟关系，意在把中国定为防范的主要目标，并且发挥日本的军事作用。为此美国鼓励日本修改宪法、修改关于集体自卫权的解释，修改武器出口三原则。安倍晋三的外交战略顾问谷内正太郎曾说过，日美关系是“骑士与马”的关系，看来日本有些人愿意让美国骑着跑，或者愿意充当美国亚太战略的马前卒。

第二节　日美之间的相互猜疑

不过，日美之间除了上述相互依赖的侧面之外，还具有相互猜疑的特点。日本对美国的依赖主要表现在日本需要美国的保护，但是，由于美国在该问题上具有不确实性，所以，表现了相互之间的猜疑。美国当然担心日本把美国卷入与邻国的冲突之中；日本更担心一旦发生冲突，美国会袖手旁观。另外，日本的民族主义者一直试图谋求日美关系的对等性，追求日本外交的自主性，甚至试图摆脱美国的控制。

一、日本需要美国保护

日美两国之间的相互猜疑首先表现在日本寻求美国的保护方面，但美国却始终给日本以不确实的印象。战后初期的非军事化是日本依赖美国保护的原因，关于宪法第九条，吉田内阁的国务大臣金森德太郎的答辩，是这样解释的：第九条第一款包括了不能发动自卫战争的内容，而第二款则规定了不管是否自卫战争，不准拥有战力，也不承认交战权。即使出于自卫的目的也不承认交战权，也就不可能发生真正意义上的战争，那么，第二款的意思就是指日本不能进行自卫战争。①根据这种解释，日本在安全上也就不

① 《贵族院宪法改正特别委员会记录》（1946年9月13日），载末川博、家永三郎监修：《現代日本史資料日米安保条約体制史[2]》，三省堂1970年版，第348页。

得不依靠美国的保护，比如，1951 年 10 月 18 日，吉田茂说："日本现在没有防卫力，处于真空状态，只好选择集体防卫的方法，这就是政府缔结安保条约的原因。"①

但是，日美安保条约并未明确规定美国负责日本防卫的义务，这是让日本担心的地方。这一点就连吉田茂也不能说清楚，比如，他说：美国使用其武力和经济力，日本使用自己可行的方法，两国互相合作，作为国际安全保障的一环为日本的安全保障作出贡献。可以看出，吉田在此含糊其辞，没有说明美国保护日本的确实性。②

直至今日，关于美国能否确实保护日本，仍然是日本社会议论的焦点。有人从中国的威胁角度分析问题，把日本的安全问题更加具体化。他们认为，在外交关系上，对于日本来说，与中国的关系是最大的问题，其中最大的关心是中国到底是不是要超过美国。他们注意到多数国际舆论调查都认为中国将超过美国成为超级大国。如果中国确实将成为大国的话，美国的亚洲政策也将发生变化，日本虽然继续追随美国，但是，日本人担心美国会认为日本已经变得不那么最重要了。这样的话，在中日发生冲突时，美国还会承诺站在日本一边吗？近年发生的中日钓鱼岛争端使日本人对美国的可靠性更加持怀疑态度。

关于钓鱼岛，虽然美国一再表示了它适用于《日美安保条约》第 5 条的规定，但是日本人深知这只是美国的"口惠"而已。因为，尽管有这一条规定缔约双方对日本施政权下的领域任何一方受到武力攻击，都认为是对自国和平与安全的威胁，应该按照自国的宪法规定及程序采取行动应对共同的威胁，但是这一条规定，没有明确指明美国必须参战。所以，日本外务省前情报局长孙崎享认为，这并不等于美国可以履行条约上的义务，因为《日美安保条约》第 5 条说的是："按照自国的宪法规定及程序采取行动应对共同的威胁"。那么，美国宪法是如何规定的呢？美国宪法第 8 条第 11 款规定了国会有权宣布战争，总统作为三军司令有权实行战争，总统宣布战争应该得到国会的认可。也就是说，如果中日围绕钓鱼岛发生战争，美国政府要参

---

① 《集団防衛体制の必要性》，载末川博、家永三郎监修：《現代日本史資料—日米安保条約体制史[二]》，三省堂 1970 年版，第 111 页。

② 吉田茂：《回想十年》(3)，中公文庫 1998 年版，第 144 页。

战必须得到国会的认可。

另外，美国虽然强调了《日美安保条约》第5条的规定，却绝不谈这个钓鱼岛的主权归属问题，其实，美国在冲绳返还之后仍然控制着钓鱼岛附属岛屿黄尾屿和赤尾屿，美国并不打算把这两个岛礁还给日本。这一原因也导致了美国在钓鱼岛主权问题上态度的模糊，让日本一直耿耿于怀。可以这样解释：《日美安保条约》的规定意味着美国必须在国会的承认下采取行动。美国承诺一旦钓鱼岛发生危险会适用第5条，那么，美国总统会争取国会同意吗？美国国会会为一个政府一再表示在主权问题上持中立态度的岛屿而参战吗？还有，美国"采取行动"的意思一定意味着参战吗？孙崎享对此抱有深刻的怀疑。

然而，从另一个角度看，中日围绕钓鱼岛关系紧张，对于美国军产复合体来说是十分有利的，适度的紧张甚至对于日本的防卫部门也是有利的，因为他们可以借口要求增加军事预算。实际上，2012年，当时的东京都知事石原慎太郎挑起钓鱼岛之争，是在美国传统基金会开始的，这就印证了日美都有一些人试图验证一下日美同盟的可靠性，也验证一下中国态度的坚定性。石原慎太郎的行为说明了日本的民族主义者为这个阴谋做出了贡献，但是，令他们失望的是，他们不能证明美国是否拥有坚决站在日本一边的决心。结果是日本虽然需要美国保护，但是美国没有明确的表态，特别是日本搞不清楚美国到底具体在什么情况下可以保护日本，什么情况下不能保护日本。日本需要美国的保护，但是始终不能确信美国会不会提供保护。

二、日本要求平等地位

日美两国之间的相互猜疑还表现在战略选择方面。《旧金山和约》签订之后，美国结束了对日本的占领状态，恢复了日本的独立，但条件是美军继续自由地使用日本的军事基地，因此，日本实际上还是没有获得真正的独立。对此，日本的"民族主义者"从未放弃争取"独立自主"的努力，这是两国之间互相猜疑的原因。美国要时刻提防着日本摆脱美国的言行，而日本的民族主义者则利用一切机会寻求所谓"对等性"或者"自主外交"。

吉田茂曾经说：条约确保了两国相互安全保障；关于对等的问题，拥有强大武力的美国与被剥夺武力的日本之间是不可能存在对等的，因为日本的安全得到保证，但是对于美国的安全，日本却无能为力。[①]吉田对日美关系还是有比较现实和清醒认识的，因为他是亲美派，所以，他认为两国之间的这种不平等现状是理所当然的。

但是，日本的民族主义者却不以为然，他们要谋求日本与美国的对等关系，比如，1955年8月30日，日本外相重光葵与杜勒斯会谈，他向美方提出了修改《日美安保条约》的要求，他说：安保条约缔结时，日本没有武装力量，所以不可能与美国签订"相互"安保条约，但是，现在两国缔结"双务性"新条约的条件已经具备了。但是，对于重光葵的要求，杜勒斯回答说：新条约签订的时期还早，安保条约不是永久性的，但是要等日本自己拥有了自卫的意思之后再考虑。这一天会到来，但是现在还不是时候。对于杜勒斯明确的拒绝，重光葵不死心，他继续说：日本国民要一个与美台、美菲条约一样的平等条约，现在日本已经拥有了自卫力。然而，杜勒斯对于日本的自卫队并不满意，他说：日本的自卫力量现在还不充分。条约的准备一天就可以完成，日本应该形成创立军队的意志。日本要有真正的自卫力量，只有修改宪法才能使状态改变，现在的宪法条件下，不可能签订相互的安保条约。

显然，杜勒斯是在向日本表示，美国希望日本拥有一支军队。对此，重光表示：日本可以自己保卫自己。杜勒斯反问道：日本可以保护美国吗？比如，关岛受到进攻怎么办？杜勒斯的问话比较有力，反映了美国在防卫政策上的一贯立场和对日本"轻武装"政策的不满。这次，重光葵没有正面回答，因为日本的防卫政策，他也不可能正面回答，于是，他说：虽然是自卫，但是兵力运用可以协商。重光的意思是说，日本国内包括日美两国都可以商量这件事，其中包含着日本可以保护美国的意愿。

接下来，杜勒斯又进一步涉及问题的实质，他说：宪法不允许的话，没有意义。日本能够向海外派兵吗？杜勒斯的意思是日本应该修改宪法，应该在法律上允许向海外派兵，这才是美国希望的，如果做不到这一点，日本没有资格与美国谈对等的问题。面对这个问题，重光葵开始支支吾吾。他

---

① 吉田茂：《回想十年》(3)，中公文庫1998年版，第144页。

说：关于海外派兵，日本在自卫的前提下，可以协商。显然，这是个重大问题，日本要修改宪法，甚至向海外派兵，在当时的日本国内政治环境下是不可能的事。

当时是鸠山内阁，重光葵与杜勒斯的对话，就日本方面来说，反映了鸠山内阁要谋求日美关系对等性的意愿。当时的民主党干事长岸信介也是主张日美对等关系的，他虽然也对美国的态度比较失望，但是也从这段对话中听出了一点希望，即：美国也不认为《日美安保条约》是永久不变的，所以他说：非常感谢国务卿说安保条约是暂时的，在适当的时机可以修改。国民生活与经济的稳定是第一位的，强力的稳定政权也是必要的，我们正在认真考虑"保守合同"问题（意思是指保守派政党的统合）。完成之后将推行经济发展计划，经济发展之后，防卫力增强也就可能了，这样美军的撤退和现行条约的修改也就可能了。对此，杜勒斯表示：希望日本成为世界的强国。[①] 战后日本首次要求日美关系平等性的对话就这样结束了，从此呈现了日本谋求两国关系平等的途径和内容，比如，经济发展、修改宪法、向海外派兵和成为世界强国等。

三、日本的脱美倾向

"对等性"的问题实际上是一种自主性的表现，反映了日本人对于日本从属于美国的现状的不满，日本的民族主义者一直试图寻求摆脱美国的控制实行自主外交，因此导致了两国之间猜疑不断。战后初期的首相芦田均曾配合美国的占领政策，赞成美军驻留，也支持和平宪法，但是当他提出美军应该"有事驻留"的主张后，也就是美军应该在平时放弃占领的意思，从而引起美国的猜疑，后来发生了著名的"昭和电工"事件，芦田在这次受贿案件中受到牵连而下台。前外相重光葵，1955 年曾经向美国驻日本大使艾利逊提议美军十二年后完全撤出日本的建议，从而引起美国的猜疑，因此，重光葵再无机会问鼎首相宝座。其实，战后被美国肃清过的政客大多具有自主外交志向，比如，石桥湛三、鸠山一郎、三木武吉、河野一郎、重光葵、岸信介等人都属于这一类。

---

① 《重光、『対等』に執念》，《朝日新闻》2001 年 7 月 16 日。

以鸠山一郎为例，他是日本最早主张自主外交的政治家。鸠山是一位民族主义者，他认为吉田等人勾结占领军司令通过“战后体制”使日本无力化，是卖国贼。[①]在摆脱“战后体制”信念的支配下，他想达到修改宪法的目的，但是他的尝试并没有成功，因为美国不会答应。岸信介是追求日美平等关系的又一位代表人物。1957 年，岸信介成为首相，尽管他强调反共问题，争取美国的信任，但是美国绝不允许日本放弃《日美安保条约》，特别是不喜欢日本民族主义者借这这个问题谋求所谓自主性。

当今日本的自主外交表现为脱美倾向。民主党的鸠山由纪夫在安全保障问题上的基本立场是：“日本应该有成为一个独立国家的气概。”[②]在他领导的民主党内阁时期，他与小泽一郎一起踩了美国两个尾巴：一个是普天间，一个是“东亚共同体”，既要把美国赶出冲绳，动摇日美安保体制，即美国在西太平洋军事存在的基础，又要与中国建立排除美国的“东亚共同体”。对此，美国决定“除掉”鸠山。2010 年 2 月 2 日，美国副国务卿坎贝尔访日后的第二天访问韩国，他对韩国官员说，美国不再与鸠山打交道，而是与冈田、前原交涉。孙崎享认为坎贝尔已经向日本外务省和防卫省以及日本政治家传达过这些内容，这是美国影响日本政治的表现。

安倍晋三嘴上说要加强日美同盟，实际上他也具有脱美倾向。安倍在“价值观外交”的幌子下，要摆脱“战后体制”，建设新国家，给美国的印象却是日本在他领导下将滑向“国家主义”，即民族主义。2006 年安倍上台后，一改小泉的亲美政策，上台不到一周就访问中国，与中国建立“战略互惠关系”。然后，安倍绕过美国访问欧洲并参观北约总部，探求与北约的军事合作。谁都知道北约的基础是美欧同盟，但是，当时在伊拉克战争后，北约的军事行动由欧洲主导，欧美也有战略上的分歧。安倍的外交战略顾问谷内正太郎曾对外务省官员说，日本今后有可能成为北约事实上的加盟国。这无疑是宣布日本今后的外交中心将不再是美国。[③]

安倍之所以具有脱美倾向，是因为他预见到美国的衰落趋势。比如，谷内正太郎认为美国陷入中东泥沼，不可能对朝鲜动武，所以美国在东亚安全

---

① 片岡鉄哉：《日本永久占領》，講談社 1990 年版，第 210 页。
② 鳩山由紀夫、孫崎享、植草一秀：《対米従属という宿痾』》，飛鳥新社 2013 年，第 51 页。
③ 《危険な安倍「対米自立」外交》，《選択》2007 年 3 月号。

上也只能与中国保持一致。谷内进一步认为，美国在东亚的影响力也将逐渐下降，日本没有必要维持“小泉与布什”那样的关系。在此背景下，安倍内阁的外相麻生和防卫相久间章生都毫不掩饰自己的观点，曾公开批评美国的政策。麻生说美国对伊拉克的占领政策是幼稚的，久间则说布什政府错误地发动了伊拉克战争。麻生还在长崎的一次演讲中公开说：日本应该推进自主的中东外交，“美国干不了的，我们日本人来干，日本人有威信。金发碧眼的恐怕不顶用”。①

安倍与美国之间缺乏信任。作为全球性海洋大国，美国在亚太的军事存在绝对必要，不会被任何国家赶出西太平洋，更不会最终被日本赶出冲绳。美国意识到安倍的意图之后，开始“制裁”他。安倍第一次内阁在慰安妇问题上否认“河野谈话”，引起美国警觉，美国国会通过议案要求日本首相对慰安妇道歉，迫使安倍不得不进行了道歉。美国学者称安倍，一方面在各个国家宣传人权，一方面却对战时政府侵犯人权的事实表示否认，那么就是一个伪善者。于是，安倍急忙派遣亲信小池百合子等人前往白宫去做工作，但是白宫和国务院官员均拒绝接见安倍的代表。美国副总统切尼在访问日本时拒绝会见对美国出言不逊的防卫大臣久间章生。

安倍不能获得美国的支持。2012 年年底安倍重新上台之后，把改善日美关系作为了重要议程，将首访国定为美国，还积极准备修改集体自卫权解释，但是，他敌视中国，坚持错误历史观，参拜靖国神社，让美国感到“失望”。虽然美国一再希望日本增加军备，但是，并不希望由安倍实现这一目标。阿米蒂奇等人曾要求日本行使集体自卫权，安倍现在重提此事，美国也有有赞同，却并不符合奥巴马的意图。因为美国的经济主要依赖中国，他要与中国构建“新型大国关系”，并不想因为过度接近日本而开罪于中国。②在钓鱼岛问题上也是一样，安倍想借日美同盟关系，在该问题上采取强硬态度，没有得到奥巴马的支持。③在中国划设防空识别区之后，美国的态度也让安倍十分失望，奥巴马并不想惹中国不高兴。

---

① 《麻生又惹外交麻烦》，《参考消息》2007 年 3 月 23 日。

② 鳩山由紀夫、孫崎享、植草一秀：《対米従属という宿痾』》，飛鳥新社 2013 年，第 56 页。

③ 鳩山由紀夫、孫崎享、植草一秀：《対米従属という宿痾』》，飛鳥新社 2013 年，第 62 页。

第三节　美国对日本的控制

从战后史的整体角度看日美关系，控制与反控制是值得关注的又一特点。从上述分析可以看出日本并不是一味地追随美国，对于战后由于美国的占领造成的两国之间不平等的现状，日本国内一直存在着追求独立自主，甚至摆脱美国的政策倾向。对于美国来说必须不断地遏制这种反美倾向，“肃清”这种思想的实施者，以达到牢牢控制日本的目的，因此，有必要分析一下美国对日本控制的问题。

从上述内容可以看出战后日本曾经有很多政治家选择对美“自主外交”，其真实意图就是摆脱美国的控制。孙崎享认为至少重光葵、芦田均、鸠山一郎、石桥湛山、田中角荣、细川护熙、鸠山由纪夫等都属于这一类人。在孙崎看来，竹下登、福田康夫也属于这一集团。竹下登重视与中国的关系，他继承了田中角荣的政策观念；福田康夫重视与中国的关系，他继承了福田赳夫的政策倾向。他们都表示在中美之间维持平衡，实际上都具有对抗美国离间中日关系的意图，都是对美“自主派”。也正因为如此，上述这些人也都或多或少，或明或暗受到了美国的打压，没能长期维持政权的稳定。

美国排斥日本“自主派”，达到对日本控制之目的，主要是通过培养“亲美派”实现的。在日本，“亲美派”的代表人物是吉田茂，他“亲美”是因为他具有坚定的亲英美信念，他认为维持日美关系是日本应该选择的重要道路，为此，不管日美关系平等与否，日本都应该与美国站在一起。他认为美国对于战后日本来说，至少有两位“恩人”值得感谢，一位是占领的“恩人”麦克阿瑟，一位是媾和的“恩人”杜勒斯。日本的宪法、安保条约、媾和条约、行政协定等民族主义者眼中的屈辱的不平等条约都出自吉田茂与麦克阿瑟、杜勒斯的合作。没有吉田茂，美国对日本的战后改造就不会顺利进行，也不会遏制民族主义的泛滥。

除了吉田茂之外，美国还在日本各界培养了一大批亲美势力。日本的官僚势力和大资本构成了强大的既得利益集团，他们与美国有千丝万缕的联系。以吉田茂为首的官僚集团和以“经团联”为核心的经济界，与美国结成联盟配合“亲美”政治家集团——自民党亲美派，形成了“政官财”铁三角，构成了日本战后的基本社会结构。后来民主党内的亲美派前原诚司、冈田克也、北泽俊美则等人也都是“亲美”政客。前原曾经说“我的老师曾经告诉我一定要重视日美关系”，前原的老师就是日本著名的“亲美”学者，积极主张日本应该与海洋强权国家结盟的高坂正尧。日本主流媒体 NHK（日本广播协会）一向对反美的鸠山·小泽集团不感兴趣，因为代表美国意向的人员被大量安插在 NHK，NHK 的主要领导人大多有在华盛顿工作的经验。另外，大藏省（现在的财务省）和警察厅都有“亲美”官僚，日本应该参加 TPP 的建议是“经团联”和财务省力主提议的，搞掉鸠山和小泽的过程中，警察厅发挥了关键作用。

1956 年，鸠山一郎内阁垮台之后，12 月 14 日举行自民党总裁选举，石桥湛山击败岸信介成为首相。石桥在第一次吉田内阁时曾要求削减美军驻留费用，被开除公职。石桥上台之后，美国非常担心，美国国务院官员曾说，如果美国幸运的话，石桥政权不会长久。石桥成为首相仅仅三个月就因病下台，现在有人怀疑，石桥的得病，与当时美国研发生物武器有关系。[①]当然这是一种猜测。如果石桥是真的有病，可以经过疗养，重新工作。事实上，石桥辞职后，病情好转，活到了 1973 年。

岸信介是战后史上唯一一位修改《日美安保条约》的首相，他主导了修改《日美安保条约》谈判，他的主要目的就在于谋求日美关系的“双务性”，即对等性。美国实际上对岸信介是很讨厌的。岸信介骨子里也确实是反美的，是主张日本应该有自主外交的。岸信介修改安保条约引起了社会党的反安保运动，这个运动后来变成了反岸信介的大游行，美国暗中对这个运动提供了资金支援，很多亲美企业也向学生组织提供过资金。比如，右翼组织头目之一田中清玄当时为美国中央情报局工作，美国通过他向学生组织提供过资金。美国并不怕日本左翼学生的游行，却怕“民族主义者”掌握日本政治的主导权，特别是美国不想让岸信介实现什么自主外交目标，于是，岸信介在反安保运动运动中倒台。岸信介是战后史上唯一一位修改《日美安保条约》的首相，之后，再也没有人敢再提这件事情。岸信介下台后，美国希

---

① 鳩山由紀夫、孫崎享、植草一秀：《対米従属という宿痾』》，飛鳥新社 2013 年，第 184—185 页。

望吉田茂再次出马，吉田安排了“弟子”池田勇人出马，池田也是一个“亲美”政客，美国对日本的控制越来越牢。

鸠山由纪夫要使日本获得真正的独立，他说：“我并没有说美国不好，美国有自己的国家利益，日本也要充分说明自己的意见，获得美国的尊重。”[①]但是，他提倡建立“东亚共同体”，而且是要排除美国，这一点为美国所不容。约瑟夫·奈说：“美国被撇开，由日中主导东亚，这对美国来说是不可想象的。”鸠山由纪夫的下台类似一种政变，因为美国有意冷落、无视鸠山。鸠山说：“我和小泽对政治与金钱问题、领土问题、消费税问题、TPP 问题、核电站问题、鱼鹰战机问题还有基地问题都涉及，但是所有这些问题背后都有美国的影子，我对于日本是否真正是一个独立国家表示怀疑。现在我作为一个经验过总理职务的人，可以明确地讲：日本根本就不是一个完全的独立国家。”[②]鸠山的表白可以说是日本人对日美关系真相的最权威和最有力的证言。

安倍表面上主张强化日美同盟，但是他的历史观是美国不能接受的，特别是安倍实际上并不能按照美国的设计搞好与邻国的关系，从而打乱了美国的战略部署。2013 年 2 月 22 日，安倍访问美国遭到冷遇，奥巴马在安倍访美期间没有迎接也没有设晚宴欢迎他，更没有和他一起举行共同记者会见。2013 年年底，安倍一意孤行参拜靖国神社之后，美国毫不客气地对他表示了“失望”，此事引起日本上下一片议论。

在钓鱼岛问题上，安倍想借日美同盟关系对抗中国，但是日本舆论一般认为，安倍并没有得到奥巴马的支持。[③]比如，2014 年 4 月，奥巴马关于《日美安保条约》第 5 条适用于钓鱼岛的承诺，反映了美国在对安倍表示“失望”之后，有再笼络一下他的用意，日本媒体也大肆歪曲解释，过分宣传美日关系的缓和。但是，这不过是美国控制日本的一贯手法而已，其实，奥巴马当时还强调美国在主权问题上不持立场和希望用和平方法解决问题的一贯主张，并没有特意支持安倍在钓鱼岛问题上挑衅中国。

---

① 鸠山由紀夫、孫崎享、植草一秀：《対米従属という宿痾》，飛鳥新社 2013 年，第 243 页。

② 鸠山由紀夫、孫崎享、植草一秀：《対米従属という宿痾》，飛鳥新社 2013 年，第 242—243 页。

③ 鸠山由紀夫、孫崎享、植草一秀：《対米従属という宿痾》，飛鳥新社 2013 年，第 62 页。

小　结

在日美双方每次发表的官方文件所表现的两国之间的紧密关系背后，实际上掩盖着两国之间的矛盾。日美同盟的悖论反映在两国关系的复杂性上：日本确实依赖美国，却时刻提防美国抛弃自己；美国虽然有能力控制日本，但是也必须防止日本摆脱自己走向防卫政策的自主路线，成为脱缰野马。特别是日美在安全保障领域相互依赖，一旦由于日本摆脱美国获得自主权，必将使日美信赖关系寿终正寝，日本将难以驾驭，对此，不但亚洲国家十分担心，就连美国也未掉以轻心。比如，基辛格曾经说过："就像人有DNA一样，一个民族也有DNA，日本只是战败过一次，不可能永远不发动战争。日本总有一天会修改宪法，改变国家体制，拥有核武器。"[①]看来，对于日本人，美国人是有所了解的。日美两国在战略选择领域的相互猜疑，既反映了两国的同床异梦，反映了日本的"民族主义者"不会永远认可美国控制的现实，也反映了美国时刻防备日本走极端的现实。日美同盟的复杂性反映在两国互相依赖、互相猜疑上。日本从担心被美国抛弃，进而产生自主意识。同时，日本也对美国拉自己卷入与自己的利益无直接关系的战争不安。美国则既担心日本摆脱自己，也对日本把自己拖入与周边国家之间的冲突不安。可见，日美关系实际上是同床异梦，这便是日美关系的复杂性。

---

① 日高正树：《日米安保は崩壊寸前だ》，*Voice*，December，2007。

第六章　日美基地摩擦的真相

日美两国的互相猜疑不仅表现在围绕安保体制上的明争暗斗，还表现在军事基地问题上的互相较量。美军占领日本本土之后，在各地设立了军事基地和军事设施，特别是在冲绳，美国集中了驻日美军基地的四分之三，使冲绳成了美军的军营。美军在基地享有法律上的特权，美国士兵犯罪后不受日本的司法管辖，这纵容了美军士兵的违法犯罪。尤其是驻冲绳美国士兵的犯罪行为让冲绳人感到失望和愤怒，20 世纪 50 年代出现的冲绳“复归运动”固然是日本要求美国归还冲绳的运动，也包含着日本以冲绳人权为理由反对美国占领的意图。20 世纪 60 年代末，在当时的国内外复杂形势下，美国开始认真考虑把冲绳“返还”给日本，但是，“返还”只不过是形式上的，美国不可能真正放弃这个对其亚太战略至关重要的军事基地，结果是美国只把行政管辖权交给日本，美军在基地的驻留并没有任何改变。因此，日本在冲绳“返还”之后，还必须继续努力并利用一切机会要求美军缩小基地范围，减少军队数量，普天间基地问题就是这个过程的一个重要阶段，也是日美基地摩擦的一个缩影。

第一节　日美地位协定

关于日美基地摩擦问题，要从日美“地位协定”说起。所谓“地位协定”，从其本质上看，可以说就是规定美国拥有与占领时期同样的在日本继续配置军队的权利的协议。根据该协定，美军在日本享有特权，这是美国控制日本的法律依据。

一、“地位协定”签订的背景

日本 1945 年宣布“终战”之后，美国占领了日本。一直到 1952 年，《旧金山和约》生效为止，美国一共占领日本六年多。和约生效之后，日本获得了独立。按照和约美国应该结束占领，撤出日本。但是，美国又要求与日本签订了《日美安保条约》，该条约与《旧金山和约》在同一天签字，美国根据安保条约获得了继续留在日本的权利。规定美军(1952 年，美国在日本的兵力是 26 万人)在日本行为规则的具体协议当时叫“行政协定”。“行政协定”主要反映了美国的一个重要意图，就是和约生效之后，美国仍然有权自由使用日本的军事基地，而且是在美国希望的任何地方都可以使用，也就是说美国可以在日本任何地方建立军事基地。其结果是，根据这个协定，日本全国都成了潜在的美军基地，而且是杜勒斯当时所说的：“我们的目的是获得在我们希望的兵力，希望的场所，希望的期间驻留的权利。”(get the right to station as many troops in Japan as we want where we want and for as long as we want)①

美国人做事是依据法律的，战后日美两国的“主从关系”，并不简单地是外交压力或者权力关系，而是在严密的法律文书的基础之上建立起来的。这个法律体系包括《旧金山和约》、《日美安保条约》和《日美地位协定》。有人说，规定战后日本国家基础的重要法律文件，其实并不是宪法，也不是《日美安保条约》，更不是《旧金山和约》，而是《日美地位协定》，因为这“小小”的、不需要国会批准的协议，详细规定了美军在日本基地的特权。

二、“地位协定”签订的过程

按照杜勒斯的安排，与日本签订安保条约，并不意味着美国对日本的控制体系已经完善，还有“行政协定”，即现在的《日美地位协定》。“行政协定”的基础是《日美安保条约》，它是与《旧金山和约》在同一天，即 1951 年 9 月 8 日签订的。不过，《旧金山和约》是上午十一点半在旧金山歌剧院与 48 个参战国家签署完毕的，而《日美安保条约》则是当天傍晚五点在旧金山美国第六军驻地的下级军官营房签订的。日本首相吉田茂在 9 月 7 日晚上才接到美国的通知，美方通知他将在次日上午签署完《旧金山和约》后签署《日美安保条约》。也是在这时，美国才将《日美安保条约》的内容通知日方，文本是

① 前泊博盛：《日米地位協定入門》，創元社 2013 年版，第 48 页。

英文的，日方要连夜翻译成日文。日本虽然在旧金山会议享受了与战胜国平等的待遇，但是真正的媾和是日美之间的安保条约，美国故意安排吉田茂以战败国代表的身份在下级军官营房签订安保条约，显然是要侮辱一下日本，所签订的条约也不可能是一个平等条约。美国虽然没有在这个条约中要求日本割地和赔款，但是这个条约比割地和赔款更苛刻，而日本对此却不可能有什么讨价还价的权利。所以，杜勒斯的助手艾利逊(此人后来担任驻日本大使)说：安保条约签订后，日本表团成员中至少有一名回国后被暗杀，因为如果真正谋求独立的话，日本人不会签订这个安保条约，这一点美国人和吉田茂心里都清楚。①

安保条约签字之后，1952 年 2 月 28 日，日美双方又在日本外务省秘密签署了《日美行政协定》，这份协定才是美国控制日本的实质性文件。该文件于 1960 年重新签订，改称“地位协定”，它规定了美军在日本的地位，所以，严格地说应该叫做“驻日美军地位协定”才更加合适，实际上是《日美安保条约》的实施细则。

通常人们会认为，规定日本解脱占领状态，恢复独立的《旧金山和约》签订之后，再签订一个有关日本安全保障的《日美安保条约》，最后，再签订一个安保条约的实施细则“行政协定”，后来改称“地位协定”，这样，媾和后美国对日本的控制也就获得了法律保证。然而，有关美军继续驻留日本的具体项目包括无视日本主权的各种实质性的规定，都写在“地位协定”中，《日美安保条约》不过是一个原则性的冠冕堂皇的条约，至于《旧金山和约》则更是向世界表明日本已经恢复独立并处理好战后事宜的条约。严格地讲，对于美国来说，“地位协定”才是问题的实质，安保条约不过是为“地位协定”服务的文件，而《旧金山和约》不过是为安保条约服务的文件而已。

三、“地位协定”的主要内容

“行政协定”改为“地位协定”，基本内容并无实质性变化，其中规定：驻日美军拥有使用日本基地、海域和空域的权利，日本承认美军士兵及其家属拥有不受日本国内法律管辖的特权。这一条规定意味着，美军人员违法乱

① 前泊博盛：《日米地位協定入門》，創元社 2013 年版，第 59 页。

纪后，不受日本法律管辖，实际上由于这一条的规定，发生在日本的大量美国士兵犯罪案件，日本都不能实施司法管辖，致使许多罪犯都逍遥法外。另外，"地位协定"第 9 条第 2 款规定：合众国军队的成员免除适用日本法律法令关于护照和签证的规定约束；合众国军队的成员及其家属免除适用日本法律法令关于外国人登陆证的规定约束。这一条其实也是对于日本主权的无视，美军人员出入日本领土内的基地不需要经过日本批准，也不需要任何出入境手续，等同于美国把日本基地，甚至日本领土当成了美国领土。

按照"地位协定"，美国实际上获得了在日本的"治外法权"，在基地，美国士兵犯罪基本上不受处罚。比如，据日本法务省的统计，2001 年至 2008 年的八年间日本人和美国士兵的犯罪起诉率，日本人是 48.6%，美国士兵是 17.3%。另外，在基地之内，日本无权对美国财产进行搜索和扣押，而且这种美国的财产无论在何处都不受日本的搜索和扣押。比如，2004 年 8 月 13 日，一架美军直升机在冲绳国际大学校园坠毁，造成周边房屋、汽车等五十多处被损害。事故发生后，美军从附近的普天间基地出动数十名士兵包围了冲绳国际大学，封锁了事故现场，将其中的所有日本人赶出在外，当地日本警察和记者一律不得进入。在日本的管辖地，日本警察不得入内，令人匪夷所思，但这是"地位协定"的规定。鉴于这种让日本人失去颜面的事情，日本媒体也没有积极报道。事故发生后，日本 NHK 电视台的新闻头条是巨人棒球队老板辞职，第二条是柔道选手谷亮子获得金牌，第三条是另一位选手获得金牌，第四条才是美军直升机在冲绳国际大学校园坠毁，媒体是在有意淡化这件事情。

不仅如此，日本对于驻日美军还要负担一定的费用。在日本本土，日本政府将国有土地提供给美军使用，在冲绳，县政府和民间的土地很多都被美军征收为基地，租用民间的土地由日本政府代为签订租赁合同，并支付费用。日本政府还为美军建设相关设施，比如，仓库、机场跑道、食堂、健身房、体育馆、家属学校、教堂。美国人称日本人的住宅为"鸡窝"、"兔子窝"，意思是嫌日本的房子小，所以，日本政府提供给美国军人的住宅是日本人住宅面积的一倍以上。美军在上述设施中的水电费、煤气费也由日本政府负担。在冲绳，只水费一项每年就是 30 亿日元。电费更加可观，由于美国士兵不愿意晚上回到房间时是热的，所以干脆早上出门后也不关空调，甚至有人为了空气新鲜，出差时也开着空调，所以，只冲绳基地电费一项，日本政府每年的负担额就是 100 亿日元。日本政府为美军提供的这项支出，一般被称为"关怀预算"，野田政府期间这项预算每年是 2 500 亿日元。所以，日本一有机会就要求美国削减这项费用，并且要求返还基地。

第二节　冲绳的"返还"

对于日本来说，战后初期一个重要的悬案是如何利用任何机会把最大的基地冲绳从美国控制下索要回来。日美之间围绕冲绳"返还"问题上的互相猜疑，主要表现在"返还"过程中日本付出的金钱和经济代价还有"返还"范围问题上。在这个问题上，双方是互相讨价还价的，日本获得冲绳的行政管辖权是有条件、有代价的，反映了两国之间的互不信任。

一、"返还"的条件

日本认为美国战后初期占领冲绳是"施政权"的获得，而不是主权的改变，这种说法起源于 1951 年的《旧金山和约》第三条的规定，于是，战后日本一直在寻求机会要求美国"返还"冲绳。1957 年，岸信介曾要求艾森豪威尔"返还"冲绳的"施政权"，但是当时艾森豪威尔以远东的威胁和紧张局势尚未缓和为由加以拒绝。不过，日本并未死心，佐藤荣作在 1965 年上台后不到一年也宣读了以"冲绳不能回归祖国，日本的战后就不能算结束"为主要内容的声明。其实，佐藤上台之际正是越战扩大化之时，美国要利用冲绳基地进行越南战争，所以，当时根本不是"返还"冲绳的最佳时机，美国绝不会在这个关键时刻，把远东的这个重要军事基地的行政权"返还"给日本。

随着时间的推移，美国国内反战情绪高涨，1969 年尼克松上台以后，提出要尽早结束越南战争，这给了日本要求"返还"冲绳的机会。当时，对于日本来说外交问题有两个焦点，一个是冲绳"返还"问题，一个是中日邦交正常化问题。佐藤首先把精力集中在了所谓冲绳"返还"问题上。1969 年 11 月 21 日，日美首脑会谈，双方达成协议，日本同意延长《日美安保条约》，美国则同意在 1972 年之前将冲绳的"施政权"，即行政权，归还给日本。

但是，日本政府与美国达成的“返还协议”其实是以美军继续驻留冲绳为条件的。在佐藤与尼克松的谈判中，美国要求冲绳“返还”之后，美国仍然有权使用军事基地，特别是针对朝鲜、中国台湾地区和越南的紧急情况，美国具有自由地使用冲绳基地进行军事出击的权利。所以，美国要求日本承诺“关于台湾和越南的作战行动是返还的条件”，对此，日本的态度则是要求这种情况应该由日本判断。对于日本的这个要求，当时美国副国务卿约翰逊说：“日本是承认美军从冲绳出发的军事行动权还是返还延期，二者必居其一。如果不明确表态，就不会得到议会的支持。”①显然，美国这是向日本施加压力，结果，保留军事驻留的“返还”，其实也只是个形式上的“返还”，日本不得不正视这个现实，同意接受行政管理权，没有继续要求美军撤出冲绳。因此这个“返还”对美国来说，在亚太地区的军事存在没有受到影响。

二、“返还”的代价

军事驻留的继续还不是冲绳行政管辖权“返还”的唯一条件。为了获得对冲绳的管理权，日本不但向美国支付了“赎金”，而且还在纺织品贸易谈判中做了巨大让步。

首先，美国要求日本支付了 3.2 亿美元的“返还”费用(1971 年 6 月 17 日的“返还协议”第七条规定，冲绳的核武器、美国军用资产的购买等费用 3.2亿美元由日本支付)。但是，在这笔费用中能够开出明细的只有水电费、机场、机关办公楼、航空保险、航路标志等项目，共计折价也不过 1.75 亿美元，其他项目则不明确。本来，这笔费用应该是美军为了把在冲绳接收的土地“返还”后复原成农田所需要的费用，按照国际法，这样的费用应该由美国负担，但是美国当时表示他们不能支付这笔费用，日本如果要求“返还”冲绳的话，应该替美国支付这笔费用。美国认为日本应该向美国支付这笔被称为“冲绳设施交付费”的费用，日本还应该支付战后美国对日本进行经济援助的谢礼 3 000 万美元。当时，日本外务省看到美国拿出的支付清单都感到非常震惊，因为，土地复原以及其他各项费用不可能这么多，实际上没有

① 《沖縄返還協定「尖閣」明記、日本押し切る　米、中台配慮し難色》，载《每日新闻》2010 年 12 月 23 日，http://ameblo.jp/koukuubokan/entry-10746111041.html

人知道这笔费用的真正明细。日本人明白这是美国在敲日本的竹杠，是他们随意提出的金额，然而，日本对此除了让步接受，并无其他选择。

但是，日本不想给外界一种美国要求日本把冲绳赎回去的印象，所以关于"返还"事项的日美联合声明中没有涉及支付费用的问题，而是就支付费用的问题达成一个秘密协议，并与1969年12月由日本大藏省的财务官柏木与美国财政部副部长朱里克草签了协议。① 1971年，日美围绕冲绳"返还"问题进行谈判之际，表面上日本外务大臣爱知揆一与美国国务卿罗杰斯进行"返还"谈判，但是关于支付的细节则由佐藤的亲信福田赳夫与美国代表M.肯尼迪进行。二人为了掩人耳目在美国弗吉尼亚举行了会谈。

1971年5月，福田与肯尼迪之间的密约被外务省的女职员透露给了《每日新闻》记者西山太吉，西山把这个秘密文件提供给了社会党议员横路孝弘和楢崎弥之助。1972年3月27日，横路孝弘和楢崎弥之助在国会追究日本政府的责任，称日本政府为了实现冲绳"返还"与美国达成密约并向美国支付了400万美元。4月4日，西山和外务省女职员因泄露国家机密而被逮捕。

关于这件事，2006年2月7日，日本外务省前美洲局长吉野文六对《北海道新闻》记者说，冲绳"返还"时日本确实替美国支付了400万美元土地"复原"费用。其实关于冲绳"返还"谈判的文件及其当时的密约在美国已经解密，但是，在日本还没有公开，所以，吉野文六的证言在日本成了美国解密文件的人证。琉球大学教授我部政明说："美国的解密文件显示，日本负担的费用并不止3.2亿美元，还要加上基地设施改善和迁移费等超过7 500万美元的费用，这成了后来关怀预算的缘起。"②

总之，日本为了冲绳的"返还"确实向美国支付了巨额的费用，所谓冲绳"返还"，实际上是日本用钱赎回的。

其次，美国利用冲绳"返还"问题要求日本在纺织品谈判中对美国做出了让步。"佐藤·尼克松声明"第六条里有规定："在日美友好关系的基础上把冲绳的施政权返还给日本"，第七条里有规定"施政权返还之后，日美安保

① 《沖縄密約訴訟の判決　要旨と全文》，《琉球新报》2010年4月15日。
② 《北海道新闻》2006年2月8日。

条约及其相关决定不发生变化适用于冲绳”，第九条里又规定“关于冲绳的施政权转移给日本，应该留意解决两国之间应该解决的财政和经济问题”，意思是指两国之间的纺织品贸易问题。当时日方的谈判代表是大藏大臣田中角荣，他以日本政府向日本纺织业者支付 751 亿日元救济补贴贷款的方式补偿了日本纺织企业因出口限制造成的损失，满足了美国的要求，而这笔补偿金由当年的临时国会通过补充预算增加 1 278 亿日元“追加救济补贴贷款”的方式得到解决，田中在日本大藏省和国会的影响力由此可见一斑。

对于田中的对美让步，日本服装业界也有不满的声音。比如，日本服装产业联盟的会长大屋晋三说：“这是卖掉‘线’，买了‘绳’，我们一定要追究政府的责任。”大屋指的是田中用纺织品（线）换冲绳（绳）。田中虽然遭到了日本各界的批评，但是，由于日本服装业界得到了日本政府的补偿，所以也就没有采取任何实际的反对行动。至于政府的官僚，特别是自民党内的政治家，对田中的政治手腕还是推崇备至的，对当时经济处于上升阶段的日本来说，能用钱来解决的问题都不算是问题。因为是田中施展政治手腕为冲绳“返还”扫清了障碍，后来，在他与福田争夺总裁职位的政治斗争中，田中明显获得了多数人的支持。有人把田中的胜出归功于他的金钱政治手法，其实，这只是一个方面，田中生来具有的灵活性、准确的判断力和行动力才是他成功的根本原因，这一点作为日本精英分子的福田比他稍逊一筹。

从结果看，应该说佐藤“收回”冲绳的政绩是建立在田中的“以线换绳”方式之上的，所以有人说，冲绳“返还”和诺贝尔和平奖（佐藤获得了诺贝尔和平奖）都是田中的功劳。①当然，笔者在此处所要说的是，日本为了“赎回”冲绳付出了巨大的代价。

三、“返还”的范围

对于日美关系来说，钓鱼岛问题也是冲绳基地问题的一部分，并且是两国之间互不信任的一个因素，美国起初并不想把钓鱼岛列入“返还”的范围之内。日美冲绳“返还”谈判是在中日之间围绕钓鱼岛出现争端的背景下进

---

① 渡部亮次郎：《糸で縄を買った》，杜父魚ブログ，http://blog.kajika.net/? eid＝606268，2007 年 7 月 6 日。

行的。在 1971 年 6 月 17 日日美冲绳“返还协议”签字前后，日美两国的一系列交涉中，钓鱼岛问题都是双方重要的考量之一，比如，关于钓鱼岛的“返还”，鉴于中国台湾方面的态度十分强硬，美国政府内部出现了反对把这几个岛屿列入“返还”范围的意见。当时，美国政府内部有人主张“为了迫使日本在纺织品谈判中让步，也应该把钓鱼岛问题作为条件，不应该立即交给日本”。①而对于日本来说，之所以在“返还”问题上甘愿被美国敲竹杠，还在纺织品谈判中作出巨大让步，显然也是与包括钓鱼岛在内的冲绳“返还”问题有密切关系的。

另外，对于日本来说，中美和解也是促使日本在谈判中让步的重要因素。佐藤荣作虽然解决了冲绳问题，但是在中日邦交正常化问题上却一筹莫展。1971 年 7 月 15 日，也就是“返还协定”签订之后一个月，美国突然发表了尼克松计划访华的决定，导致佐藤内阁陷入了困境。佐藤还没有从 6 月签订的冲绳“返还协议”的喜悦中冷静下来，尼克松访华的冲击便让他没了回天之力，日本在与美国进行的纺织品谈判中也就完全陷入了守势。从时间上看，美国政府是同时与中国和日本分别就中美和解与冲绳“返还”问题进行谈判的。这一年，美国默认了中国恢复联合国的合法权利，约定尼克松在 1972 年适当的时候访华。几乎与此同时，美国以十分有利的条件完成了把冲绳行政权“还”给日本的进程。

日本唯一可以感到欣慰的是，在日本的强烈要求之下，美国最后终于同意把钓鱼岛列入“返还”范围中。根据“返还协定”第 2 条规定：“返还范围包括琉球诸岛和大东诸岛”，是美国根据《旧金山和约》第 3 条规定获得的所有领土及领水。当然不包括已经在 1953 年 12 月 24 日和 1968 年 5 月 4 日归还的奄美群岛和南方诸岛。“返还协议”的备忘录中具体规定了以下坐标各点的直线连接区域内的所有岛、小岛、环礁和礁岩：

北纬二十八度东经百二十四度四十分
北纬二十四度东经百二十二度

① 《米文書に尖閣諸島返還の経緯》，NHKニュース，http://www3.nhk.or.jp/news/html/20110908/t10015457471000，2011 年 9 月 8 日。

北纬二十四度东经百三十三度
北纬二十七度东经百三十一度五十分
北纬二十七度东经百二十八度十八分
北纬二十八度东经百二十八度十八分
北纬二十八度东经百二十四度四十分

从这个范围可以看出“返还”范围最北端是北纬 28 度，最南端是北纬 24 度，最西端是东经 122 度，最西端是东经 133 度。“返还协定”明确指出了是这个域内的所有岛、小岛、环礁和礁岩，钓鱼诸岛包括在了这个范围之内。“返还协定”显然是考虑到当时中日已经围绕钓鱼岛问题产生了争端，所以并没有直接列举钓鱼岛的名称，但是，经纬度范围和“域内的所有岛、小岛、环礁和礁岩”一语已经明确地规定了美国事实上把钓鱼岛“返还”给了日本。日本本来要求美国明确表明钓鱼岛是日本的领土并与冲绳一起“返还”给日本，但是，美国没有这样做，而是以这种比较模糊的办法解决了这个问题。在日本的一再要求下，美国最终以经纬度的方式把钓鱼岛划在了返还范围之内，但是日本仍然对美国不满意，认为美国不像个同盟国。

第三节　普天间基地搬迁问题

冲绳行政管辖权的“返还”只是日美基地问题解决的一个初步阶段，因为，该“返还”只是形式上的，实质上，美国仍然在冲绳驻屯着大量的军队，拥有对基地的使用权。日本通过收回基地，实现真正的独立仍然还有很长的路要走。普天间基地搬迁问题是这个过程的一个开端。日本政府有时通过冲绳地方官民提起这个问题，有时自己直接上阵与美国进行交涉。通过该问题可以管窥日美之间在控制与反控制方面互相猜疑的侧面。

一、普天间基地搬迁的背景

如今，美国在调整亚太战略过程中，对日本是抱有期待的。美国认为，面对中国的崛起，亚太地区的均势将会解体，所以，2011 年 11 月，美国发表了新的国防战略，这些构成了美军整编的背景。美国新战略的特点是大幅削减陆上军力，并在亚太地区增加军事投入。美军整编的特点是兵力分散配置战略，在西太平洋和印度洋牵制中国。

具体地说，美国认为中国正在增加拒绝美军航母接近中国领域的能力，为此美国必须重新配置其在亚太的兵力部署。所谓整编，其中一项重要内容是决定增加关岛军力量以应对中国的威胁，说白了是从冲绳向关岛收缩。美国人指出，中国的军事预算在增加，海军的远洋航海能力在加强，对舰弹道导弹和巡航导弹已具有覆盖东海与南海的能力。美国国防部官员认为：距离中国导弹基地较近的冲绳集中了大量美国军队，一旦发生战争，必将遭受巨大打击。他们认为，如果说冲绳是第一岛链上的枢纽的话，那么关岛就是第二岛链上的枢纽，美国正在着手构建亚太地区的网状据点，这种据点以距离中国较远的关岛为中心基地，冲绳的海军陆战队将搬迁到这里。2012年2月7日，美国国务院发言人纽兰说，关岛是美国亚太战略上的要冲，①战略枢纽冲绳的美军海军陆战队将转移到关岛，原定迁移8 000人，后来改为先行迁移4 700人，目的在于加强关岛的军事力量。美国还打算把冲绳的海军陆战队分别转移至夏威夷、菲律宾和澳大利亚。此次移动的特点是，海军陆战队并不固定在某一基地，而是要经常秘密移动，以提高机动打击能力。

美国战略调整的结果，为日本承担更大的防卫责任提供了机会。因为美军从日本的收缩，将导致日本周边出现空虚，特别是美军驻冲绳的海军陆战队迁往关岛，会降低美国在日本周边的遏制力。因为夏威夷和澳大利亚距离日本比较远，一旦有事，恐怕来不及，所以，美国人提醒日本，中国舆论在炒作"归还琉球"问题，中国虽然未必进攻日本，但是足以威胁日本，为此，日本应该加强应对中国海军的能力，装备新式战斗机，也有必要发展核潜艇。奥巴马说："在历史性战略转换中，同盟国日本将在安全保障领域发挥重要作用。"②

关于对华战略上具有重要意义的东海通道，美国也对日本有较强的期待，美国认为日本有必要在西南诸岛建立基地，配备P3C侦察机。其实，

① 《米、中国軍拡に備え》,《产经新闻》2012年2月9日。
② 《同盟国日本の役割割增》,《読売新聞》2011年11月18日。

2010年年底，日本野田内阁时期制定的防卫计划大纲，首次提出了重视西南诸岛的机动战略，就是日本迎合美国战略调整的结果。西南诸岛的核心是冲绳，它与关岛一样都是美国在西太平洋的重要战略据点，而且这些岛屿和海域对于朝鲜、中国台湾以及东海局势具有重要战略意义。所以，日本防卫省官员认为：既然美军的整编是为了维持亚太地区安全，日本当然会从中受益，应该协助美国。他们认为日本应该增加西南诸岛的防御，因为这些岛屿正好处于中美军事对立的线上，日本能够保卫这些岛屿，将是最好的对美合作。①

二、围绕搬迁问题的摩擦

冲绳的美军陆战队员向关岛转移与普天间基地的搬迁问题具有联动性，因为这些陆战队员都驻扎在普天间基地。如果普天间基地转移到名护市的边野古附近，约8 000人的海军陆战队迁往关岛，那么，美国就会根据承诺将缩小冲绳本岛南部的大部分军事设施并将一部分基地返还给日本，在冲绳本岛的美军基地会从占总面积的19%减少到12%。相反，如果普天间基地不能顺利搬迁至边野古附近，那么，日本人所讨厌的这个扰民的普天间基地将有固定化的可能，美国会赖在那里不走。

普天间基地搬迁问题的起因是1995年驻扎在冲绳的美军士兵强奸日本少女事件。1996年开始，日美双方开始为搬迁商量候选之地。1997年，决定搬到名护市边野古附近，但是双方一直围绕搬迁的具体细节交涉不止，最后在2002年形成搬迁计划。2004年，发生美军直升机坠毁事件，当时，正直美军推行世界范围内整编计划，日本借机再次要求尽快搬走普天间基地，后来双方还加上了削减海军陆战队的内容。2006年，小泉内阁与美国达成搬迁协议，美国承诺海军陆战队司令部和8 000名陆战队员及其家属9 000人迁往关岛，日本承诺在名护市边野古的施瓦布军营附近沿海地段建设一个新机场取代普天间机场，美军还答应归还冲绳南部6个军事设施，加上普天间机场，归还总面积约1 500公顷。

但是，普天间机场的搬迁并不能根本解决冲绳基地的问题，因为搬迁的

① 《米軍　中国にらみ再編》，《日本经济新闻》2012年2月9日。

目的地名护市边野古还是在冲绳县。县民不明白为什么美军基地一定要选择在冲绳县，他们认为日本政府与美国勾结，把普天间的危害搬到了名护，根本没有减轻冲绳县民的负担。甚至冲绳县当局也坚决站在县民一边，要求把普天间基地搬到冲绳县以外的地方去，而不是搬到同为冲绳县内的名护市边野古。冲绳县方面还批评在名护破坏环境，填海造机场。其实在搬迁程序上，只有冲绳县知事同意之后，才能填海施工，而冲绳县知事提出的条件是减轻冲绳县民的负担，包括解除一部分美军训练海域的限制和有权进入计划返还基地进行调查，否则别想填海开工。这样的话，即使日本政府主张遵守与美国之间的搬迁承诺，也不可能违反程序强行实施搬迁计划。

搬迁问题成了日本中央政府与冲绳地方政府之间的问题，而冲绳地方利益和地方民众的民意也制约了中央政府。比如，美国曾打算在普天间基地部署鱼鹰战机，对此，2012 年 7 月 1 日，冲绳县知事仲井真弘多说："如果强行部署，就不得不关闭全部基地。"冲绳县当局的立场得到了县民的坚决支持，2012 年 12 月的选举中，冲绳县自民党地方支部不得不承诺将普天间基地迁移至冲绳县外，反映了冲绳地方各政治势力中最理解美军立场的自民党支部也必须承诺"县外迁移"。虽然自民党在 2013 年参议院选举承诺中表明了应该迁移到名护市边野古，但是，自民党在冲绳选区的候选人和冲绳县党部仍然打出了"迁到县外"的口号，以迎合冲绳县的民意。

在这种背景下，日本政府也难以实施与美国之间的搬迁协议，只好求助于美国耐心等待，但是美国却不断施加压力要求日本尽快说服冲绳当局和冲绳县民，履行搬迁协议。2013 年 3 月，日本政府向冲绳县提交了填海申请书。2013 年 3 月 22 日，安倍与边野古渔业协会达成协议，实际上是一种利益交换。但是，2013 年 12 月 5 日，冲绳县知事指出：即使承认在边野古填海，因为工程有可能长期化，考虑到尽早消除普天间的危险，也要继续摸索向县外搬迁的可能。[①]美国对日本政府的优柔寡断十分不满，但是，日本政府也拿冲绳县没有办法。实际上，该问题归根到底还是日美之间的相互不信任。

另外，日本政府也与美国在搬迁费用上产生分歧。美国海军陆战队转

---

① 《読買新聞》2013 年 12 月 5 日。

移费用一共大约需 102.7 亿美元，2006 年日美协议规定日本负担其中的 28 亿美元，包括司令部大楼、士兵宿舍、生活设施的建设费用，再加上通过银行贷款形式建设士兵家属宿舍和其他基础设施费用总共约 33 亿美元。但是，2013 年 2 月，美国要求减少融资额，增加财政负担 12 亿美元，这样，日本方面的财政负担将增加至 40 亿美元。[①]日美两国在搬迁费用方面也一直在讨价还价。

三、日美之间的相互猜疑

表面上看，围绕普天间问题是日美两国如何应对冲绳县的反美情绪的问题，日本政府好像夹在美国与冲绳县之间左右为难。但是，问题的实质是日美之间围绕冲绳问题摩擦的继续。对于日本来说，冲绳的“返还”并不等于日本获得了完全的控制权，美军一天不撤离日本，冲绳问题就一天不能得到解决，所以，普天间问题涉及最终美军从冲绳，乃至从日本撤离，实现日本真正的独立。美国当然不会意识不到，美军从普天间的撤退和普天间基地的归还，将意味着美国从日本最终撤退的开始，所以，美国尽量努力不使这个搬迁成为将来完全撤出日本的多米诺骨牌的首端。

正是在这样的思考之下，普天间搬迁问题可以看作是日美之间围绕基地问题博弈的一个重要方面。不管日本由谁提出这个问题，都会触动美国的神经，损害美国在亚太地区军事存在的根本利益，美国都不会坐视不管，这是日美之间相互猜疑的根源。比如，2009 年，民主党上台之后，鸠山内阁“违反”日本与美国之间的搬迁协议，重新考虑搬迁事宜，他们迎合冲绳县民将普天间基地搬至冲绳县以外的要求，提出与美国重新谈判普天间基地搬迁问题，但遭到美国的拒绝。此后，日美之间的互相猜疑越发明显，鸠山内阁也正是由于在这个问题上捅了马蜂窝，而不得不在美国的压力下垮台。

鸠山在安全保障问题上的基本立场是，“日本应该有成为一个独立国家的气概”[②]。鸠山实际上是在两个问题上触动了美国的利益，一个是“东亚

---

① 《米、日本に負担増要求》，《読売新聞》2012 年 3 月 8 日。

② 鳩山由紀夫、孫崎享、植草一秀：《対米従属という宿痾》，飛鳥新社 2013 年，第 51 页。

共同体”问题，一个是普天间搬迁问题。对于鸠山的“脱美”倾向，美国当然要坚决反击。美国的做法是在普天间问题上孤立鸠山。2010 年 2 月 2 日，美国副国务卿坎贝尔访日与小泽一郎会谈，因为小泽是鸠山内阁的“产婆”，但是坎贝尔没有说服小泽。另外，美国还操纵日本检察部门的官僚，通过东京地方检察厅间接参与“起诉小泽”经济问题，打击民主党，特别是美国还提供情报曝光鸠山的经济问题，进一步损害民主党的威信。

日本的亲美派不认同脱美派损害美军基地的做法，他们会自动协助美国维护日美关系。鸠山并没有直接向美国提起过普天间基地搬迁问题，两国政府首脑并没有就此问题交换过意见。2010 年 2 月，鸠山分别从外务省和防卫省召集两名官僚，加上官房长官和鸠山本人决定秘密派遣代表团与美方谈判普天间问题。但是，第二天，各报早刊都报道了这个消息，鸠山只好作罢。显然六人中有人向媒体透露了消息。众所周知，外务省和防卫省的官僚显然是反对搬迁的①，谁出卖了鸠山并不难猜测。

从国家独立的观点看，普天间在县内搬迁没有什么意义，自民党与美国达成的在冲绳县内搬迁的协议对于日本的独立也没有实质性意义，所以美国可以满足自民党的要求，但是，如果有人真的试图把美军赶出冲绳，哪怕是一小步，美国也不会允许，鸠山的下台便证明了这种尝试的下场。其实，在战后上，由于基地问题触犯了美国的利益而下台的首相，鸠山由纪夫并不是头一个。这件事最早应该追溯到芦田均。1948 年 3 月，芦田上台组阁。之前他主张美军“有事驻留”，表现了要美军撤出基地的意愿，在他成为首相之后不久，就发生“昭和电工”受贿事件。这是一个大规模受贿事件，惊动了日本政界和经济界。由于这个案子不断发酵，芦田内阁仅存在七个月就解体，芦田还遭到逮捕。最后，虽然芦田被无罪释放，但当时检察官对他说，只要你辞去政治家职务，就可以宣布无罪。当时的日本处于美国的占领之下，所有的政客都处于美国中央情报局的掌控之下，腐败案件的曝光，其主导者，非美国莫属。可见，在日美关系中，美国的驻留问题才是美国在日本的重大核心利益，谁触碰这个问题，都不会有好下场。

---

① 鳩山由紀夫、孫崎享、植草一秀：《対米従属という宿痾』》，飛鳥新社 2013 年，第 83 页。

小　结

日美两国虽然通过条约建立了安保体制，但是双方之间同床异梦的特点还是比较明显的。两国之间的这种离心离德，进一步在驻日美军基地问题上显现出来。美国通过“地位协定”获得的各项特权，核心目的在于维持其在日本并通过日本在亚洲乃至亚太地区的主导地位，所以，美国不可能真正将基地，比如，冲绳归还给日本。美国“归还”给日本的只是冲绳的行政管辖权，美国的军队在这一群岛的驻兵权并没有受到任何影响，“治外法权”也没有受到本质上的影响。普天间基地搬迁问题，是在美国“亚太再平衡战略”的背景下展开的，实际上是从冲绳的一地迁到另一地而已，“归还”给日本的部分基地也是微不足道的，美国在冲绳的战略地位并没有受到根本影响。通过基地问题，我们可以看出日美之间的互相猜疑，即，日本希望美国撤出日本土地的动向和美国防范日本最后把自己赶出日本的心理，尽管日本不能在近期实现“独立自主”的目的，但是日本的最终目标可以从本章的论述中窥见一斑。

第七章　美国的钓鱼岛政策

“分而治之”，这是一个古老、简单，却行之有效的统治术，美国在战后初期曾经阻止中日两国直接媾和，实际上是这种统治术的反映，美国在中日钓鱼岛争端问题上的立场，也是这种统治术的反映。在钓鱼岛问题上，日美同盟经常失去作用，日本对美国的中立立场表示不满，美国则防备日本将自己卷入争端。美国在钓鱼岛问题上的立场是通过其单独占领冲绳，签订《旧金山和约》以及“冲绳返还”协定等过程中体现出来的。美国在战后亚太秩序的形成过程中发挥着不可替代的作用，中日关系受其左右，钓鱼岛争端亦受其影响。美国的目的除了利用冲绳和钓鱼岛维持在东亚及亚太地区的主导权之外，还要分断中日关系，进一步强化其在亚太地区的地位。占领冲绳(包括钓鱼岛)并把它从日本分割出来是要控制日本；签署排除中国的《旧金山和约》是为了阻止日本接近中国，并在中日之间留下领土争端；签订冲绳“返还协定”但不明确主权的归属，目的在于保持美国在中日争端中的平衡。美国的最终目的是维持其在东亚以及亚太事务中的发言权与主导权，并非单纯保护日本的安全。美国的做法自然损害了中国的利益，同时也无视同盟国日本的利益，所以，日本对美国在钓鱼岛问题上的立场一直不满，但又无可奈何。

第一节　美国单独占领冲绳牵制中日两国

钓鱼岛是与冲绳绑在一起被美国占领的，美国对于钓鱼岛争端的态度与其对于冲绳的态度密切相关。冲绳是美国分割控制日本的手段，钓鱼岛也有同样作用。

一、美国对于中日琉球之争早有介入

钓鱼岛问题与冲绳有一定联系，1895 年日本窃占之后一直把该岛屿划归冲绳管辖，因此，分析美国对钓鱼岛问题的态度，要从冲绳问题说起。冲绳在 1879 年被日本吞并之前叫琉球。事实上，在五年之前的 1874 年日本强迫琉球王国终止向清朝进贡时，中日之间就围绕琉球的地位问题开始了谈判，即使 1879 年日本"处分"了琉球（实质上就是吞并），但中日之间的谈判却一直断断续续进行。在中日围绕琉球地位问题的交涉过程中，美国是有过介入的。1879 年 5 月，在中日琉球交涉陷于僵局之际，美国前总统格兰特（Ulysses Simpson Grant）来远东游历，他分别访问了中国的天津、北京和日本的东京。28 日，他到天津拜会了李鸿章，然后再折回北京与奕䜣会晤。奕䜣请他出面调停中日琉球一案，他提出将琉球一分为三，南、北分别归中国和日本，中间保留琉球王国提案。日本提出南部八重山诸岛给中国，其余归日本的两分案。对此，中国则主张维护琉球独立，不同意分割琉球。故中日围绕琉球的谈判毫无进展。不过，由于格兰特的介入，使陷入僵局的谈判进入了第二轮，谈判地点从东京转移至北京。[①]直到 1889 年，清朝新任驻日公使黎庶昌还明确告诉日本驻华公使大岛圭介：琉案"搁置多年，总算未了"，这便是琉球问题成为"悬案"的由来。后来发生甲午战争，中日琉球交涉不了了之，琉球被日本吞并成为事实，中国再未提起该问题。日本人认为，当时中国因为甲午战争才彻底对琉球问题死心。而美国对这一过程的认识，从格兰特的调停过程可以知道是十分清楚的，可以说美国对于琉球问题了如指掌，加上琉球战略位置的重要性，第二次世界大战后美国对冲绳（冲绳是日本吞并琉球之后使用的名称）的控制早在这一时期已经有了历史注脚。

二、美国占领冲绳的目的在于把它从日本分割出来并牵制日本

钓鱼岛是 1895 年甲午战争期间被日本窃占的，当时被日本划归冲绳县

---

① 戴东阳：《日本修改条约交涉与何如璋的条约认识》，http://ren.csfqw.com./article-28535.html。

管辖。日本霸占钓鱼岛的根据是他们声称未发现该岛有被清朝统治的痕迹,所以认为这个岛应该是“无主地”。可见,当时日本也认为钓鱼岛本来并不是琉球的一部分,日本是以甲午战争期间对钓鱼岛的窃占为领土主张起点的,但是,日本称自己对钓鱼岛的占领符合国际法关于对无主地“先占”的理论。1945 年 6 月,驻守冲绳的日军向美军投降时提交的冲绳范围包括了钓鱼岛,具体过程是美军根据日本“先岛集团军”司令官纳见敏郎在冲绳的嘉手纳基地与其签署投降文书后所指定的投降范围对冲绳和钓鱼岛进行了占领,因为该范围涵盖了钓鱼岛。美国了解琉球问题,但是未必了解钓鱼岛归属问题,日本既然早在甲午战争期间已将钓鱼岛划归冲绳,所以,第二次世界大战后“理所当然”把冲绳的范围交代给美国。不但如此,1946 年 1 月 29 日,日本外务省根据联合国最高司令部《关于若干外廓地区在政治和行政上从日本分离的备忘录》做成的《西南诸岛一览表》[①]中,也明确把钓鱼岛列入其中。这便是美国在战后“阴差阳错”地在占领冲绳时连同钓鱼岛也占领的过程,是战后美国占领钓鱼岛的历史背景,因此,美国对于钓鱼岛问题的基本态度与它对冲绳的立场密切相关,就是要在政治和行政上把这些岛屿与日本分离出来,置于美国的控制之下。

至于“分离”的动机,美国前国防部长麦克纳马拉曾经透露过:美国之所以占领冲绳,是因为日本偷袭了珍珠港,美国要报复日本。[②]其实,美国割离冲绳的原因远不是麦克纳马拉所说的那么简单,军事战略的需要和长期控制日本也是主要目的,特别是美国的亚太战略需要冲绳这个军事战略上的支点。既然如此,与冲绳绑在一起的钓鱼岛问题也必然变得复杂起来,不可能是中日两国之间能够解决的问题,美国不会轻易放手这个可以制约中日两国的重要筹码。

三、美国控制冲绳与钓鱼岛的目的还在于牵制中日两国

事实上,美国在第二次世界大战结束之前就有独占冲绳的打算。根据

---

① 《(イ)関係法令》,《季刊沖縄》56 号,1971 年 3 月,第 107—108 页。转引自濱川今日子:《尖閣諸島の領有権をめぐる論点》,国会图书馆《調査と情報》第 565 号,2007 年 2 月 28 日。

② 《沖縄返還協定「尖閣」明記、日本押し切る　米、中台配慮し難色》,日本外交文書,http://ameblo.jp/koukuubokan/entry-10746111041.html,2010 年 12 月 23 日。

美国国务院的解密文件，1943年11月23日，在开罗会议上，蒋介石与罗斯福曾在用餐时的会谈中谈到这个问题。罗斯福谈到琉球群岛，并几次问蒋介石是否有意要求这些岛屿。蒋介石曾经主张战后应该恢复中国东北和台湾的主权，并没有直接提出琉球主权问题，所以，他回答说："中国暂时不予将琉球收回，只希望中美共管，或者国际共管。琉球由国际共管比较中国管理为妥。"他还说：中国可以与美国共同占领并在将来在一个国际组织的托管之下与美国共同管理①。当时还没有联合国组织，但将冲绳交由国际组织管理的想法已经出现。虽然1943年12月1日发表的《开罗宣言》里没有提琉球问题，原因也不得而知，但是，后来的事实是美国单独占领了琉球（美国的文件里仍称冲绳为"琉球"），并且至今在那里设有军事基地，琉球成了美国控制亚太、监视日本的重要军事据点。

钓鱼岛既然和琉球（冲绳）一起被日本交给美国占领，那么，美国就不会轻易把这几个岛屿交给任何其他国家（包括日本和中国）。美国之所以要单独管理琉球及钓鱼岛，是因为它要把这些岛屿变成防范共产主义的军事基地。结果是琉球的大部分区域都被美国利用为军事基地，钓鱼岛也不例外。比如，美军把该岛附属岛屿中的黄尾屿和赤尾屿作为了空军和海军的演习轰炸场地，黄尾屿是1955年由美国占领当局的所谓"琉球民政府"提供给美国空军作空对地轰炸训练场的，赤尾屿是1956年被提供给美国海军做军舰射击和舰对地轰炸训练场的。

由于黄尾屿当时属于钓鱼岛的所谓"发现人"和"所有人"古贺辰四郎的儿子古贺善次所有，所以，1958年7月1日，古贺善次与"琉球民政府"当局签订合同，"琉球民政府"每年向他支付租金5 763.92美元。"琉球民政府"是美国管理琉球的行政当局，这意味着美国直接从其占领下的"住民"手里租下了钓鱼岛的一部分附属岛屿，显示了美国而不是日本对钓鱼岛实施了行政管理权，也显示了战前日本对包括钓鱼岛在内的琉球的所谓"主权"已经由于美国的管理而丧失，琉球及钓鱼岛的主权也就从此被吊了起来。

现在钓鱼岛附属岛屿中的黄尾屿和赤尾屿仍在美军控制之下，其中的

---

① "The Conferences at Cairo and Tehran 1943", Foreign Relationgs of the United States, Diplomatic Papers, Washington, D.C.: Government Printing Office, 1961, p.869.

赤尾屿早在战前就是日本政府财产，而黄尾屿是现在的所谓“岛主”栗原家族的“财产”(在栗原妹妹名下)，2012 年 9 月，野田政府的“国有化”决定里并不包括这个岛，虽然石原慎太郎等人当初计划将黄尾屿也列在“国有化”范围之内，但是结果只将钓鱼岛、南小岛、北小岛三岛国有化，黄尾屿由于仍然处于美国控制之下，与琉球的其他军事设施一样并未“返还”给日本。也就是说，钓鱼岛与琉球绑定的现状至今没有彻底改变，冲绳(琉球)虽然已经“返还”给日本，钓鱼岛也随之交给日本管控，但是其中的黄尾屿和赤尾屿理论上还是美国的训练场，作为军事基地，美国不放手冲绳，也就不可能放手黄尾屿和赤尾屿，这些岛屿和冲绳一起构成了美国控制日本的筹码，日本无法将黄尾屿国有化，也就难以将钓鱼岛及其附属岛屿全部“收回”，这是美日之间的矛盾。当然，中国也因为美国对钓鱼岛问题涉入较深而无法顺利收复这些岛屿。

第二节　美国利用《旧金山和约》分断中日两国

《旧金山和约》对于日本来说是决定其战后与东亚有关国家之间关系的重要文件，它以法律的形式解决了以美国为首的一部分国家与战败国日本之间的战后处理问题，以该和约为基础的“旧金山和约体系”也就成了冷战时代美日主张的东亚国际秩序的代名词。日本至今在战后有关重大问题上仍然以该和约为根据主张自己的“权利”，比如，在钓鱼岛问题上，日本就认为美国对钓鱼岛的占领是基于《旧金山和约》第三条之规定，具有“合法性”，因此日本认为美国于 1972 年将钓鱼岛交给日本也具有“合法性”。其实，美国主导的旧金山会议，分断了中日关系，在给日本的领土主张提供根据的同时，也给日本的对华政策制造了障碍。

一、《旧金山和约》实际上分断了战后中日两国的政治联系

由于中国没有参加旧金山会议，所以《旧金山和约》的规定并不适用于中国，有关钓鱼岛问题不能以该和约为根据。旧金山会议是排除中国等国之后召开的对日媾和会议，应该说中日两国之间有关战后处理问题，在法律

上直到 1972 年和 1978 年才得到解决(1972 年中日两国恢复邦交正常化;1978 年中日两国签署和平友好条约),因此,所谓“旧金山和约体系”,其实是一个分断中日关系的体系,以该体系为基础形成的所谓战后东亚国际秩序不过是个冷战秩序,战后日本与中国的关系由于该体系持续了 20 多年的空白期,而这个秩序的制造者就是美国。

旧金山会议召开于 1951 年,当时的形势与 1943 年开罗会议召开时大不相同,中国出现了台海两岸对立的分裂局面。关于对日媾和会议,美国承认国民党当局为“合法”政府,所以主张台湾方面参加,但是,英国由于承认了中华人民共和国,所以主张新中国参加旧金山会议,最后英美两国达成谅解,不邀请台湾海峡两岸任何一方参加和会,中日之间的战后处理待和会之后由日本选择两岸的一方解决。有关中国参加旧金山会议的问题在第四章分析过,在此不做赘述。1952 年 1 月,日本吉田政府宣布与台湾当局签订和平条约,这就是后来签署的所谓“日台条约”。尽管国民党当局自认为中国的政府,但是,日本并不承认该和约适用于中国大陆,所以,对日本来说,“日台条约”只是日本与台湾地区之间的媾和条约。实际上,中日关系正常化被拖延了长达 20 年之久。中日之间的所有政治安排,包括冲绳的地位问题以及后来发生的钓鱼岛问题都应该在中日邦交正常化谈判时解决,不应该引用《旧金山和约》。

二、《旧金山和约》既没有反映中国的立场也没有反映日本的立场

1947 年 9 月 23 日,当时的中国国民参政会曾通过决议,要求在对日和约中规定琉球交给中国管理,行政院长张群曾表示“琉球群岛与我国关系特殊,应该归还我国”。[①]但是,鉴于之前斯大林也赞成把琉球交给中国,在冷战开始之后美苏关系紧张的背景下,冲绳(琉球)成了美国单独控制下的军事基地,美国便不打算把它交给中国。根据美国中央情报局的机密分析报告,当时他们认为如果共产主义者控制了中国,那么将琉球返还给中国,将会给苏联接近这些岛屿的机会,这会危及美国的整个太平洋基地系统。蒋介石去台湾之后,虽然已经不能代表中国,但他还是多次与美国交涉琉球问

① 《天津民国日报》1947 年 9 月 24 日。

题，都没有结果。特别是后来，由于美国默许了苏联对南千岛，即北方四岛的占领，所以，苏联也没有对美国单独占领琉球提出异议，这样，美国对琉球的控制消除了苏联这个最大的障碍。继19世纪中日“琉球悬案”之后，战后冲绳的地位问题（与琉球地位问题是同义语）再次成了悬而未决的问题，但是，这一次美国成了冲绳的实际支配者。

这也就是1951年美国主导的《旧金山和约》并没有反映张群的意见，甚至连1943年蒋介石在开罗表示的关于中美共管的意见也没有反映的基本背景。《旧金山和约》第三条没有规定将琉球交由联合国托管，更没有规定中美共同管理，该条款是这样写的：“日本对于美国提出将北纬29度以南之西南诸岛……置于联合国托管制度之下，而以美国为唯一管理当局之任何提议，将予以同意。在提出此种建议，并对此种建议采取肯定措施之前，美国将有权对此等岛屿之领土及其居民，包括其领海，行使一切及任何行政、立法与司法权利。”①美国这样做就是想把冲绳从日本分离出来，排除中国的参与，然后置于自己的独占之下。

美国并不想将冲绳置于任何形式的托管之下。《联合国宪章》第77条规定：托管制度适用于依托管协定所置于该制度之下的领土，包括：第一次世界大战后的委任统治领土，作为第二次世界大战结果或割离自敌国之领土以及负责管理责任之国家自愿置于该制度下之领土。事实上，美国自旧金山会议之后，并没有“自愿”提议将琉球交由联合国托管，当然也不存在托管协议。但美国一直充当着琉球“唯一管理当局”的角色，联合国和中国都被美国踢出局外，蒋介石所提议的联合国托管根本就没有实现。而日本则对失掉冲绳耿耿于怀，这是日本后来掀起冲绳复归运动的基本背景。佐藤荣作说：冲绳不返还，日本的战后就没有完结。日美两国围绕冲绳问题较量了20年。

三、美国独占冲绳播下了中日纷争的种子

根据1945年美国太平洋舰队司令尼米兹颁布的美军驻琉球第1号布告中关于停止日本帝国政府在琉球群岛行使一切权利的规定，日本已经丧失了琉球的主权。美国鉴于托管的前途是独立或者自治，认为托管不利于

① 参见《旧金山和约》原文。

自己的长期占领，所以没有提出托管的“建议”。这样，冲绳的主权也就一直是个悬而未决的问题，美国便在这种状态下，根据《旧金山和约》第三条后半段的规定，以“唯一的管理当局”角色“合法”地占领着冲绳。结果是美国事实上排除了联合国的托管，排除了中国参加共管，排除了日本的统治，还播下了中日在冲绳，包括钓鱼岛主权问题上争端的种子。

日本外务省在1972年发表的关于钓鱼岛主权的“基本见解”中称：“尖阁诸岛包含在根据《旧金山和约》第三条由美国施政的地区。中国对这一事实从未提出过任何异议，这表明当时中国并不视尖阁诸岛为台湾的一部分。无论是中华人民共和国政府，还是台湾当局，都是到了20世纪70年代后半期，东海大陆架石油开发的动向浮出水面后，才首次提出尖阁诸岛领有权问题。”

日本外务省的这个“基本见解”说中国对美国根据《旧金山和约》把钓鱼岛置于自己的施政之下从未提出过异议，这不符合事实。1953年1月8日的《人民日报》载文指出：美国是不顾《开罗宣言》和《波茨坦公告》等各项国际协议中都没有规定托管琉球群岛的决定，也不顾苏联政府和中华人民共和国政府的一再声明，更不顾一百万琉球人民的一再反对，竟勾结日本吉田政府，擅自在它片面签订的对日“和约”中，用“卑鄙的手段为其无限期霸占琉球群岛的侵略行为披上合法的外衣”。[①]也就是说，中国根本没有承认《旧金山和约》的合法性，也没有承认美国对冲绳占领的合法性，当然也不可能承认美国同时对钓鱼岛占领的合法性。更重要的是中国在把美国霸占冲绳的行为视为侵略行为的同时，还透露出一个信息：中国认为冲绳由于美国的“侵略”，已经从日本隔离出来，这为日后中日两国围绕冲绳地位与钓鱼岛归属的争端播下了种子。

第三节　“冲绳返还”协定引发中日钓鱼岛争端

美国在中日钓鱼岛争端中扮演了推波助澜的角色，因为，1971年，美日

① 《人民日报》1953年1月8日文章中提到钓鱼岛时使用了“尖阁群岛”说法，笔者认为这一说法来自英语“pinnacle”一词的翻译，并不意味着中国承认了钓鱼岛主权属于日本。见2012年10月12日《解放日报》，专家论坛“尖阁诸岛称谓小考”一文。

两国签署所谓"冲绳返还"协议，把钓鱼岛纳入"返还"范围之内，这成了中日两国围绕钓鱼岛问题发生对立的直接原因，是争端的导火索。

一、美国通过冲绳主权归属的模糊性在中日之间制造矛盾

美国虽然在"冲绳返还"过程中将冲绳施政权"返还"给日本，但是在其主权问题上态度暧昧，表面上是为了避免介入中日争端，结果却引起中日之间的争端，有利于美国对这个群岛的控制，进而有利于美国对中日两国和东亚地区的控制。事实上在战后的初期历史中，中日之间并没有因为冲绳问题出现明显的争论，因为《旧金山和约》体系构成了亚洲战后的冷战体系，使中日两国之间处于政治的隔绝状态，50 年代中期之后，中国又致力于中日友好合作的努力，并没有公开提出过冲绳的主权问题。尽管中国从未正式承认过日本对琉球的吞并，也没有通过任何条约承认过琉球归属日本，所谓"琉球悬案"从来没有明确结论，但是，战后中日之间在政治的隔绝状态中基本上以大局为重，以民间友好为主题，努力实现邦交正常化，所以没有发生过围绕冲绳主权的争论，更没有对日本支配冲绳的现状提出公开挑战，当然也没有发生围绕钓鱼岛的争端。

但是，在冷战的背景下，杜勒斯曾经提出日本具有冲绳"潜在主权"的看法，这为美国将来最终解决冲绳主权问题提供了方向，同时也埋下了 1971 年美国将冲绳施政权"返还"给日本的伏笔，成为钓鱼岛争端的起源。当然，美国更强调"冲绳返还"协定是"施政权"而不是主权的"返还"，美国之所以这样做，除了政治考虑之外，根据《旧金山和约》第三条规定美国作为"唯一管理当局"也无权利处理冲绳的主权问题。其实，"施政权"的转移也不合法，因为所谓"冲绳返还"不过是美日之间的私相授受。

当时日本学者也不得不承认：美国根据《旧金山和约》第三条获得的对琉球的行政权、司法权和立法权，实际上意味着也获得了主权（当然根据《旧金山和约》，美国只是"唯一的管理当局"，而不是主权者）。于是，在冲绳"返还"之前，日本学者不得不为日本拥有对琉球的"残留主权"而寻找借口。日本法学家认为，冲绳人在日本国籍法上是日本人，而在美国国籍法上是外国人。当时美国占领当局向冲绳住民颁发过护照，上面写明：冲绳人去日本是"归国"。但是，冲绳在日本看来已经处于美国的施政之下，法律上是外国

法域，这就是冲绳的法律地位。冲绳人或许按照日本学者的解释是日本国民，但是他们从冲绳去日本旅行被认为是“归国”，出日本到冲绳是“出国”，这说明战后的冲绳已经从日本割离出来。

“剩余主权（residual sovereignty）”是指第一次世界大战后出现委任统治和第二次世界大战后出现托管制度之后提出的概念。日本学者认为：因为托管而丧失了管辖权，使得一般所说的广义的主权成为狭义的主权，这就是“剩余主权”。但是，“剩余主权”不是“潜在主权（potential sovereignty）”，它只是一般意义上的广义的主权被减掉了一部分之后的剩余部分，这部分仍然是“显在”的而不是“潜在”的。比如，冲绳人仍然有国会被选举权，还有请愿权等。所以，日本人认为日本对冲绳还有“剩余主权”，他们不同意杜勒斯先前提出的“潜在主权”说法。因为虽然是“剩余”的，但是仍然是主权；虽然没有统治权，但是拥有主权。[①]但是，即便如此，冲绳的主权还是发生了变化，杜勒斯与日本学者的这些说辞，不过是他们的一厢情愿，并不具有国际法上的意义，这是中日学者围绕冲绳主权问题出现分歧的根本原因。

二、美国在“返还”冲绳时，对是否包括钓鱼岛在内态度模糊

美国故意模糊冲绳的范围是为中日关系设置障碍。日本认为美国战后初期占领冲绳是“施政权”的获得，所以，日本一直在寻求机会谋求“返还”冲绳。1957 年，岸信介曾要求艾森豪威尔“返还”冲绳的“施政权”，但是遭到艾森豪威尔以远东的威胁和紧张局势为由的拒绝。关于冲绳问题，佐藤荣作在 1965 年上台后不到一年也宣读了“冲绳不能回归祖国，日本的战后就不能结束”的声明。其实，在佐藤上台之际正是越战扩大化之时，美国要利用冲绳基地进行越南战争，当时根本不是“返还”冲绳的最佳时机，美国绝不会在这个关键时刻，把远东的这个重要军事基地的行政权“返还”给日本。不过，随着时间的推移，美国国内反战情绪高涨，1969 年尼克松上台以后，提出要尽早结束越南战争，这次给了日本要求“返还”冲绳的机会。当时，对于日本来说外交问题有两个焦点，一个是冲绳“返还”问题，一个是中日邦交

① 《第 055 回国会　沖縄問題等に関する特別委員会　第 16 号，昭和四十二年七月四日》，http://kokkai.ndl.go.jp/SENTAKU/syugiin/055/0064/05507040064016a.html，1967。

正常化问题。佐藤首先把精力集中在了所谓冲绳“返还”问题上，1969 年 11 月 21 日，日美首脑会谈，双方达成协议，日本同意延长日美安保条约，美国则同意在 1972 年之前将冲绳的“施政权”，即，行政权归还给日本。

钓鱼岛问题是冲绳“返还”谈判过程中的重要问题。在 1971 年 6 月 17 日日美冲绳“返还协议”签字前后，日美两国的一系列交涉中，钓鱼岛问题都是双方重要的考量之一。根据现在掌握的资料，关于钓鱼岛与冲绳一起“返还”给日本的问题也确实成了日美双方举行的纤维谈判的关联因素。比如，关于钓鱼岛是否包括在“返还”范围之内，鉴于台湾方面的态度十分强硬，美国政府内部就出现了反对将其列入“返还”范围的意见。当时，美国政府内部有人主张“为了迫使日本在纤维谈判中让步，也应该把钓鱼岛问题作为条件，不应该立即交给日本”。①事实证明，美国确实利用钓鱼岛问题压日本在纤维谈判做出了巨大的让步，美国最后同意把这些争议岛屿列入“返还”范围中。根据“返还协定”第 2 条规定：“返还范围包括琉球诸岛和大东诸岛”，是美国根据《旧金山和约》第三条规定获得的所有领土及领水。当然不包括已经在 1953 年 12 月 24 日和 1968 年 5 月 4 日归还的奄美群岛和南方诸岛。“返还协议”的备忘录中具体规定了“返还”范围的最北端是北纬 28 度，钓鱼岛被包括在这个范围之内。但是“返还协议”显然是考虑到当时中日已经围绕钓鱼岛问题产生了争端，所以并没有直接列举钓鱼岛的名称。

在中国看来，“返还”冲绳的问题除了在于日美私相授受冲绳之外，美国还把原本属于中国，并在甲午战争期间被日本窃取的钓鱼岛一起交给日本，这是中国人民不能容忍的。但是同时本章所要强调的还有美国在与日本进行的冲绳“返还”谈判过程，虽然把钓鱼岛也包括在内，但是并未满足日本的要求，点明钓鱼岛主权属于日本。对于日本来说，美国的“返还”并不给力，所以，冲绳“返还”成了引起中国提出钓鱼岛问题的重要契机。如果在甲午战争后因不平等条约束缚，中国没有提出这个问题；如果在第二次世界大战期间美国的占领可以被理解为具有对日作战需要的侧面，所以中国没有提

---

① 《米文書に尖閣諸島返還の経緯》，NHKニュース，http://www3.nhk.or.jp/news/html/20110908/t10015457471000，2011 年 9 月 8 日。

出这个问题;如果中国认为《旧金山和约》是非法的,所以不承认美国对冲绳包括钓鱼岛的占领;那么,"返还"冲绳的协定签订之后,中国明确提出钓鱼岛是中国的领土,不承认美日之间的私相授受,就是一个比较合适的时间节点。在这个重要的时间节点上,美国没有全力支持日本,引起了日本的不满。

三、美国在钓鱼岛主权问题上态度模糊令日本不满

美国把钓鱼岛施政权交给了日本,却在主权归属问题上不发表意见,这让日本非常不满。于是日本在钓鱼岛问题上便不得不努力争取美国的支持。然而,美国却一直态度模糊,在中日之间推行平衡政策。

比如,1972 年 5 月交接冲绳时,基辛格曾在国家安全委员会上说:"关于钓鱼诸岛最好的办法是不要让它成为大众关注的目标。"[①]对于日本追问钓鱼岛是否包括在日美安保条约的适用范围之内的问题,美国在这年 5 月的一份机密文件中说:不要进行肯定地回答是否包括在安保条约的适用范围之内,而应该说可以被解释为是安保条约的适用对象。[②] 此处,"被解释"一语颇具深意,也就是说,日美安保条约不是必然包括钓鱼岛在内的,而是可以"解释"成包括钓鱼岛在内,是扩大解释。这是美国高级官员首次表示对这个问题的态度,美国显然是故意让该问题具有暧昧性。

冷战结束之后,美国关于钓鱼岛是否包括在《日美安保条约》适用范围内的态度有清晰化的趋势,但仍然暧昧模糊。比如,1996 年,美国驻日大使蒙代尔曾表示美国不会介入中日钓鱼岛冲突,引起石原慎太郎撰文批评。后者认为如果是那样,《日美安保条约》还不如废弃的好,日本应该独自构筑防卫体系[③]。在此背景下,克林顿政权的代理国务卿坎贝尔在日本追问下表示过,钓鱼岛是《日美安保条约》的适用对象,这是美国政府高官首次公开做这样的表态[④]。美国第二次对钓鱼岛的防卫问题表态是在

---

① ウィキペディア:《尖閣諸島問題》,http://ja.wikipedia.org/wiki/%E5%B0%96%E9%96%A3%E8%AB%B8%E5%B3%B6%E5%95%8F%E9%A1%。

② ウィキペディア:《尖閣諸島問題》,http://ja.wikipedia.org/wiki/%E5%B0%96%E9%96%A3%E8%AB%B8%E5%B3%B6%E5%95%8F%E9%A1%8C。

③ 石原慎太郎:《海図に載らない灯台》,《産経新聞》2003 年 2 月 3 日。

④ 《尖閣問題で米が中国けん制、「日米同盟」に言及》,《读卖新闻》2010 年 9 月 17 日。

2004年3月,美国国务院发言人对记者说:“《日美安保条约》适用于日本施政下的领域,也适用于钓鱼岛。”[①]但是,这不过是上面提到的“扩大解释”而已,并不意味着美国表明一定会介入钓鱼岛争端。比如,根据2009年2月26日的日本媒体报道,日本曾再次要求美国确认钓鱼岛是《日美安保条约》的适用对象,但是,美国回避了明确表态。当时的日本首相麻生太郎在国会回答民主党前代表前原诚司提问时认为:该岛在《日美安保条约》保护范围之内。他说:“尖阁诸岛是日本的领土,当然是《日美安保条约》的对象。”[②]然而,这只是日方一厢情愿的表示,美方并无进一步呼应。

其实,美国这时的暧昧态度是想要利用钓鱼岛问题达到控制日本的目的。当时,日本民主党有上台执政的可能性,特别是小泽、鸠山等人具有脱美倾向。2009年2月25日,小泽一郎发言说:“在日美军的驻留有第七舰队就足够了。”[③]他认为美军不能做的事情,日本的自卫队可以做。小泽的发言引起了美国的警觉。果然,民主党上台执政之后在普天间基地问题上与美国搞对立,使日美关系处于紧张状态。于是,美国又玩起了模糊的花招。2009年2月28日,美国国防部代理副部长(Deputy Assistant Secretary of Defense for East Asia)塞尼(David Sedney)在北京说:“美国不参与钓鱼岛的最后主权问题争论,这是美国的一贯立场。”[④]塞尼在此只提美国在钓鱼岛主权问题上的中立立场,却只字未提《日美安保条约》是否包括钓鱼岛在内。尽管塞尼的地位不算高,但是他出身于国务院,所以日本人揣测他这样发言是反映了希拉里·克林顿主导的国务院的意图,认为美国的政策发生了变化。然而,尽管日方向美国国务院求证美国的“钓鱼岛政策”是否发生了变化,但是,甚至2010年9月发生“撞船事件”以后,美国仍然没有明确表示钓鱼岛是否适用《日美安保条约》。美国国防部长盖茨只是说:“我们将履

---

① 《安保条約の対象と明言せず　オバマ政権、尖閣諸島で》,http://logsoku.com/thread/kamome.2ch.net/news/1281962643/。

② 《尖閣の領有権　米は中立》,NHKニュース,http://www3.nhk.or.jp/news/k10014470661000.html。

③ 《政府・自民党幹部　小沢代表批判相次ぐ　在日米軍削減論で》,《毎日新聞》2010年2月27日。

④ 《尖閣の領有権　米は中立》,NHKニュース,http://www3.nhk.or.jp/news/k10014470661000.html。

行同盟的责任”，[①]但是，没有表示钓鱼岛是否包括在《日美安保条约》的防卫范围之内。当时美国前副国务卿阿米蒂奇曾建议美国与日本举行联合军事演习，但是被坎贝尔拒绝。[②]直到9月23日，希拉里终于在日美外长会谈时表示：钓鱼岛是“《日美安保条约》的适用对象”，但是美国并不对事件本身发表见解，希望中日两国通过和平方式解决问题。前原诚司听出了美国高官表态的潜台词，所以他说：“克林顿国务卿讲了，尖阁诸岛适用于《日美安保条约》第五条，但是，没有确定是日本的领土。”[③]可见，美国仍然坚持其一贯立场：不介入钓鱼岛的主权争端，并经常“忘记”表示该岛屿适用安保条约第五条。美国的这种暧昧态度，至少在“撞船事件”后，迫使日本不断表态要加强日美同盟，从而使美国对日本的控制得到了加强，故从这个意义上看，美国的模糊态度也是“撞船事件”中日本民主党政权态度僵化的原因之一。

四、美国在是否介入钓鱼岛冲突上态度暧昧

美国即使表明钓鱼岛适用安保条约，也未必愿意真正卷入由这几个岛屿引发的中日冲突。2010年9月10日，《纽约时报》专栏作家克里斯多夫(Nicholas Kristof，中文姓名：纪思道)发表文章指出：完全看不出美国有为钓鱼岛而与中国开战的理由，何况美国并没有承认钓鱼岛主权属于日本。美国不会因为太平洋上的某个小岩石而冒发动战争的危险。克里斯多夫是美国著名记者，与美国政界有密切联系，他的这篇文章引起了日本驻纽约总领事馆的抗议，他们给报社寄信抗议，但是，文章作者在20日将信的一部分内容予以公开，引起了舆论对日本的批评。克里斯多夫表示：就技术层面而言，《日美安保条约》涵盖所有日本行使主权的地方，而钓鱼岛目前由日本管辖，因此，如果中日两国因钓鱼岛开战，美国有义务帮助日本。但是，美国的立场一向是“美国不对钓鱼岛的主权问题表示意见”，这样，美国就处于非

---

① 《釣島撞船事件後　美首高調宣稱撐日》，http://news.wenweipo.com/2010/09/24/IN1009240020.htm。

② 《日本经济新闻》，2012年7月18日。

③ 《船長釈放は検察判断＝日中関係修復に努力－官房長官》，http://ameblo.jp/muuchanmuuchan/entry-10657956268.html。

常尴尬的地位，即："我们并没有同意钓鱼岛肯定是日本的，却要因为钓鱼岛而帮助日本打仗。"所以，他说："美国为了钓鱼岛这几个无人的岩石而履行义务的可能性几乎为零。"①因为克里斯多夫是美国大牌记者，两次获得过普利策奖，他的文章很有影响力，也代表了美国主流媒体的意见，这令日本感到非常不安。1 月，日本外务省发言人佐藤悟向《纽约时报》投稿辩解。

曾在小布什主政时代担任国安会亚洲事务主任的迈克尔·格林也证实了克里斯多夫的说法，他说："如果是日本首先采取了刺激行动，美国则未必全面赞同和支持日本。"②他还说："中日之间紧张关系升级不符合美国的利益。"③

虽然美国政府已经明确表示了钓鱼岛属于《日美安保条约》的适用对象，即，该条约第五条的适用对象，但是，《日美安保条约》第 5 条的适用是以美国宪法为条件的，因为美军的出动必须经过国会批准。国会通过决议之后，还要有总统承认，然后才能决定是否出兵。如果有关实施安保条约的决议在国会被否决，那么即使美国不履行防卫日本的义务也不被视为违反《日美安保条约》。

当然还有人担心，《日美安保条约》规定的是针对日本实际支配的领土才能适用，如果中国通过闪击战，有效占领该岛并对其实行实际支配，那么，这些岛就不在日本的实际支配之下了，钓鱼岛也就变成日本实际支配之外的领域了。而且安保条约并没有明确规定如果发生武装冲突（比如说在钓鱼岛）美军必须共同应对。当然，这种假设本身也涉及美国是否使用安保条约的问题。

总之，美国实际上推行的是避免发生军事冲突的政策。对于美国的真实意图，日本从"撞船事件"中也是有所察觉的。当时，美国虽然保证钓鱼岛

---

① Nicholas Kristof, "The Diaoyu Islands Appeared on China's Map Since Ming Dynasty (1368 - 1644)", http://forum.globaltimes.cn/forum/showthread.php? p=73053，2012 年 6 月 10 日。

② 格林语中评：《中日紧张关系不符美国利益》，http://www.zhgpl.com/doc/1021/9/7/1/102197135.html? coluid=1&kindid=0&docid=102197135&mdate=0811001607，2012 年 8 月 10 日。

③ 格林语中评：《中日紧张关系不符美国利益》，http://www.zhgpl.com/doc/1021/9/7/1/102197135.html? coluid=1&kindid=0&docid=102197135&mdate=0811001607，2012 年 8 月 10 日。

适用日美安保条约，但同时暗示日本释放了船长，这表明美国并不想让日本把自己拖入中日冲突之中。可以说美国在“撞船事件”中的表现让日本喜忧参半，喜的是美国再次承诺了钓鱼岛属于安保条约适用对象，忧的是美国“建议”日本释放了船长詹其雄，使得开始信誓旦旦要为了宣示钓鱼岛主权而通过国内法律“法办”船长詹其雄的日本，最后不得不匆匆放人，而且是在第二次拘留期限未到期就提前把人放了，日本事实上输掉了这次与中国的外交博弈。“撞船事件”暴露了美国确实不想卷入真正军事冲突的本意。2011 年 11 月 14 日，驻日美军司令菲尔德在日本记者俱乐部点到了问题的实质。他说：“尖阁诸岛是《日美安保条约》的适用对象，但是最善的方法是和平解决，一定能够找到解决途径，这是比武力解决更好的方法。”①

小　结

综上所述，美国在钓鱼岛问题上的模糊政策，主要表现在对主权归属问题上立场模糊，不肯表态主权属于日本还是中国；在“返还”钓鱼岛的决定上态度摇摆犹豫，甚至有过拒绝将这几个岛屿与冲绳一起交给日本的意见；在是否介入中日围绕钓鱼岛问题发生的冲突问题上态度暧昧，一方面承诺适用安保条约，另一方面却强调用和平的方法解决问题。表面上看，主权问题上不持立场，把钓鱼岛交给日本和承诺适用安保条约都是比较明确的表态，但是，实际上却互相矛盾，比如，对主权不持立场，却承诺适用安保条约；承诺适用安保条约，却一再声明希望各方用和平方法解决问题。美国之所以在钓鱼岛问题上采取这种模糊政策，目的在于想在中日之间留下回旋余地，不同的时间和场合说不同的话，以此掌控中日关系，进而掌控东亚事务。关于这一点，中国外交部曾发表过声明，一针见血地点破过：“我们坚决反对美日反动派用中国领土钓鱼岛做交易和借此挑拨中日两国人民的友好关系。”②中国外交部点明了美国“模糊政策”的实质。当然，模糊政策也收到了一定的效果。2010 年发生的“撞船事件”，促使日本民主党摇摆的亚洲政

---

① 《尖閣、最善は平和解決＝対中関係好転に期待-在日米軍司令官》，时事通信社网站，http://www.jiji.com/jc/zc? k=201111/2011111400671。

② 参见《关于钓鱼岛所有权问题中华人民共和国外交部声明》(1971 年 12 月 30 日)，载田桓主编：《战后中日关系文献集 1971—1995》，中国社会科学出版社 1997 年版，第 61—62 页。

策开始向美国回摆，日美同盟又成了日本唯一的战略选项；2012 年的“国有化”闹剧又为美国在普天间基地部署“鱼鹰战机”扫清了道路，使其重返亚太战略具有了整合性。可以说，在钓鱼岛问题上留下一个模糊的空间，显然有利于美国以调停者的立场在东亚事务上保持发言权，时而挑起争端，时而扮演调停者，以便为美国的亚太政策服务。正如澳大利亚国防学院教授卡莱尔・泰勒(Carlyle Taylor)所说：“美国总是能够通过聪明的做法支配亚洲国家。”[①]总之，美国在钓鱼岛问题上的意图是通过自己在该问题上的仲裁者地位控制中日关系。从美国当时的国务卿希拉里曾建议由她来调节中日钓鱼岛争端的意图中可以窥视一斑。概而言之，美国的目的就是想在中日之间做平衡者、调解人，以此维持自己在东亚甚至在亚太的影响力。然而，美国的这种做法，引起了日本的不满，他们抱怨美国作为同盟国却不愿意在钓鱼岛主权问题上站在日本一边，导致日本在对抗中国时不能理直气壮。

---

① 朴宗世：《尖閣，米国、中国周辺諸国との外交強化》，《朝鮮日报》日本语版 2010 年 9 月 25 日。

第八章　东海防空识别区与日美的反应

2013年11月，中国宣布划设东海防空识别区之后，日方反应激烈，并怂恿美国对抗中国，但是，美国在此问题上态度暧昧，表现了并不听任日本煽动的立场，当然也未满足日方提出的过分要求，日美之间在中国划设防空识别区问题上明显存在温度之差。美国之所以没有完全按照日本的要求，彻底对抗中国，除了美国有足够的自信，并不认为美国的战略利益受到决定性损害之外，根本原因还在于美国更注重亚太地区的整体战略，其中一个重要内容是摸索与中国构建“新型大国关系”。美国虽然是日本的盟国，但是，日美两国之间互相猜疑，美国担心被日本卷入东亚的地区冲突之中，日本则担心美国在冲突发生之后抛弃日本，特别是日本担心中国的崛起会使日本丧失在东亚以及亚太地区的优越地位。美国愈来愈表现出要与中国构建大国合作的意图，中美关系实际上是既对抗又合作的，这使日本感到自己成了中美两大国的博弈砝码，从而失去主体地位。防空识别区问题就暴露了日美两国之间的互相猜疑和战略上的步调不一致。

第一节　防空识别区的概念

就国家安全保障的意义说，防空识别区是维护国家利益的第一道防线。随着世界经济的不断发展，国家利益也超越传统的疆界范围，不断向海外扩展，围绕国家主权和资源的海洋权益争端日益突出，海洋的战略意义变得越来越重要。所以，根据国家安全的需要，合理划设防空识别区已经成为国家意志的体现和主权意识的宣誓。通过划设防空识别区不但可以实现更加有效的防御，还可以建立起对沿海大陆架、海上专属经济区等海域上空飞行活动的预警和管制机制，从而为维护国家利益提供有利的条件。

一、防空识别区的概念

防空识别区的概念产生于20世纪50年代，是关于空中预警防御的措施，目前尚未形成一个统一的定义，一般可以理解为：是有关国家在领空以外的一定空域针对无事先通告并被判断有进入其领空意图的外国航空器而设定的区域，是一个国家对这类航空器识别、定位和决定是否紧急升空的基准。防空识别区不是国际法规定的领空，不属于一国主权所辖范围，所以，不得在这一空域发动攻击，只可以进行警戒和警告，提醒对方不要进入或者接近邻接国家的领空。所以，防空识别区可以理解为是一个国家"拒敌于国门之外"的一种防御措施，它的关键词是"防卫"和"识别"，而不是进攻或攻击，是积极防御的重要手段。

关于防空识别区概念的理解，日本原航空自卫队军官数多久远说："防空识别圈并无任何权利主张，只不过是对可能进入领空的航空器进行识别的范围而已。"他认为，出于防卫的目的，任何国家都可以自行规定，即使与其他国家重叠也没问题。陆上接壤国之间常有防空识别圈划在对方领空的现象，对此，多数人认为防空识别区的意义在于对进入区内的不明航空器判断其有无进犯领空的危险，进行无线电联系，或者紧急升空进行确认和警告。防空识别区不是对"识别圈"本身进行管理。①

按照划设的具体位置，防空识别区可以分为两种类型：一个是依据国家主权边界划设的防空识别区，这种类型包括海岸防空识别区和国际境界防空识别区；另一种是国内领空防空识别区，这种类型是为了满足特殊防控安全需要而划设的，比如，著名的是"9·11"之后划设的华盛顿防空识别区。

二、中国与日本的防空识别区

2013年11月23日，中华人民共和国国防部宣布了划设东海防空识别区的公告，规定位于防空识别区的外国航空器必须提供识别方式，比如，位

---

① 《国際的慣例とは違う、異常な"中国式防空識別圏"＝中国自身の首を絞める結果に》，http://www.recordchina.co.jp/b79823-s0-c60.html。

于东海防空识别区飞行的航空器，必须提供以下识别方式：飞行计划识别（向外交部或者民航局通报飞行计划）、无线电识别、应答识别、标志识别。并要求此种航空器服从中国管理机构的指令，对于不配合指令的航空器，中国武装力量将采取防御性紧急处置措施。规则明确中国东海防空识别区管理机构是中华人民共和国国防部，有关中国东海防空识别区事宜由中华人民共和国国防部负责解释。

日本的防空识别区（日语称“防空识别圈”）设立于 1969 年，是第二次世界大战后美国设立的防空识别区的继承。基本上划分为北、中、西和西南四个区，北区包括北海道和本州部分地区，中区包括本州大部分和四国部分地区，西区主要包括本州部分地区和四国大部分以及九州全部地区，西南区包括冲绳、西南诸岛和东海地区。因为日本的防空识别区覆盖了日本周边空域，因此日语也叫“防空识别圈”，日本在 1972 年中日邦交正常化之后，曾将东海附近的防空识别区向后移动了十几公里，以示中日友好，同时又将钓鱼岛纳入防空识别区之内。2010 年，日本又将与那国岛纳入其防空识别区之内，引起台湾方面的不满。对于北方防空识别圈，日本迫于俄罗斯强大的军事压力，从未将北方领土纳入其防空识别区之内，但是，对于东海，日本则将其防空识别区扩展至东海中间线之外，还包括中国东海油气田。日本对于飞入其防空识别区飞机的处理一般是向通产省提出飞行计划书，通产省向自卫队通报。日本对于无通告而进入其防空识别区的飞机，实行紧急升空措施，进行所谓“物理”性警告。

第二节　日本对东海防空识别区的反应

对于中国划设的东海防空识别区，日本的反应十分强烈。日本首相安倍晋三在 2013 年 11 月 25 日表示要求中国撤回所有关于防空识别区的措施，随即日方对中国划设的东海防空识别区进行了歪曲性宣传。

首先，日方认为中国的防空识别区具有强制性，不符合国际规范。他们说中国防空识别区的问题在于中国规定了其他国家向中国报告飞行计划书的义务，特别是中国规定：如果不通报，中国武装力量将采取紧急防御措施。所以,日本人认为中国的规定不符合国际规范,他们理解的防空识别区的意思是虽然可以根据本国防御需要而自主设定,但是不可以规定其他国家承担义务,尽管也有国家规定通报飞行计划,但只是希望对方这样做,而不是要求对方“必须”这样做。因此,日方要求中国应该回归各国通常的做法,不要对各国飞机规定强制性义务。日本人说中国划设的防空识别区,规定了强制性措施,这是中国国防部对防空识别区的误解,这种误解也给日美等国家提供了反对的理由。日本认为中国式防空识别区也给中国自己带来不必要的麻烦,因为有飞机,特别是外国战机进入,如果中国空军没有反应则会带来国内舆论的批评,所以,中国应该回归各国通常的做法,不要对各国飞机规定通报义务。

日本前防卫大臣森本敏甚至把该问题提高到国际法的意义上加以评论。他说:“在公海上空设定防空识别圈无可非议,但是,要求防空识别圈内飞行的航空器履行通报义务,否则采取相关措施,这是违反国际法原则的。”①日方尤其认为中国要求民用航空公司提供飞行计划书是违反以国际法为基础的公海上空飞行自由原则的,日本绝不接受。日本前防卫厅长官中谷元说:“要求进入识别圈的飞机事前通报,不遵照军队指示将采取防御措施,是非常违法和不知廉耻的行为。”

其实,关于防空识别区的问题,国际法没有明确规定什么样的飞机或者什么样的飞行应该进行怎样的通报。事实上,各国是根据自身的情况做出不同的规定。所以,中方的有关做法并不违反国际法,也是符合国际一般实践的。

其次,日本担心中国控制东海和钓鱼岛上空。日本反对中国划设防空识别区的另一个原因是对东海的安全没有信心,这才是日本的真实动机。日方认为中国要求民用航空公司提供飞行计划书是违反以国际法为基础的公海上空飞行自由原则的,表现了中国要对东海实行管辖的野心,日本绝不接受。可见,日本尤其担心的是中国对钓鱼岛上空的管辖,特别是如果钓鱼

---

① 森本敏:《中国は自制せよ! 防空識別圏内の武力衝突=「日本は先制攻撃しない」—日本元防衛相》,http://headlines.yahoo.co.jp/hl?a=20131129-00000041-rcdc-cn。

岛上空有日本飞机，中国军机要起飞，这样的话，两军战机在钓鱼岛上空难免擦枪走火。然而，在钓鱼岛或者东海发生的擦枪走火，与防空识别区没有直接关系，它是两国因为领土和领空的主权而产生的问题。2013 年 11 月 29 日，日本防卫大臣小野寺五典点破了日方关心的关键点，他说："中国的识别圈把我国领土尖阁上空也包括进去，我们绝不接受。"①日本反对用实力改变现状，说中国设立防空识别区是为了牵制日本在东海的活动，获得制海权和制空权，是对东亚国际秩序的挑战，日本决不允许。

森本敏认为："中国设立防空识别圈目的有二，南面是'尖阁列岛'领有权主张，北面是资源开发。在识别圈中采取军事行动违反国际民航条约规定。"关于防空识别区内发生不测事件的问题，森本敏说："日中空中没有对话手段，日本并不想使问题进一步发展，希望中国自我克制。自卫队继续保持警戒态势，武器使用规定没有松绑，如果中国不使用武力，日本不会发动攻击。"②但是这也给日本人提出了一个课题：武器使用规定的松绑问题。看来，日方确实在利用这个问题，为日本行使武力开方便之门。

2013 年 11 月 30 日，日本防卫相小野寺五典称：日本将继续在所谓"尖阁列岛"上空实行警戒监视。他还认为互相之间进行监视，确认把握对方飞机在何处、有几架飞过，这是通常的做法，日本也对中国飞机进行此类监视。他希望中国作为联合国常任理事国和经济大国，能够遵守国际社会的一般常识。③ 2013 年 11 月 30 日，《读卖新闻》指出："如果中国真的要和平崛起的话，就应该立即停止这种暴举。"④同日，小野寺五典表示："日本一直密切把握着中国什么类型的飞机以什么样的形式进行飞行。中国的飞机一开始就处于日本完全的警戒监视之下，这种对应还将继续下去。"⑤

---

① 《お門違いと批判＝中国による防空圏撤回要求-小野寺防衛相》，http://www.jiji.com/jc/zc?k=201311/2013112900202&g=pol&relid2=1_5。

② 《中国は自制せよ！ 防空識別圏内の武力衝突＝「日本は先制攻撃しない」-日本元防衛相》，http://headlines.yahoo.co.jp/hl?a=20131129-00000041-rcdc-cn。

③ 《小野寺防衛相「航空機の接近ない」＝中国軍緊急発進を否定》，http://blog.kajika.net/?eid=1005775。

④ 《读卖新闻》2013 年 11 月 30 日。

⑤ 《防衛相、中国発表否定「中国機の動き常時把握」》，http://blog.goo.ne.jp/migisikennbisya/e/33220afd0ea03d0ff5df664a72c36ac9。

第三节　日本对美国的期待与失望

日本试图提升中日两国的紧张度，利用一切可以利用的机会拉美国对抗中国，但是，日本的如意算盘总是不能与美国在亚太地区的战略步调相一致。日本想利用中国划设防空识别区的事情，拉美国一起遏制中国，并要求中国撤销防空识别区的决定，但是美国更关注与中国构建“新型大国关系”，美国的这种态度让日本十分失望。

一、防空识别区为日本联合其他国家遏制中国提供了借口

中国宣布划设防空识别区之后，日本除了担心中国在东海建立优势之外，还利用中国划设防空识别区问题大造舆论，鼓吹国际社会共同遏制中国的崛起。为了遏制中国，日本借机鼓动相关国家反对中国，日方说中国没有事前协议就设立了与日本、韩国相重叠的“防空识别圈”，当然受到各国的反对。日本不仅提议与防空识别区有重叠的韩国合作，而且还要与东南亚、欧洲各国采取共同步骤，在国际社会形成广泛的一致，要求中国遵守国际规范，还说这是国际社会的共同课题。[①] 2013 年 11 月 28 日，在东京召开日本与东盟首脑特别会议，日本对中国设立东海防空识别区问题表示了关切，希望有关国家同日本采取相同立场。但是，与会各国并不同意在联合声明中写入批评中国的内容，东盟国家在与日本合作的过程中关心的重点在经济领域，不想在政治与安全领域与中国作对。

日本在批评中国划设防空识别区问题上，最重视与美国的合作，试图利用这次机会煽动美国和日本一起遏制中国。日本人说：由于中国的行为可能导致冲突，因此，日本必须与美国紧密合作，加强周边的警戒活动，特别是日本应该与美国等国要求中国撤销防空识别区。

日本媒体在引用美国学者观点时特别关注的是“美国如果不能保护盟国”，“美国如果不可信赖”，那美国将付出较大的代价，由此反映出日本人既想拉美国遏制中国，又担心美国不支持日本的心理状态。他们提醒美国如

---

① 《读卖新闻》2013 年 12 月 4 日。

果不与日本一起遏制中国，那么，“美国将付出较大的代价”。日本学者认为，钓鱼岛与其说是中国与日本之间的领土问题，不如说是中国与美国围绕台湾海峡与东海展开权力博弈。他们认为，中国进入日本的东海防空识别圈，或者台湾出现紧急情况，美国的军事行动将受到制约。于是，他们提醒美国，中国的目标是把美国赶出东海，比如，日本媒体援引欧美媒体的报道说：中日在围绕一个无人居住的小岛制造紧张局势，但是，没有认识到中国的中期目标是把美国赶出东海。①日本试图把日本与中国的争端，解释成中国与美国的博弈，司马昭之心，路人皆知。

二、防空识别区问题暴露了日美之间的分歧

日本政府当时期待日本领导人与美国副总统拜登会见，达成共同遏制中国的协议，但是，日本的煽动并未达到预期的效果。美国对于中国划设防空识别区虽然也持批评态度，但是，并未满足日本提出的要求中国撤销防空识别区的要求。美国国防部发言人沃伦称“今后美国将继续在这一地区进行通常飞行”，表示了美国并不承认中国防空识别区的立场。另一位国防部官员说“美国将继续与同盟国合作”②，表示了美国支持日本的态度。拜登还表示美国是常驻亚洲的“太平洋国家”，绝不会允许任何挑战美国在这一地区领导地位的势力。但是，美国明显降低了批评中国的调门，发出不希望在东海防空识别区问题上与中国持续对峙的信号。比如，美国国防部长哈格尔 2013 年 12 月 4 日在华盛顿表示，中国设防空识别区的最大问题在于没有与周边国家商议就突然拿出来。美军参联会主席登普西也表示，设定防空区本身不是问题，因为识别区不是领空，只是要求各国航空器进入该空域前事先通报。可见，美国虽然对中国划设防空识别区感到不高兴，但是，批评的发言主要集中在“事前商议”问题上，并未提出要求中国撤销防空识别区。

实际上，2013 年 12 月 3 日，拜登访日是让日本人很失望的。拜登访日，

① 《いよいよ本心を現した中国　日本は「連帯力」で持ちこたえろ》，http://blogos.com/article/74738/。

② 《米「通常の軍事活動」継続＝中国防空圏で日本と連携》，http://www.jiji.com/jc/zc?k=201311/2013113000049&g=pol&relid2=1_1。

与安倍会谈20分钟，虽然两国都强调不会默认中国划设的防空识别圈，但是也反映出日美之间的分歧。日本要求在会见联合声明中插入批评中国划设防空识别区的内容，然而，尽管日本多方努力、绞尽脑汁，甚至在拜登飞往日本途中和到达日本的当晚还在通过各种渠道说服美国，但是最终美方都没有同意日本的过分要求。美国不想卷入日中之间的对立，日本期待的日美在该问题上共同对付中国的计划，最后不得不落空。

拜登的访问反映出日美之间的三点分歧：一是关于民用航空公司计划书问题，日美的应对完全相反。日本没有想到，两国步调出现了很大的“混乱”。美国并不反对民用航空公司向中方提交飞行计划书，而日本则坚决反对这一点，日本还单方面要求日本的航空公司不要向中方提交飞行计划书。二是日本指望美国与它一起谴责中国，但是拜登却提出为了防止误判希望日中两国通过对话建立危机管理机制的问题，美国在这个问题上扮演了“和事佬”的角色，把问题推给日本自己去与中国协商，自己居中调解，这令日本十分失望。三是美国不同意与日本一起要求中国撤销防空识别区。2013年11月2日，安倍还信誓旦旦地要求中国撤销防空识别区，并期待与美国共同提出这一要求，但是，美国拒绝了他的要求，所以他与拜登会谈时没有提“撤销”问题。对此，官房副长官加藤胜信说：“首相在会谈中说不会默认，政府的姿势没有改变。”但是“撤销”和“不默认”还是有区别，得不到美国的支持，安倍的态度有点往后撤①，最后以“不默认”作为基本态度，没再提撤销问题。

关于日美在中国划设防空识别区问题上的分歧，森本敏解释说：“美国不接受申报义务，因为美国民航公司不隶属于国务院、国防部，他们有权不接受政府指示。但是日美两国应该避免行动混乱，对中国采取统一行动。”中谷也说：美国没有领土问题，所以乘客优先，但是日本有领土问题，不能让步，日本没有必要提出飞行计划书，中国也无权要求飞行计划书。②由此反映出日本在这个问题上对于美国已经无可奈何，只好自己坚持自己的主张。安倍内阁企图利用这个问题联美抗华的企图实际上失败了。

---

① 《产经新闻》2013年12月4日。

② 《中谷・元防衛庁長官と森本前防衛相官が議論　新報道2001抄録》，http://www.sankei.com/politics/news/131201/plt1312010003-n1.html。

当然，美国并不会默认也不会承认中国的防空识别区。防空识别区问题只是一个个案，日美之间的安保合作并不受影响，奥巴马也写信给安倍强调美国在安保领域是站在日本一边的，其目标也是共同遏制中国的崛起，美国只是不希望按照日本的要求被其拖入中日冲突的陷阱。事实上，美国国防部也派遣 B－52 轰炸机进入中国宣布的防空识别区范围之内，虽然 B－52 轰炸机没有携带实弹，却表示了美国不承认中国防空识别区的意志。其实，日美在亚太地区深化合作的进程正在一步一步推进，美国希望日本能够利用经济影响力通过 ODA 在东南亚发挥作用。美国也希望日本能够按照美国的经济与战略布局，参加 TPP 框架，解决普天间问题，成为美国全球战略的一颗棋子。特别是日美关系当时正处于必须解决 TPP 问题和普天间问题的关键时期，正是因为这两个问题没有解决，美国不会完全支持日本在防空识别区问题上的要求。美国更不会希望日本主动惹是生非，把美国拖入不必要的冲突，达到日本自己的目的。

三、日本对中美"新型大国关系"表示担心

中美关系，可以说近年来起伏跌宕。2008 年，世界金融危机，美国呈现衰退趋势，而中国崛起趋势越发明显。2013 年，美国经济刚有回转，却发生了财政悬崖，政府机关关门，再次出现颓势。2013 年 7 月美国观察研究(view research)中心的舆论调查显示，欧洲有 57%、美国有 47%的人认为中国将很快超过美国成为世界霸权国家，显示了西方国家对中国崛起的担心。中国为了消除西方国家，特别是美国的担心，提出中美两国建立"新型大国关系"的构想，防空识别区划设的当口也正是中美两国互相摸底，探索"新型大国关系"可行性的关键阶段。

对于中国的倡议，美国未必真的相信，但是，态度还是比较积极的。2013 年 6 月，习近平与奥巴马在美国进行了长时间会谈，两国在推进"新型大国关系"问题上有所进展。2013 年 11 月 20 日，美国国家安全事务助理赖斯在发言中接受了中国提出的"新型大国关系"建议，意味着美国政府高官首次对"新型大国关系"给予肯定。其实，美国在钓鱼岛问题上是将中日两国放在同一个等级上看待的，尽管日美两国是盟国，但是，在钓鱼岛问题上，美国的基本态度是在主权问题上持中立态度。赖斯在那次的发言中没有提

钓鱼岛问题是否适用于《日美安保条约》第 5 条的规定，这让日本十分不满。

2013 年 11 月 23 日，中国国防部发表了划设防空识别区的公告，美国虽然通过国务卿和国防部长发表声明反对中国划设此种识别区，美国好像也有点吃不准中国的意图，但是，美国基本上还是视该问题为中日之间的问题，并没有满足日本的过分要求。对此，2013 年 12 月 5 日，《华尔街日报》说，这可以显现出超级大国外交上的微妙之处。同日《环球时报》记者参加了拜登在国际俱乐部瑞吉酒店举行的新闻早餐会。拜登在发言中也表示，美中两国将积极推进“新型的大国关系”，为了子孙后代的福祉考虑，美中将考虑设立与构建新的国际机制与标准。美国所强调的仍然是中美之间的“新型大国关系”。

拜登是 2013 年 12 月 4 日离开日本前往北京访问的，他与中国国家主席习近平进行了长达 5 个小时的会谈，其中两人仅有翻译陪同的单独会谈就进行了两个小时，远远超过原定的 45 分钟。媒体认为：“习拜会，双方就防空识别区问题针锋相对。”比如，美国《纽约时报》称，拜登穿梭访问中日这两个争吵不休的国家，敦促中国对防空识别区问题表现出克制。拜登提出美国反对中国设立识别区的理由，但是没有呼吁中国撤销防空识别区，因为他深知鉴于中日对峙在中国国内激起的民族主义情绪，撤销几乎是不可能的。拜登在北京除了表示美国不承认中国的防空识别区之外，还表示美军将一如既往进行飞行训练，希望中国不要紧急升空。而对于中日关系，拜登向中国表达了美国希望两国尽快建立危机管理机制的愿望。

2013 年 12 月 5 日，中国总理李克强会见拜登，主要就中美关系以及两国经济合作问题交换意见，这才是中美之间头等重要的事项。据接近拜登办公室的知情人士向《环球时报》透露，拜登在访华期间，特别与中国的几位国家领导人讨论了如何加强中美合作的具体方式，从而让两国人民真正从中受益，以及如何面对共同的全球挑战。这些都是中美推进“新型大国关系”承诺的重要方面。日本理解的中美“新型大国关系”是两国互相尊重各自的核心利益，美国承认中国在这一地区的领导地位。[①]这正是日本的担心所在。

---

① 《朝日新闻》2013 年 12 月 3 日。

小　结

从防空识别区问题的军事战略角度看，日美两国具有共同的利益，因为中国划设这样的区域意味着日美两国多年来在这一区域的飞行自由受到了限制。但是，从东亚乃至于亚太的大战略角度看，防空识别区问题更集中在中日两国之间的争端，日本对于东海的制空权和钓鱼岛的安全十分担心，故日本对此反应异常强烈。相对来说，美国并不担心自身在这一空域会受到决定性限制，所以，美国对于中国划设的防空识别区的反应并不如日本一样激烈。美国并不妨碍美国航空公司向中国提交飞行计划书，由此可见，美国虽然声称不默认中国划设的防空识别区，实际上却是默认了，这让日本十分尴尬，最后也不得不事实上默认。当然，美国与日本在该问题上情绪的温度之差，根本上还在于奥巴马政府不想因为中日之间的争端，特别是由于日本的挑唆，损害与中国建立“新型大国关系”的进程，美国在亚太地区以及对华战略的主要目的在于平衡中国的发展带来的地区权力变化，而不是卷入与中国的冲突之中，这种冲突不利于美国的战略利益，也不符合美国的经济利益。

日本的目的与美国有所不同，日本是要尽量利用美国的力量遏制中国的发展，阻止亚太地区权力转移的实现，特别是日本要利用美国遏制中国的战略发展自身的军事实力，与中国争夺东亚地区主导权。防空识别区问题必然成为日本鼓吹中国威胁论的材料，也必然成为日本修改宪法，解禁集体自卫权解释的借口。亲日的美国日本问题学者、前美国国务院东亚事务顾问迈克尔·格林认为，日美两国应该加强对华遏制力，日本应该允许行使集体自卫权，修改日美防卫合作指针，安倍不应该推迟，而应该加速解禁集体自卫权步伐。特别是，格林认为日韩两国应该改善关系，虽然两国改善关系有困难，但是，应该认识到亚洲两大民主国家携手合作是对中国的最大遏制。①

总之，美国虽然希望中日之间互相戒备，但是并不希望中日两国走向真

① 《中国防空圏は「米への挑戦」…元 NSC 上級部長》，http://www.yomiuri.co.jp/world/news/20131129－OYT1T01602.htm?from=popin。

正的冲突，所以，鉴于美国近年来在中日争端中所表现出的基本立场是息事宁人，这就让日本感到有“被抛弃的不安”。鉴于日美之间互不信任的现状，中日两国理性的选择还是通过对话解决问题，防止争端升级，当务之急是通过对话建立危机管理机制。危机管理机制包括钓鱼岛问题和防空识别区问题两方面，中国自然不会以撤销防空识别区为前提进行对话，日方也不会以承认搁置争议为前提进行对话，但是，如果美国不支持日本挑起东亚地区，特别是因为东海问题引起的冲突，那么，日本也只有在默认中国对钓鱼岛的常态化巡航与中国划设防空识别区的现实的基础之上进行双边对话与谈判。只有这样才能使中日关系回到原点，才能维护亚太地区的和平与发展。从根本上说，对话与谈判才更符合各方利益，日本应该意识到美国在这一地区真正的战略意图，日本鹰派企图利用美国对抗中国的想法其实是一厢情愿，美国不会允许日本成为亚太地区的“麻烦制造者”。

第九章　经济摩擦的延续

日美两国虽然是同盟国，但是由于两国经济并不互补，而是互相冲撞，所以在经济领域，两国之间相互竞争一直呈此起彼伏状态。日美之间的相互竞争主要表现在经济贸易领域，战后两国曾经发生过多次经济摩擦，近年又以 TPP 问题的形式重复着这种摩擦，因此可以说日美经济摩擦具有延续性，这种摩擦虽然不影响两国之间的安保体制，但是，经济利益的争夺必然影响两国的战略选择。日美经济摩擦起始于纺织品贸易竞争，之后逐渐扩展为其他领域的结构性竞争，两国围绕 TPP 问题发生的摩擦实质上是战后两国之间经贸摩擦的延续，也是两国在地缘经济上不同思考方式的反映。日本出于经济利益的考虑所作出的最后战略选择，必然影响美国亚太战略的总体安排，所以，经济领域的竞争关系也是分析日美战略关系的一个重要参考项。

第一节　纺织品贸易摩擦

纺织品贸易摩擦是日美经贸摩擦的最初形式。20 世纪五六十年代，日本通过战后恢复，经济获得了飞速发展，尤其是在纺织品贸易方面竞争力加强，凭借低成本的价格优势，日本纺织品打入美国市场，导致美国同行业受到巨大冲击。最后，美国利用“冲绳返还”谈判作为筹码，迫使日本在纺织品贸易方面让步，限制对美出口，暂时解决了问题。

一、日本的经济恢复是两国摩擦的原因

日美之间的经济摩擦主要表现在经贸领域。日美之间在经济领域的摩擦，自从日本战后经济开始恢复之后就已经出现。战后日本在美国的扶植

下，推行“轻武装、重经济”的政策，经济恢复得很快。尤其是战后初期，美国在冷战的背景下改变了抑制和制裁日本的政策，开始援助日本，还在《旧金山和约》中规定各国不要求日本支付战争赔款的条款，从而使日本减轻了巨大的经济负担。特别是朝鲜战争期间，美国以军事“特需”方式向日本发出了巨大的军事订货，为日本的经济发展奠定了基础。朝鲜战争军事“特需”结束之后，日本的对美出口依然迅速增加，其中，纺织品和杂货以及金属餐具等商品成了日本战后经济复兴和对外出口的拳头产品。

但是，日本对美出口的不断增加，开始导致两国之间的经济贸易摩擦。20 世纪 50 年代，日本向美国出口的主要产品是纺织品，在日本廉价产品的冲击下，美国的纺织品产业受到了打击。在服装这一产业领域，日本的所谓“1 美元衬衫”等廉价商品出口美国，给美国的服装业造成了巨大冲击，所以，日本从 1956 年开始不得不在美国的压力下实行出口自主限制。但是，自主限制效果并不明显，到了 60 年代后期，日本的对美贸易出超竟然成了常态，贸易摩擦的商品逐渐由棉线制品向棉毛制品转变，然后向化学纤维制品推移，美国难以招架日本的贸易“进攻”，昔日的被援助国，转眼就在经贸上变得咄咄逼人了。随着日本经济的高度增长，日本出口越来越强劲，日本的外汇储备 1965 年是 21 亿美元，1970 年就达到近 44 亿美元，是 1965 年的一倍。以纺织品贸易摩擦为开端，日美之间的经济贸易摩擦越演越烈，领域不断推移到其他产业，美国开始要求日本自我限制出口量，两国之间的贸易摩擦难以调和。

二、美国利用“冲绳返还”向日本施压

直到 1972 年，在美国的压力下，两国签订《纺织品贸易协定》，日本“以线换绳”被迫承诺“自主限制”纺织品的出口，日美之间的纺织品贸易摩擦才告一段落。也就是说，日美两国之间的纺织品贸易摩擦是在“冲绳返还”谈判中得到解决的，否则美国难以让日本做出实质性让步。

事实上，“冲绳返还”谈判给了美国迫使日本在贸易领域让步的谈判筹码。1969 年签署的美日联合声明规定了美国同意将冲绳“返还”给日本，但是并不等于冲绳可以顺利“返还”，因为尼克松政府提出了要日本规制纺织品对美出口的要求。早在 1968 年的选举中，尼克松就承诺过为了因日本服

装业的对美出口而遭受打击的美国南部服装业的利益，他将要求日本限制对美出口。“冲绳返还”谈判对于尼克松来说是一个必须利用的机会，美国可以利用这件事压日本在贸易方面做出让步。

当时，尼克松是把纺织品谈判看成冲绳“返还”条件的。如果日本在纺织品贸易问题上不向美国让步，那么，冲绳的“返还”进程也就不能进入实施阶段。当然，对于美国的条件，日本并不想让国内舆论知道，美国也不想让媒体知道“返还”与贸易两者之间的关联性，所以，冲绳“返还”谈判和纺织品贸易谈判是分别进行的。当时，佐藤荣作的政治目标是实现冲绳“返还”，而尼克松的政治承诺则是阻止以“1美元衬衫”为象征的日本廉价的服装向美国涌入。

佐藤虽然在与尼克松的会谈中，承诺可以接受美国提出的限制出口的要求，但是这对于他自己在国内政治上的地位却是个严峻的考验。事实是由于日本服装业和通商产业省的坚决反对，日美之间的纺织品谈判开始后三年都未能取得任何实质性进展，日方绝不肯轻易向美国让步。日美纺织品贸易谈判的日方谈判代表从大平正芳到宫泽喜一，虽然两人都是日本政界的实力人物，但是他们都没有解决日美之间的“纺织品摩擦”问题。1970年1月，日本服装产业联盟成立，目的是在对美出口限制方面向日本政府施加政治压力，要求日本政府不要向美国让步。结果，这年6月22日，通商产业大臣宫泽喜一与美国之间进行的有关对美出口限制谈判又一次宣告破裂。

贸易谈判没有结果，也就是说，日本不做出让步，冲绳的“返还”也就不能顺利进行。为此，1971年7月5日，佐藤改组内阁更换了谈判失败的宫泽喜一，改任田中角荣任通商产业大臣，继续与美国周旋。当时，佐藤荣作选任田中接替宫泽还有另外的政治考量。田中虽然也是佐藤手下的亲信并且是自民党内的实力政治人物，但是，与佐藤的另一位亲信福田赳夫相比，田中只有小学文化程度，学历无法和东京大学毕业的大藏省职业官僚出身的精英福田同日而语，再加上福田其实也是佐藤的胞兄岸信介的亲信，所以，佐藤内心已经决定由福田接替自己成为下一届的自民党总裁。也正是出于这个目的，佐藤在内阁改组之后，任命福田做外相，因为一般来讲，担任外相往往被认为是通往首相宝座的必要一步。而田中则被任命为通商产业相，这一职位不但距离首相还差很远，而且还要负责与美国谈判非常棘手的纺织品出口问题。

但是，田中的对手福田的运气并不好，当他着手准备竞争总裁职位时，党内的一个担任关键职位的人，也是为福田获得党内多数支持而进行斡旋的关键人物参议院议长人选重宗雄三因为患胆结石住院，无法参加竞选。福田的班底出现瘸腿，这就给田中一个争取党内多数支持的机会。同时，田中还迎难而上，积极与美国进行纺织品贸易谈判，他对通产省的官僚说，“这个问题不能通过常套的办法解决”，于是，凭借其担任过大藏大臣的经验，他与大藏省官僚“密谋”出了解决办法，即，日本政府向日本纺织业者支付救济补贴贷款。于是，在田中主持下，1971 年 10 月 15 日，日美纺织品谈判在他就职不到三个月就达成协议，日本通过让步达成了协议，并避免了国内的激烈反弹，为冲绳顺利“返还”扫清了障碍，也为佐藤内阁立了一大功，纺织品贸易摩擦暂时告一段落。

第二节　日美经济摩擦的结构性特点

日美之间的经济摩擦并没有结束，只是告一段落，之后又变得愈演愈烈。其实，日美经济摩擦具有结构性特点，日本通过各种方法挖掘潜能降低成本提高竞争力，而美国则不断凭借日美安保体制中的日美不平等关系向日本施加压力，迫使日本自我限制对美产品倾销。冷战结束后，美国更是把日本作为经济对手，迫使日本开放市场，进行结构改革，导致日本经济自泡沫结束之后一蹶不振。

一、“压力”与“规制”的模式

“冲绳返还”与纺织品贸易的摩擦只是日美经贸摩擦的一个侧面和一个段落，之后，两国又在钢铁、彩电、汽车等领域出现摩擦，最后都是在美国压力下以日本的“自主限制”得到解决，于是，“贸易摩擦＝自主限制”成了日美经济关系的一种模式。

然而，日本为了克服这种模式，摆脱美国的压力，开始寻找对策，采取迂回战略继续进入美国市场。比如，日本企业在高雄设立加工厂，生产的产品向美国出口，因为这些产品是“台湾制造”，所以减轻了美国对日本的压力。但是，这并不能解决根本问题，美国对日贸易赤字仍然只升不降，早在20世纪六七十年代日本就成为美国的债权国，日美两国的经济摩擦逐渐呈现出旷日持久性。

历史上还未曾有过一个战败国成为债权国，一个战胜国却成为债务国的例子，然而，战后日美两国之间的经济关系就是这样。第二次世界大战后，日本的主要任务是经济复兴，目标是超过美国，20世纪70年代日本凭借廉价的纺织品出口实现了这一目标。到了80年代之后，日美之间的经济摩擦开始尖锐化，当时摩擦的主要战场转变为汽车、半导体和农产品等领域。比如，1985年，美国对日本的贸易赤字是500亿美元，美国对于日本在投资、金融和服务贸易市场方面的闭锁状态非常不满。

美国必须在经济上反击日本，1985年的“广场协议”是标志事件。当时美国鉴于日本的“自主限制”仍然不能解决贸易摩擦问题，开始引导日元升值。1985年，“广场协议”之后，日元急速升值，日元兑美元由1∶240升值至1∶120，严重打击了日本企业的出口势头，日本向美国的出口受到了抑制。美国与日本比较，除了军事工业和农业之外，并没有什么有竞争力的产业，但是凭借军事产业美国吸收了世界的资金。美国如果不在1985年通过“广场协议”击败日本，那么傅高义所说的“日本第一”将是不争的事实。

但是，在美国的压力下，日本像“拧湿抹布”一样继续挖掘潜力，日本企业通过合理化调整和海外转移，在亚洲其他国家设立加工厂，利用廉价劳动力，降低成本后，很快恢复了竞争力。日本的对美贸易顺差经过短暂的减缓之后，1986年开始又强劲增加，继续向美国出口，两国贸易摩擦继续扩大。

美国认为日美两国贸易摩擦的原因在于日本国内需求过少，于是，要求日本扩大内需。日本将央行贴现率降低到2.5%，实行了前所未有的金融缓和政策，结果导致了日本泡沫经济的发生，“泡沫”期间日本企业向美国的房地产业进行渗透。对于美国以不公正贸易为由，要求日本对汽车出口实行自主限制的要求，日本开始在美国当地设立工厂生产汽车，这样在贸易统计上，日本的出口有所减缓。对此，美国国会通过了包括“超级301”报复性条款在内的《新贸易法》，要求美国政府对日本采取强制措施，就是对于因不公正贸易导致美国产业的损害，美国可以采取适当方式进行报复。

1989年,在美国压力下,两国签署《构造协议》,鉴于日元升值仍然不能阻止日本产品向美国出口,美国开始指出日美贸易不均衡的原因在于日本经济结构和市场闭锁的问题,美国要求日本进行结构改革并开放市场,其中包括日本农产品市场的开放。1993年,日美《构造协议》改成一揽子经济协议,美国进一步要求日本开放市场。日本在乌拉圭回合谈判中,答应开放部分大米市场。2000年日本废除了大规模零售商店法。在克林顿政权时代,两国汽车贸易摩擦进入白热化。美国除了要求日本改变宏观贸易不平衡之外,还在汽车谈判中具体向日本提出承诺在个别领域实现"数值目标",遭到日本的强烈抵制。日本认为美国提出的"数值目标"是不公平的,当时的通商产业大臣桥本龙太郎,联合欧盟与东盟对付美国,迫使美国放弃了"数值目标"要求。最后双方在这轮谈判中达成协议,日本也做出了让步。

二、冷战的终结与经济摩擦的加剧

1989年柏林墙倒塌,次年日本的经济泡沫破灭,1991年苏联解体,美国与苏联的对抗结束了,美国认为日本在战略上的重要性降低了,转而认为冷战后遏制日本经济是其世界战略的重要目标。1993年克林顿上台,美国经济在克林顿政权时期得以恢复,而日本泡沫经济破裂之后,经济一路下滑,开始了旷日持久的低增长,甚至负增长时代,陷入了"失去的十年","失去的二十年"之经济怪圈。代之而起的是中国,中国经济逐渐走上快速发展轨道。对于美国来说,日本问题让位于中国,美国要搭中国经济的便车。克林顿政府重视美国经济,而"忽视日本",美国企业开始大规模在中国制造生产,日本的重要性下降。在日美长年的经济博弈过程中,美国终于击败了日本,遏制了日本在经济领域的进攻势头,美国经济当时获得了高速增长,使日本在第二次世界大战失败后企图从经济上翻盘的野心受到了重挫。

当然,日美之间的经济摩擦并未结束。1996年桥本内阁诞生,经济全球化、金融自由化等按照美国的利益一路走下来,造成了日本经济的一路下滑。1998年小渊内阁制定了大规模财政政策刺激经济,当时,日本经济看到了一线希望。但是,2000年森内阁之后,特别是2001年小泉内阁积极配合美国的利益进行了结构改革。小泉的邮政民营化改革其实是为了使日本的350万亿日元的邮政储蓄和简易保险资金流入美国金融公司的改革,这项改革最后并没有成功，日本经济并没有恢复。

从小泉的对美让步以及战后整个日美摩擦的历史看，日美经济摩擦以美国的压力和日本的让步为主要模式，这是日美安保体制决定的。不少人对这种模式无可奈何，听天由命，甚至有人给以正当化解释。比如，2009 年 12 月 6 日，在一个纪念《日美安保条约》的座谈会上，日本防卫大学校长五百旗头真说：日本战后由于日美安保的存在，日本的安全受益，只维持轻军备就可以了。美国用 GDP 的 4%投入军事，现在和平的欧洲使用了 GDP 的 3%用于军事，日本只使用 GDP 的 0.9%用于军事费用，如果日美之间失去信任，日美同盟动摇，比如，日本受到朝鲜的核武器和导弹威胁，日本国内会出现过度反应现象，甚至主张核武装，或者自主防卫。如果那样，日本至少要向欧洲那样投入 GDP 的 3%用于军事开支。①

但是，对于五百旗头的观点，有人持怀疑态度。他们认为日美安保体制未必使日本经济有了较大的发展，相对来说，中国在经济成长期既实现了高速增长，又实现了军事现代化，而日本实际上由于有日美安保的存在，经济上受到了巨大的损害，这是因为伴随着经济的成功，美国开始对日本怀有戒心。一般认为冷战结束后，美国的警惕对象从苏联威胁转向日本的经济威胁，因为冷战期间日美之间就存在经济摩擦。美国前国防部副部长约瑟夫·奈曾说："苏联解体之后，今后在亚洲将开始针对日本的经济战争。"②美国在经济上对日本的攻击早在"广场协议"签订时就开始了，后来又有了"构造协议"、"年次改革希望书"以及小泉的经济改革。

问题是日本的政治家和官僚对于美国的攻击没有反击而是屈服了，这对日本的民族主义者来说是不能接受的。日本的民族主义者把日本在经济领域对美国的让步叫做经济战败，也叫"第二次战败"，他们认为这次战败与第一次战败的最大不同是，日本不经战斗就投降了。根本原因是日本在防卫上完全依赖美国，是美国的保护国。换言之，是因为日美安保的存在，日本一直采取让步态度，因而使日本经济蒙受了巨大的损害，经济上彻底失败，陷入"失去的十年"、"失去的二十年"，这段时间日本的 GDP 基本上没有

---

① 《自殺者は日米経済戦争の戦死者だ》，http://sakainobuhiko.com/2009/12/post-65.html。

② 《日米経済戦争》，最終章，http://www.yamamotomasaki.com/archives/639。

增长，人均 GDP 则从世界第三位，一下降到第二十位。

另外，安保体制下的日美经济摩擦在贸易以外的领域也有表现。比如，对于国内资源贫乏的日本来说，能源必须依赖海外供应，加强与产油国伊朗的关系是必不可少的。高村正彦担任日本外相时曾计划邀请伊朗总统哈塔米访日，当时的驻伊朗大使孙崎享与伊朗进行了密切的沟通，日本的意图当然是确保石油供应，完全是出于经济利益考虑，因为日本当时获得了伊朗阿扎德干油田的开采权。然而，美国却认为日本不应该与伊朗接近，也不应该协助开发阿扎德干油田。据孙崎享回忆，当时美国副总统切尼要求将日本外务省积极活动获得阿扎德干油田开采权的官僚调离岗位。由于美国的干涉，最后日本不得不放弃了该油田的开采权。①

第三节　TPP 与日美关系

TPP 问题也是日美经济摩擦的继续，奥巴马政府试图通过 TPP 协议压日本开放市场，从这一点来看，战后以来两国之间的经济摩擦并没有结束。从地缘政治角度考虑，奥巴马政府拉日本参加 TPP，是因为美国要构筑包围中国的网络，由此产生中美日三国之间的战略博弈。日本面临着在中国和美国之间做战略选择的问题，安全上依靠美国与经济上依赖中国的结构将让日本陷于尴尬境地。

一、TPP 是缓解日美贸易摩擦的手段

TPP 问题是战后日美经济摩擦的新阶段。如上所述，早在 20 世纪 80 年代，美国就已经在指责日本的市场不够开放，并一再向日本施加压力，TPP 问题实际上是该问题的继续。从近年的日美经济关系脉络来看，TPP 问题也反映了两国经济摩擦最新局面。比如，日本出口产业的核心机构经济团体联合会，即，“经团联”，支持日本政府增加消费税的政策，因为他们可以从中获得利益。日本产品出口到美国，可以从日本政府获得相当于消费税同等金额的出口补助金，日本企业的国际竞争力有一部分是由此而来。

① 孙崎享：《戦後史の正体》，創元社 2012 年版，第 6、7 页。

正是因为如此，美国一直对日本的消费税政策实行报复措施。比如，1989年，日本开始征收消费税以后，美国就迫使日本签署日美构造协议；1994年，日本增加消费税税额时，美国向日本提出了“年次改革希望书”；1997年消费税再次增税之后，发生金融大爆炸；2010年，日本通过了消费税增加10%的法案，美国通过日美经济协调对话向日本施压；2012年消费税增税法案通过，美国要求日本参加TPP谈判。①

TPP是奥巴马政府为走出经济困境而采取的重要措施。奥巴马推进TPP的意图是通过这个协议，提高美国的出口能力，增强美国的产品向具有巨大潜力的市场输出能力，通过出口为美国的工人、制造业者和农民提供高质量的工作机会。这样，美国必须开始重视与增加出口有密切关系的自由贸易协定，这就是奥巴马推进TPP谈判的主要动机。就日美经济关系来说，奥巴马的意图是在医疗、保险、金融、农业等美国主导的领域设立有利于美国的规则，比如，零关税，目的是获得日本市场。奥巴马上台之后，为了使美国经济走出困境，制定了五年内出口增长一倍的政策，试图实现增加200万个就业机会的目标，以此来拉动产业复兴，增加就业，缓和社会矛盾。奥巴马政府在2011年的经济报告中指出，必须认真对待阻碍经济增长的各项问题，其中，出口的增长与金融制度改革、清洁能源被认为美国经济恢复的三大任务。奥巴马政府为了达成这个目标，指出：政府应该支持农业生产者和中小企业的出口，还说：为此我们必须寻找新的市场，并且加强自由贸易协定的签订，要求贸易对手遵守贸易规则，这是我们继续追求全球市场开放的多哈回合的基本理由。②

TPP也是维护美国传统产业汽车业的重要手段。关于汽车，美国坚决要求日本开放汽车市场，美国的理由是美国车在日本市场的占有率太低，认为日本市场太闭锁。美国认为日本的关税虽然是零，但是看不见的非关税壁垒阻止了美国车的进入。美国具体提出了六项要求，包括：透明性、流通、技术标准、认证手续、环境技术和税收。对于美国的要求，日本汽车工业协会要求美国指出这六项的详细内容，到底什么地方是封闭的。当然，美国

① 岩本沙弓，《アメリカは日本の消費税を許さない　通貨戦争で読み解く世界経済》，文春新書2014年版。

② 田中祐二、内山昭编：《TPPと日米関係》，晃洋書房2012年版，第17—18页。

汽车业界也有矛盾性，比如，由美国三大汽车公司构成的美国汽车贸易委员会以日本汽车市场封闭性为理由，反对日本参加 TPP 谈判，他们的担心是由于参加 TPP，汽车进口关税被废除，日本汽车将击垮美国汽车业。但这只是一个方面，汽车摩擦是日美经济摩擦的重要方面，美国一直以自己的利益为最终目标。

其实，日本通过各种方法提高了汽车产业竞争力。日元贬值支撑了日本出口的势头，使日本的龙头产品汽车业获得了竞争力，从而压制了美国的同行企业。2013 年年初以来，日元贬值了 12%，通过日元贬值日本汽车销售量至少增加了 200 万辆。因为受到日本汽车的冲击，2006 年福特公司为了避免破产已经借款 234 亿美元，从 2005 年至 2009 年为止，福特汽车公司已经关闭了 16 家工厂。[①] 2013 年 8 月 22 日，美国福特汽车公司高级职员说，因为日元贬值，日本丰田汽车等公司提高了在美国的竞争力，使美国失去了大量的就业机会。所以，美国必须向日本施压，牵制日本对汇率的操纵。美国认为日本操纵了汇率，美国汽车公司开始批评日本国会议员对 TPP 的消极态度，他们要求在 TPP 协定中增加反对操纵汇率的条款。

TPP 是日美服务贸易摩擦的表现。参加 TPP 谈判的国家中，美国最大的贸易对象国和最具有经济实力的国家是日本。而美国对日本的贸易连年呈赤字状态。具体看，一方面是 20 世纪 90 年代中期以来，美国对日贸易的经常收支赤字中，所得收支比例越来越大，另一方面是服务贸易收支中，日本呈现赤字状态。所谓"所得收支"是关于跨越国境的雇佣者报酬（在国外工作的收入）和投资收益（向国外投资获得的利息和分红收入）项目，服务贸易收支是跨越国境服务业务项目，这里所指的服务包括运输、旅行、通信、建筑、保险、金融、信息（如电脑数据服务、资讯服务）、专利使用费等项目。

日本向美国输出的劳动力，自 20 世纪 80 年代开始已经不再明显增加，所以，20 世纪 90 年代中期以后，日本对美所得收入的增加，主要是日本企业在美国的投资所得及其利息等项目。日本投资资金的源泉之一是贸易所得的积累，另一个是 20 世纪 80 年代以后快速发展的金融自由化带来的活

① "Ford Says U.S. Loses as Yen Lets Japan Maintain Extra Capacity", http://asahisyougun.iza.ne.jp/blog/entry/3166810/.

跃的资本交易的结果。美国的服务贸易领域是唯一能够对日本具有优越竞争地位的领域，其中包括金融服务中的保险交易。对于美国来说，在对日经济关系上，减少贸易经常赤字，增加服务业出口是使美国经济活性化和削减对外贸易赤字的唯一办法。日本把贸易所得环流到美国国内，这对美国是必要的。现在日本采取零利率和量化宽松政策，所以，对于美国来说如何吸引外国资本流向美国资本市场是一个重要课题。通过服务贸易进一步获得收入，美国必须使美国企业具有竞争优势，这是美国的战略。

在 2012 年 2 月开始的日美事前协议中，两国谈判的焦点集中在牛肉、简易保险和汽车方面。关于牛肉，2003 年美国发现疯牛病之后，日本开始禁止美国牛肉进口。直到 2005 年 12 月，日本以月龄 20 个月以下，除掉脑和脊髓等特殊危险部位为条件，恢复牛肉进口。美国认为其他国家都以 30 个月以下为条件，只有日本规定 20 个月，要求日本放松限制。

日本的邮政储蓄和简易保险是得到国家支持的国有企业，在竞争中具有巨大的优势。在邮政储蓄方面日本邮政局(后来改为邮政公社)吸收了 276 万亿日元的资金，而简易保险领域保险金收入是 9 万亿日元，是日本最大的民营保险公司日本生命保险公司的两倍。但是日本简易保险，在日本比其他民间保险业得到更多的优惠条件，压制了民间保险业，美国要求取消这种待遇，实行对等的竞争条件，并要求实行对等的竞争条件之前，应该限制日本邮政的业务。但是，日本的邮政民营化法案规定了允许邮政业务的扩大。如果日本的邮政储蓄和简易保险完全民营化，那么，它们就会在与其他民间企业处在同一竞争条件下，其中的一部分资金就会流向美国金融市场。特别是，美国保险业就可以通过与日本简易保险机构合作推销美国的保险产品，获得高额的手续费，日本的邮政储蓄资金就可以流向美国，这是美国要求日本开放金融市场的真正目的。

因为美国通过 TPP 协议所要达到的一个重要目的是进入具有巨大魅力的日本经济内部的邮政储蓄内部，获得巨额利润。这部分资金对于增加美国金融市场的活力和美国金融资本的收益获得有重要的意义。日本邮政储蓄的主体是日本国民的个人储蓄，金融市场的开放将把这些资金卷入日益风险化的美国金融市场。日本有识之士开始认真考虑，如何应对美国的金融战略，使日本人的资金能够运用到安全的投资上，这才是日本金融改革的重要内容。①

那么,金融自由化对于日美关系会带来什么影响? 20 世纪 90 年代后半期,日本实行金融缓和政策,短期金融市场利息低于央行贴现率;1999 年实行零利率政策;从 2001 年至 2007 年间,实行量化宽松政策,向市场提供了大量资金。结果导致了资金从日本流向美国,支援了美国经济的发展。之后,由于金融海啸的发生和后来急速的日元升值,日本经济所受的打击可想而知。

另外,美国还看到在日本国内的日本金融业也因为长期处于不公平的地位,要求日本邮政民营化,所以联合日本民间金融业一起向日本政府施加压力。这也是日本国内金融企业要求参加 TPP 的一个重要原因。在这一点上,美国金融企业与日本民间金融企业的利益是一致的,但是,这并不能解释日美两国之间的根本性矛盾。

二、TPP 具有地缘政治意义

其实,对于日本来说,不管怎么寻找都找不到日本必须参加 TPP 的充足的经济原因,倒是政治原因一目了然,从中可以看出美国对日外交的意图。日本对于美国来说,市场开放潜力最大,奥巴马政府看中 TPP 框架的原因就在这里,所以,2011 年 9 月 21 日,奥巴马在日美首脑会谈中首次向日本提出这个问题,请当时的日本首相野田佳彦认真考虑。②从此,该问题也随之成了一个政治问题。

奥巴马政府把 TPP 看成是高度自由化的 21 世纪的自由贸易协定(FTA),对于最终形成亚太地区新的地区统合亚太自由贸易圈(FTAAP)具有重要意义,这是一个具有地缘经济意义的构想。TPP 本来是美国与几个小国之间的协议,如果 GDP 占世界第三位的日本参加,TPP 就会具有很大的吸引力,形成强大的广泛的自由贸易协议(FTA)框架。在 APEC 成员经济体内,参加 TPP 谈判的 9 个国家,2011 年的 GDP 所占份额是 46%,加上加拿大和墨西哥,可以增加到 54%,而且其中主要是美国所占的份额。如

① 田中祐二、内山昭编:《TPPと日米関係》,晃洋書房 2012 年版,第 138 页。

② 《米大統領: TPP参加を野田首相に迫る　首脳会談で》,《每日新聞》2011 年 10 月12 日。

果日本参加 TPP，份额会增加到 68%，大幅度接近亚太自由贸易区(FTAAP)的目标。而且如果日本参加 TPP，还会带动其他东南亚国家参加，比如泰国，产生多米诺效应。

日本参加 TPP 还具有地缘政治意义。2012 年 8 月，美国国会调查局起草了一份报告，认为从 TPP 的信赖与发展角度，日本必须参加。日美同盟关系的深化，不仅需要两国在外交和安全保障领域的合作，两国在经济领域的合作也十分必要，而 TPP 是这种合作的有效手段。[①]奥巴马政权的地缘政治中心开始向亚太地区转移，美国自称“亚太国家”，所以亚太地区将来的增长和经济合作框架也是重要的一环，这个框架就是亚太自由贸易圈(FTAAP)，而 TPP 是实现这一框架的最先一步。奥巴马政府认为 TPP 是美国亚太战略在通商领域的支柱，必须强力推进。

然而，对于奥巴马政府的地缘政治考虑，日本出于经济利益的考虑，态度比较消极。虽然日本也看到了利用国际市场促销自己工业产品的必要性，这从日本经济团体联合会(经团联)的积极态度就可以看出，因为日本汽车业希望进一步打开国际市场，特别是打开美国市场，但是日本政府鉴于保护农业等领域利益的需要，并不想急于参加 TPP 谈判。农林水产省对于日本参加 TPP 的输赢进行了经济测算，他们假设日本同意对世界主要贸易对象国撤销 19 种农产品的关税，测算结果是，日本的农业生产将每年减少 4 万亿日元左右，粮食自给率从热量提供角度看，将从 40%降到 14%，农业多面机能丧失额预计是 3.7 万亿日元左右，农业及与农业相关的产业损失将是约 8 万亿日元，GDP 将减少 1.6%，还将减少 340 万人的就业机会。[②]为此，前外相玄叶光一郎表示：日本并不是一步到位参加这个零关税的协定，而是先与各国就 FTA 和 EPA 问题谈判，可以逐步提高自由化程度，设置例外品目逐渐使国内调整，以适应非关税壁垒要求。从日本的表态中看不出有响应美国地缘政治思考的迹象。

对于日本的消极态度，奥巴马政府施加了压力。比如，野田首相在 2011 年 11 月 15 日，参加完日美首脑会谈之后提到可以“适当考虑敏感商品

① 馬田 啓一：《TPPと日米経済関係》，《国際貿易と投資季刊》Winter 2012/No. 90。
② 田中祐二、内山昭编：《TPPと日米関係》，晃洋書房 2012 年版，第 71 页。

问题”，对此，奥巴马政府马上发表声明说日本保证参加所有商品和服务项目自由化贸易谈判，等于反驳了野田的谈话。日本外务省要求美国订正这一声明，因为日本没有表示过参加所有项目的谈判。但是，日本的要求遭到美国的拒绝，奥巴马政府还特别声明日本在牛肉、邮政和汽车市场方面都是闭锁的，应该开放。①

安倍上台之后虽然表示要加强日美同盟关系，但是在 TPP 问题上受到党内制约，态度一开始也不积极。自民党在竞选纲领中宣布过反对以撤销全部关税为前提的 TPP 谈判，自民党态度的背后是该党内农业利益集团出身的议员代表，他们坚决反对日本参加 TPP 谈判。日本农业利益集团的代表自民党议员山田俊男甚至说：如果自民党不能在农产品等 5 个特殊领域确保关税例外，那么可以退出 TPP 谈判。② 然而，即便如此，安倍晋三由于重视日美关系，主张自由贸易，并认为 TPP 框架是牵制中国的一张牌，更为了安倍经济学能够取得成果，他还是被参加 TPP 使日本 GDP 增加的 13.6 万亿日元所吸引，最后决定牺牲日本一部分人的利益参加 TPP。

三、TPP 与中美日关系

奥巴马政府推行 TPP 战略还有另一个重要战略目的，就是试图通过 TPP 在地缘经济领域包围中国。作为对抗措施，中国也积极推进排除美国的中日韩 FTA 和 RCEP。从地缘经济角度看，美国和日本都对中国的所谓“不公平贸易”抱有敌意，他们企图通过 TPP 形成对中国的包围网，牵制所谓中国的“国家资本主义”，日美两国在这一点上有共同利益。奥巴马政府希望深化日美同盟的目的在于形成强力的对华包围网，为此，只有日美之间的外交和安全保障还不够，还要在经济关系上加强这个网络，奥巴马政府推进 TPP 的战略意图也就在这里。可以说，日本参加 TPP 对于日美两国实现在亚太地区形成包围中国的态势具有重要意义。

然而，对于日本来说，参加美国主导的 TPP 与维持中日经济关系是有矛盾的。中日经济关系在 1972 年邦交正常化以前是民间贸易，从 1972 年

---

① 《クローズアップ2011：東アジアサミット　米中、対立と依存》，《毎日新聞》2012 年 11 月 20 日。

② 山田俊男：《TPP 納得できねば脱退》，《日本経済新聞》2013 年 7 月 24 日。

邦交正常化之后，中国出口的 12%和进口的 22%是对日本贸易，日本是中国最重要的贸易伙伴。邦交正常化之后 40 年，中日两国形成了经济上的相互依赖关系，比如，1991 年至 2011 年的 20 年间，两国贸易额增大了六倍，同一期间，日美贸易却减少了 20%。日本对华直接投资，1991 年是 2.3 亿美元，2011 年是 126.5 亿美元，增加六十倍。伴随经济的相互依赖加深，两国人员往来也大幅度增加，来中国的日本人，1980 年是 17 万人，2010 年是 373 万人；去日本的中国人，1980 年是 2 万人，2010 年是 141 万人。

特别是伴随中国的发展，中国对日本的重要性也逐渐上升。对于中国来说，日本曾经是重要的贸易伙伴，中国曾经较为依赖日本。但是近年来日本对于中国的这种重要地位逐年下降，2004 年中国的最大贸易伙伴已经不是日本，而是美国，特别是日本作为中国的出口对象国，已经位居东盟之后，降为第五位。日本作为中国的进口对象国也在 2011 年落后于欧盟、2012 年落后于东盟，成为第三位。与此形成鲜明对照的是，对于日本来说，与中国贸易的重要性则从 20 世纪 90 年代中期开始连年增加。2007 年开始，中国超过美国，成为日本最大的贸易伙伴。现在，对华贸易占日本对外贸易的 20%。所以，中日关系的摩擦未必根本影响经济关系，因为两国都不想因为政治的摩擦波及经济合作，2000 年以后小泉政权参拜靖国神社导致"政冷经热"就是证明，反过来由于经济的联系，中日政治关系也不会出现不可挽回的结果。

另外，美国的对华政策也具有两面性，日本并不完全相信美国。日本曾经为了解决日美经济摩擦，利用巨额的贸易盈余大量购买美国国债，实际上是借给美国使用。日本之所以没有用这些资金改善民生而是购买了美国国债，是因为日本的政治精英要是看美国脸色行事。但是，尽管如此，从 1985 年开始的日美经济战争经过几个回合后，日本经济满目疮痍。现在，美国金融系统通过欺骗经营导致世界性金融危机，军事方面又在伊拉克、阿富汗失败，美国陷入了空前的财政危机。在这种背景下，美国实际上瞄准了中国市场，希望中国市场能够使美国经济起死回生。对于这一点，日本安倍内阁不是没有看到，认为这才是对日本的威胁。[①]所以，日本的鹰派政客，如，安倍

---

① 《片面講和条約が今も影響》，http://d.hatena.ne.jp/SukiyakiSong/20131222/1387688795。

晋三、前原诚司等人极力煽动与中国的局部战争危险，阻止美国向中国倾斜，防止美国再次“忽视”日本。

日本担心美中接近有田中角荣的前车之鉴。当时田中曾试图探索自主外交，但日本仍然摆脱不了美国的控制。1972年美国与中国进行的越顶外交，田中角荣不但与中国恢复了邦交正常化，与中国建立了经济关系，还曾经尝试自主独立的能源外交，美国对田中的“脱美”倾向十分警惕。基辛格在与田中会谈时介绍洛克希德飞机制造公司向全日空出售客机，田中得到大笔政治资金，后来田中因此被逮捕，美国暂时解除了日本的“脱美”隐患。之后，日本历任首相不得不听从美国的旨意。

奥巴马政府曾经施加政治压力，要求日本参加TPP，对此，日本政客比较慎重，安培内阁最后通过努力说服反对势力，表示同意参加，除了安培经济学外，也主要是从日美同盟的政治角度考虑的结果。

本来，在中美竞争的背景之下，日本的TPP政策是游移不定的。因为日本的自由贸易战略是：不管TPP还是中日韩FTA、RCEP，日本都抱有兴趣，正因为日本要推行这种脚踩两只船的战略，才使他们最初在相当一段时间内在TPP问题上表现了消极的态度，并不想马上参加。特别是代表日本农业、医疗和金融业利益的政客，极力反对日本参加TPP，他们认为这是一个有损日本自身利益的自由贸易框架，除非美国能够容忍日本要求的零关税有例外项目，否则，日本将抵抗到底。最后是在安倍政府和奥巴马政府互相妥协的基础上达成的协议，日本终于从日美关系的大局出发，并获得了奥巴马承诺安保条约第五条适用于钓鱼岛后，终于同意了参加TPP。但是，尽管如此，日本仍然没有避免被美国“越顶外交”所愚弄的命运，因为美国新任总统特朗普，并不认为TPP方式能够给美国带来实质上的经济利益，相对于多边贸易机制，特朗普更看重两国之间的双边谈判。特朗普放弃TPP框架，对日本无疑是个打击，尽管当初日本对TPP态度消极，但是最后为了追随美国，还是同意了，所以，这在政治上至少对安倍内阁是个不小的打击。

本来，日本的理性分析者认为：日本必须消除美国的担心，应该采取“亲美入亚”政策，日本应该利用地缘政治上的有利地位，巧妙地展开外交，现在是绝好的机会。他们认为日本不是在中美的对抗中失去自己，而是站在APEC的原点，在TPP和RCEP走向亚太自由贸易圈(FTAAP)的过程中发挥重要作用。[①]这种意见表现了日本试图在中美地缘经济与政治战略较量中首鼠两端，获得利益最大化的考虑。

然而，对于日本的犹豫态度，美国的 TPP 推进派当然没有耐心等待。比如 2013 年 12 月 25 日，对于日本要求在 TPP 另辟例外条款的态度，美国的 17 个农业利益集团联名签署书简，递交给美国贸易代表（USTR），要求政府向日本施加压力。他们认为日本一边表示支持 TPP，一边却要求在大米、牛肉、猪肉等 5 个领域谋求保留关税，日本作为一个富裕国家，却要在农业领域寻求特殊照顾。如果日本继续坚持无理地要求农业保护，就应该把它排除出去。[②]其实，之前鉴于日本在参加 TPP 问题上的犹豫态度，如果美国排除日本，将正中日本反 TPP 者的下怀，美国试图打开日本市场的目的也终成泡影。

所以，特朗普宣布退出 TPP，只不过是要与日本进行双边谈判，这对于日本的 TPP 反对派未必是个坏消息，对于安倍内阁和 TPP 支持派来说，将意味着日美经济摩擦会再次出现，情况会更加严峻。

总之，日美之间的 TPP 博弈，反映了日美关系的不对称性，美国不过是为了自身的经济利益考虑，并未考虑日本的利益。奥巴马政府要求日本参加 TPP 和特朗普政府拒绝参加 TPP，只是二者对 TPP 能否给美国带来利益的认识上存在不同，对于日本来说，都不会摆脱与美国的经济摩擦。鉴于日美经济矛盾的结构性原因，即两国经济并不互补，今后两国之间在经济领域的竞争还将继续下去，特别是伴随中国的经济不断发展，日美两国围绕中国市场的争夺也会越来越明显。可以说，中美日之间的地缘经济博弈，并不会因为 TPP 的结束或者变化而结束。

小　结

日美经济矛盾是日美关系中的一个症结，原因在于两国经济缺乏互补性，所以，必然导致两国竞争关系的形成，从而为两国的安保合作笼罩上阴影。即便两国努力在安全领域寻找到合理的借口，把中国作为假想敌，来巩

---

① 馬田啓一：《TPPと日米経済関係》，《国際貿易と投資季刊》，Winter 2012/No. 90.3。

② 《アメリカ、日本をTPPから除名で交渉決裂か》，http://kanasoku.info/articles/37740.html。

固两国的政治关系，各取所需，互相利用，达到深化同盟的目的，但是，由于结构性矛盾，围绕经济利益的不断冲突，特别是围绕中国市场的争夺，已经表现了两国在亚太地区地缘经济与地缘政治的矛盾。安全上，中国是日美两国的共同防范对象，所以两国都经常不失时机地强调这一点，但是，在经济上，中国却是日美两国勾心斗角的战场。当日本处理好中日关系时，美国将面临日本在中国的绝对优势；当中日关系处于僵局时，美国则有机会把日本挤出中国市场。所以，日美两国政治安全上合作的背后有着深刻的经济竞争背景，这一点在 TPP 问题上已经显现无疑。奥巴马政府与日本达成 TPP 协议，日本又不能与中韩等亚洲国家因为政治原因推进经济一体化进程，意味着美国成功阻止了东亚合作，从而为美国在这一地区的存在提供机会，实现美国在亚太地区掌握政治经济主导权的战略构想。特朗普废弃 TPP，也还会在经济上施压日本，并阻止日本与中韩在政治经济上合作。可见，在经济摩擦的背后也深藏着战略思考，在战略博弈的背后同时也存在经济利益的思考。美国自 20 世纪 20 年代就面临着日本在中国市场的威胁，战前日本咄咄逼人的势头，严重威胁了美国在亚洲，特别是在中国市场的利益，这是太平洋战争的深层原因。战后美国获得了对日本的控制权，美国决不允许日本通过经济手段找回其在战前试图通过军事手段获得的东西。

第十章 “右翼”对美的态度

日本的反美倾向有其自身的历史与思想来源，战前的军国主义，主要是反英美的，战前的右翼团体和右翼分子曾经鼓吹“大亚洲主义”，其基本立场是从亚洲排除欧洲列强的侵略。尽管战后由于美国的肃清和改造，在日本已经不存在有影响力和有效果的反美势力，但是，不认可美国主导战后体制的思想和团体还是存在的。探讨这个问题时，“右翼”是一个不可忽视的因素，因为日本的脱美倾向与这个词有密切关系。从源头上讲，日本的“右翼”起源于明治时代日本反欧美的“攘夷”思想，这种思想是日本军国主义扩张理论的来源和变种。右翼分子在战后曾在美国改造日本的过程中通过“东京审判”和“开除公职”被肃清，但是不久又出现了所谓“战后右翼”，20 世纪 60 年代，“战后右翼”分裂成亲美与反美两大派，其中的“新右翼”主张反美，不承认美国主导的战后亚洲秩序。另外，“战后右翼”及“新右翼”的思想对于战后的“右倾保守”势力也产生影响，使“右翼”整体和保守势力整体陷入了既想利用美国又想摆脱美国的矛盾之中。现在逐渐浮出水面的日本民族主义，其深层流淌的是近代以来产生的“右翼”思想，这种思想及其受这种思想影响的行动是分析当今日本脱美和摆脱所谓“战后体制”动向时不可忽视的视角。

第一节 “右翼”的起源

日本的“右翼”起源于明治维新时期，一开始就具有民族主义和军国主义倾向。战前的“右翼”对日本走向侵略扩张的军国主义道路，起到了推波助澜的作用，特别是在反对欧美白人对亚洲的统治方面表现了民族主义特点。其中，反俄、反共的志向一直未改，目的在于防范苏联的进攻，反对共产主义统治，维护以天皇为中心的日本国家体制，这一倾向是日本“右翼”反对欧美列强的必然结果。在此延长线上，日本“右翼”在战前也把同样是白人的英美国家看作敌人，具有强烈的反欧美列强意识和亚洲一体化志向，但这种志向最后倒向了扩张性的民族主义和侵略性的军国主义。

一、日本“右翼”的概念

“右翼”一词，最早的来源是法国革命之后。在国会上，保守的执政党议员坐在议长的右边，而激进的在野党议员则坐在议长的左边，根据这一现象，以后人们习惯上称保守派为“右翼”，激进派为“左翼”，也有的表述为右派和左派。当然，这只是这个概念的源流或者叫做起源，不能说明实质上的含义。更进一步的解释“右翼”的概念应该是其思想理念上的含义，日本右翼思想家也是日本国家主义者的代表人物大川周明给“右翼”下的定义是：右翼是相对于左翼的用语，所谓左翼是指社会主义或者共产主义，与社会主义和共产主义最相对立的是资本主义，所以，与左翼相对的右翼，应该是被称为资本家或者财阀的人。大川的解释只从政治的“左”与“右”的角度看，有一定的道理，但是，不能说明日本“右翼”的确切含义。

其实，日本的“右翼”一词，含义比较复杂。国体主义、国权主义、国家主义、民族主义、日本主义、精神主义、武断主义、帝国主义、国家社会主义、全体主义等，五花八门都在其中，主张各有侧重点。甚至自身为右翼者也对“右翼”的含义解释不一，有人极力主张日本应该实现以天皇为中心的国家绝对主义，有人认为“右翼”应该是最爱国的，是民族主义的。日本“右翼”的分类也是五花八门的，一般可以分为观念右翼、正统右翼、仁侠右翼、街头宣传右翼、宗教右翼、新右翼和行动右翼等。但是总起来看，日本“右翼”的政治主张大致可以包括如下几个重要内容：忠诚于天皇、反对共产主义、尊重民族文化、具有保守倾向和主张武力扩张等。日本的“右翼”基本上可以定义为与左翼相对抗的在野势力中最极端的思想或者集团，历史上，尽管这些集团搞过多次政变，试图通过政变执掌政权实现其极端主张，但是这些在野势力从来没有在攫取最高权力的尝试中获得过成功，这也就意味着他们从来没有被日本大多数人接受过。

二、日本“右翼”的起源

在日本，右翼思想的起源可以追溯到明治维新时期，这种思想从一开始就具有反欧美的特点。维新运动发生之前，日本内部出现过“尊皇攘夷”运动，但是，当维新派发起的反对德川幕府的“倒幕运动”成功，亦即推翻幕府统治之后，却发生了一百八十度转弯，开始主张向欧洲国家开放，不再提“攘夷”问题，而是追求实现欧洲化和现代化。他们的代表人物是：岩仓具视、大隈重信、大木乔任、腾安芳、大久保利通、木户孝允、伊藤博文等人。与此同时，日本国内还有一些人积极主张讨伐不承认明治新政府的韩国，这些人的观点被称为“征韩论”，领导人也是明治维新的元勋级人物和维新派领袖，比如，西乡隆盛、江藤新平、副岛种臣、板垣退助等人。但是，“征韩派”遭到大久保和木户等注重国内事务的主流派反对，最后，“征韩派”在权力斗争中失败，全员辞职下野。其实，“征韩派”是想把当时日本社会上对新政府削弱藩阀特权，特别是削弱武士特权的措施抱有强烈不满的情绪引向国外而已，他们认为通过向海外派兵消解失业的下级武士的不满，会缓解社会危机。另外，西乡隆盛等鹿儿岛县出身的维新派，其实也是历史上萨摩藩的武士，他们早就有吞并琉球和进攻韩国的历史传统，他们的主张与重视国内稳定与经济发展的主流派格格不入，最后，被排挤在权力中心之外。下野之后的“征韩派”又分裂为主张设立民选议院的民权派和主张武装斗争的武力派。民权派的代表是坂垣退助，他们的追求后来发展成为自由民权运动；武力派的代表是西乡隆盛，他们当中失业的下级武士居多，他们在各地大搞叛乱，其中最有名的是西乡隆盛领导的西南叛乱，最后被政府镇压。

西南之乱被镇压之后，日本全国的反主流派，也就是反欧化分子构成的“攘夷派”，成立过右翼组织爱国社。头山满是其中最著名的人物，后来他组织了向阳社，不久改名为玄洋社。玄洋社的首任社长是平冈浩太郎，之后，玄洋社又衍生出了黑龙会、浪人会、大日本生产党和大东塾等团体。这些组织都是右翼组织，比如，玄洋社的社训是：拥戴皇室、爱国、保护人民权利。1886 年 8 月，清朝北洋舰队军舰访问长崎，中国水兵与日本市民发生冲突，水兵冲击了日本警察局。玄洋社认为国家受辱皆因国力衰弱，所以开始主张加强军备、发扬国威，玄洋社成为国权主义集团，之后，该右翼团体支持大亚洲主义。1894年，朝鲜发生东学党叛乱，头山满和内田良平组织天佑侠支持东学党，目的是鼓励东学党摆脱中国控制，建立亲日政权。朝鲜当局请求中国出兵镇压，日本也借机介入朝鲜事务，朝鲜的内乱引起中日的干涉，成为甲午战争的导火索，“右翼”在其中的活跃不可忽视。

三、日本“右翼”的特点

反俄、反共、反体制是日本右翼的主要特点。甲午战争之后，日本遭到三国干涉，玄洋社会员内田良平等人组织了黑龙会，以振兴日本帝国为目标，在俄、中、朝进行间谍活动，主张日韩合并、支持中国革命，推翻老大帝国清政府，建立亲日政府，鼓吹日本领导的大亚洲主义。大亚洲主义的基本理念是，反对白人帝国主义，他们希望中国能够摆脱腐败的清朝政府，进而将白人赶出中国，最后由日本领导亚洲人联合起来反对白人统治。后来“白人”的范围集中于苏联，集中于共产主义威胁，玄洋社也变成积极的反社会主义组织，1931年成立了大日本生产党，宣传民族主义。除了玄洋社系统之外，在战前日本已经有上百个右翼团体，根据日本内务省警保局的统计，1927年到1937年间，右翼团体达到最盛期，当时有大约634个右翼组织，参加者约12.2万人，①他们大都主张拥护国体、防止共产化和主张政治改革。其实右翼团体并没有比较深厚的理论思想，最后还是沦落为日本财阀、政客和军阀用以反对左翼的民间暴力集团，多数堕落成资本家的打手、政府的筹码、民间冲突和争议的仲裁人。20世纪30年代，右翼团体还策划过军事政变，妄图问鼎国政，最后以失败而告终。如，1930年成立的右翼团体日本青年前卫队，积极参与了“血盟团事件”、“五·一五事件”和“二·二六事件”，均被镇压下去。

另外，日本右翼还具有国家主义和侵略的特点。1931年，右翼头目笹川良一成立国粹大众党，拥有1.2万名党员，他曾经乘坐私人飞机去意大利会见墨索里尼。同年，右翼思想家大川周明等人与军官勾结企图袭击国会，还与陆海军少壮派一起阴谋攻击政府，射杀首相等政府官员，实现其组织军政府的目的。后来，大川周明与另一右翼头目桥本欣五郎策划政变，试图成

① 猪野健治：《日本の右翼》，ちくま文庫2005年版，第51页。

立由军阀宇垣一成为首的内阁，结果由于宇垣中途退出而流产。1932年，日本国内政党政治的腐败，引起社会不满，其中右翼分子井上日召主张对特权阶级的财阀、政党进行“一人一杀”运动，目的在于通过暗杀打倒腐败政府，实现以天皇为中心的反资本主义的改革。他们的暗杀目标主要是三菱、住友、安田、大仓等财阀的首脑。“二·二六事件”之后，军方采取了强硬的手段对激进的右翼分子进行了整肃，判处17名参与政变的右翼分子死刑，5名无期徒刑和54名有期徒刑。但是，通过这次事件，日本军阀增加了对财界和政界的发言权和影响力，他们利用这些青年将校的“昭和维新”主张，实现了日本社会军阀、财阀和政客的结合，最后在军阀的主导下使日本滑向了军国主义侵略道路。而“右翼”在日本走向军国主义的道路上，实际上是起了铺路石的作用，他们曾经与军阀一起宣传“日本举国团结打倒英美”[①]，成了战前日本反英美的急先锋。

第二节 “战后右翼”的演变

战后，右翼一度被占领军，也就是美军肃清，但是很快又死灰复燃，战后右翼在本质上与战前没有什么变化。唯一与战前不同的是，有一部分“右翼”认可了美日安保体制，他们以为日本可以利用美军牵制日本最危险的敌国苏联，所以，尽管在反共问题上战前与战后没有变化，但是在对美国的认识上有所调整。不过，“新右翼”的出现使日本战后的右翼有了新的特点，他们认为日本的对美从属地位是所谓战后体制造成的，所以，“新右翼”主张摆脱雅尔塔体制，既反苏又反美，这些右翼分子的主张重新回到了战前的主张上。

一、“战后右翼”的出现

第二次世界大战的结束给了日本“右翼”以决定性的打击，比如，大日本帝国的覆灭和天皇本人宣布自己是人而不是神，导致日本“右翼”顿时失去了方向和精神支柱，因为长期以来支撑右翼思想的皇国史观彻底坍塌，他们

① 猪野健治：《日本の右翼》，ちくま文库2005年版，第318页。

所要建立的以天皇为中心的国家理想破灭了，他们动辄使用暴力实行政变的理由——“清君侧”也消失了。更重要的是国家神道也被解体，“右翼”领导人被指定为战犯，被开除公职，右翼团体被解散.“右翼”的资金来源财阀和军阀也被解体，“右翼”处于穷途末路状态。右翼团体青年社的主干儿玉誉士夫、神武会的大川周明、国粹大众党的笹川良一、大日本赤城会的桥本欣五郎、玄洋社的进藤一马、黑龙会的葛生能久等核心人物都被以甲级战犯嫌疑逮捕，其他“右翼”头目则均被开除公职。战争结束时，日本大约有350个右翼团体全部予以解散，被开除公职的与战争有关的政界、财界、官僚、军阀以及民间右翼分子总共10万多人，右翼运动遭到毁灭性打击。为了继续打击右翼分子，占领军还释放了大批在战前被关押的左翼人士，战后初期日本的社会主义和共产主义运动迅速发展，对“右翼”起到了遏制作用。

然而，战前“右翼”并没有被赶尽杀绝。1946年日本战后的初次选举时，右翼分子纷纷改头换面成立各种政党参加选举，如，日本反共联盟、天皇制奉护同盟、新日本青年党等大约400个来历不明的政党一起登场，意味着“右翼”在战后开始死灰复燃，并形成了所谓的“战后右翼”。在20世纪90年代，日本大约有500个右翼团体，成员总计大约12万人。

“战后右翼”的一个重大变化就是一改战前反欧美的民族主义特点，开始主张“亲美反共”。“战后右翼”的这一变化起源于他们对战后国际局势和日本所处的政治环境的适应，他们认为战后社会党和共产党等左翼的兴起威胁着日本的传统，这些左翼政党对日本的天皇中心思想是最大的威胁，所以，他们提出“反苏、反东欧，反华”的口号。对于战后日美关系，“战后右翼”也有着合乎逻辑的变化。战前“右翼”的基本主张是反欧美的民族主义，而日美安保体制保证了美军在日本的驻留，日本的自卫队也事实上成了美军的附庸，该体制本来对于日本民族主义者来说，充满了屈辱色彩。但是，“战后右翼”却认为应该拥护日美安保体制。他们的逻辑是，如果放弃《日美安保条约》，防卫能力软弱的日本就会遭到强大的苏联进攻，到时日本的左翼将主导日本政治，右翼自身将被彻底肃清。可见，“战后右翼”从自身生存考虑，必须利用日美安保体制，防止日本左倾化。对于美国，“战后右翼”只要求废除占领宪法，重新武装日本和恢复以天皇为中心的国体。概括起来说，“战后右翼”的基本特点是：修改宪法、返还北方领土和支持日美安保体制。

二、“新右翼”的特点

20世纪60年代，“战后右翼”中又出现了所谓“新右翼”。战后初期成立的各种右翼团体一般被称为“战后右翼”，他们大多是战前“右翼”的死灰复燃，但是也有新特点，即除了继续反共、反苏之外，还变节为支持日美安保体制的集团。1960年的安保骚动之后，日本又出现了提出反对雅尔塔体制倾向的“新右翼”，他们是“战后右翼”中的一支新生力量，又表现出了新的特点。他们认为雅尔塔体制是美苏分割世界造成冷战格局的原因，该体制在日本的反映就是形成了“反天皇、反民族和反国家的战后状况”，即所谓的“战后体制”，进而言之，该体制是波茨坦体制所规定的，所以必须打破这个体制，日本才能摆脱对美从属的尴尬局面。

“新右翼”一般也被称为民族派，因为他们认为美国占领期间制定的宪法、日美安保、既有的“右翼”(指“战后右翼”)、文化、风俗等都是战后出现的，都是雅尔塔体制的产物，都应该废除。对于“战后右翼”的变节，即，认为战后日本被解除了武装，所以，在日本的防卫能力达到一定的水平之前，应该与美军合作，“新右翼”认为：如果深入地思考，战后日本的非武装现状是美国造成的，和平宪法也是美国起草制定的。所以，从根本上说，“新右翼”是反对宪法的，也是反美的，从这层意思上看，“新右翼”是寻求日本独立自主的，所以，他们自称民族派。

反对雅尔塔体制是“新右翼”的理论基础。那么，“新右翼”为何如此痛恨雅尔塔体制呢？原来，雅尔塔会议与日本有密切关系。1945年2月在克里米亚半岛的雅尔塔，美英苏三国签订了秘密协定，苏联参战进攻日本，美英承认苏联占领库页岛南部和千岛群岛，这一承诺在《波茨坦公告》第八条得以确认。《波茨坦公告》是规定日本无条件投降的国际文件，日本在投降文书中签字接受该文件投降，公告规定了铲除日本军国主义，领土限制，解除武装，审判战犯和民主化等重要内容。在“新右翼”看来，这些规定都是“反天皇、反民族、反国家的战后状况”出现的根源，特别是他们认为，这份文件是产生政治混乱、环境破坏、公害泛滥、左派教育、媒体横暴和丧失团结等国家末期症状的根本原因。他们还认为，在政治上，雅尔塔体制规定了波茨坦体制，而波茨坦体制则规定了战后日本成为美国的属国，其法律基础是占领宪法与安保条约，因此必须打破这个不合理的“战后体制”。

三、“战后右翼”的活动

“大日本赤诚会”是由战前的日本军阀战犯桥本欣五郎于 1936 年创建的右翼组织为起源的，该组织当年曾积极参与侵略中国的活动，当时叫“大日本青年党”。他们宣称：世界上的自由主义制度已经走到尽头，应该创立崭新的国家体制，而日本以“八弘一宇”为核心的天皇制具有世界性指导意义。在国际战略上，他们主张亲近德意法西斯国家，歼灭英美，占领“满洲”，切断英国的援蒋通道。战后，桥本欣五郎被定为甲级战犯，被判无期徒刑，“大日本青年党”改称“大日本赤诚会”继续从事右翼活动，主张以“赤诚”之心“尽忠报国”。他们尊前会长桥本欣五郎为创始人，宣传反华、主张独自的安保，摆脱美国控制，宣传打倒战后的雅尔塔·波茨坦体制，具有“新右翼”特点。

“战后右翼”仍然具有战前“右翼”的暴力倾向，并且具有黑社会性质，如，日本反共联盟、日本反共同志会、日本天狗党、新日本青年党都具有战前“右翼”的暴力性质，有的非法持枪，有的从事贩毒、抢劫和绑架等勾当，与日本黑社会别无两样。“大日本赤诚会”、“日本尖阁诸岛防卫协会”、“日本人会”以及该会成员组建的“建国义勇军”等团体都建立在反华和所谓保卫日本领土的基础之上。其中，“日本人会”比较活跃，他们的成员经常以“建国义勇军国贼讨伐队”和“建国义勇军朝鲜征伐队”的名义进行过激活动，针对日本社会党、奥姆真理教、外务省审议官田中均等进行过恐怖活动或恐怖威胁。

曾经参与钓鱼岛“保钓”活动的右翼组织“日本青年社”也是一个“涉黑”团体。根据日本政府公安调查厅的资料，“日本青年社”是以黑社会组织“住吉会”所属的小林会为基础建立的暴力团系右翼组织，成员大约有 3 000 人。1961 年，右翼组织“楠皇道队”成立，该团体是日本青年社的前身，后来加盟当时日本最大的右翼团体“全日本爱国者团体会议”，该团体忠于儿玉誉士夫创立的“青年思想研究会”。1969 年“楠皇道队”改称“日本青年社”，成为日本规模最大的右翼组织，在全国各地议会都有其支持的议员当选，因此对日本政治也有一定的影响。该团体的主张是“以高贵的日本历史和国体为基础，匡正文教与政治，恢复国权与领土，实现平成维新，为子孙万代建设一个太平的道义国家”。该团体还主张团结爱国同胞同内外的不正行为作斗争，打破占领宪法和波茨坦体制，恢复日本的国体，也就是真正的以天皇为核心的政体。

“日本青年社”是日本政府指定的暴力团中最恶劣的一个“住吉会”的下属组织，由于“住吉会”是日本警方重点注意的暴力团，所以“日本青年社”也必然是日本警方监视的组织。换句话说，“日本青年社”实际上是一个可以认为等同于日本暴力团，即黑社会的组织。

“新右翼”的代表性组织是1972年8月成立的“一水会”，核心人物是铃木邦男、阿部勉等人，阿部勉是三岛由纪夫领导的“楯之会”成员。他们反对过去的“右翼”转而支持雅尔塔体制的变节行为，但是在反共、拥核、修宪、北方领土等反面却与以往的“右翼”没有两样。他们的攻击目标主要是左翼、“日教组”、亲苏派、亲华派，但是1977年3月3日，“新右翼”组织“打倒塔尔塔体制青年同盟”袭击了日本经济界的核心组织“经团联”。在此之前，“右翼”攻击自民党的经济后盾“经团联”只限于这个团体推进日苏邦交正常化、计划开发西伯利亚资源或者主张扩大日苏贸易之时，然而，此次他们把矛头指向“经团联”是因为这个日本最大的经济组织极端亲美，赞成雅尔塔体制，而且还是造成日本环境污染的罪魁祸首。可见，除了反共和反苏之外，从反资本主义、反雅尔塔体制、反环境污染的角度看，日本“新右翼”袭击“经团联”的理由已经足够充分了，这也构成了他们反美的基本性格。战后日本的“右翼”中有的开始恢复战前的反美本色。

第三节 “右翼”与“右倾保守”

在战后日本的政党政治中，“右翼”已经不可能直接发挥影响力，正如上述分析，无论是所谓“战后右翼”还是“新右翼”都具有明显的黑社会性质，在政治的表面舞台上很难登大雅之堂。但是，这并不等于说“右翼”的主张和理念在日本政界没有同路人，也不等于右翼思想在现代日本没有继承人。最近，日本政治的“右倾化”就反映了过去日本“右翼”的许多激进主张和思想观念。

一、战后政治的“右倾保守”特点

“右翼”与“左翼”的概念,已经在上述分析中有了特定的含义,特别是在分析战前与战后的特定右翼团体时,这些概念早已有了确定所指,尤其是在日语中,“右翼”成了一个固定用语。因此,在分析战后日本政治时,为了避免与右翼团体混同,有必要引进另一个概念——“右倾”。“右倾”一词,在本章中专指以自民党等保守主义政党为代表的政治倾向,不包括日本的右翼团体。

战后日本的政治主要是由保守主义政党自民党长期执政,相对于“左倾”政党,如,社会党和共产党来说,自民党属于“右倾”政党,或者叫做保守主义政党。因为在战后日本的政治过程中,社会党和共产党并未单独掌握过政权,所以,从这层意义上,战后日本的政治没有“左倾”过,当然如上所述也没有“右翼”过,而是表现为以“右倾”的保守主义政党占主导地位的特点。

战后日本的政治主要表现为社会主义政党社会党(包括共产党)与保守的民主主义政党自民党之间的权力斗争,从这个意义上看,可以说成是“右倾”与“左倾”之间的权力斗争,“右翼”势力并不是战后日本社会的主流政治势力。

日本社会党曾经分裂为左派和右派,1955 年再次合并成统一的社会党,整体上,社会党尽管内部有左右派别之分,但是该党还是一个“左倾”政党。社会党在战后一直活跃在日本政坛,直到今天仍然是一个不可忽视的有影响力的政党(现在改名为“社民党”)。1947 年,社会党与其他“右倾”的保守主义政党联合执政不到一年,党首片山哲当时是联合政权的首相。

日本的政治在战后主要掌握在“右倾”的保守主义政党手中,自由党与旧民主党是两大保守势力,两党在 1955 年合并成自民党。自民党在战后一直控制着日本政权,尽管两次短暂下台,但是,都很快又夺回了政权。1993 年,在冷战结束的背景下,日本国民把选票投给了反自民党的八党派执政联盟,该联盟其实是由离党的原自民党干事长小泽一郎主导的,尽管社会党曾经参加该联盟,但是并不发挥主导作用。后来社会党脱离了这个由小泽领导的执政联盟与下野的自民党合作,帮助自民党重新夺回了政权。1994 年,社会党与自民党联合执政,社会党的党首村山富市成为首相,但不到一年便将权力交给自民党总裁桥本龙太郎，社会党在与自民党的合作中一直处于从属地位。

除了上述1947年和1993年社会党的两次参与执政，其党首短暂出任首相之外，日本“左倾”的社会主义政党从来没有单独主导过日本政治，也就是说，日本政治从获得政权的角度看，基本上没有“左倾”过。即使上述社会党两次短暂参加联合执政，也都是与其他“右倾”的保守主义政党合作，并且受制于人，其社会主义理念没有在日本付诸过实践。

2009年，自民党第二次失去政权后，被鸠山由纪夫率领的新民主党所取代，鸠山民主党内虽然包括了许多原来的社会党脱党者，但是，该党的灵魂人物还是小泽一郎。小泽辞职之后，民主党的主导权控制在松下政经塾出身的前原诚司等人手里，所以，民主党执政的这段时间也不能算作“左派”执政（民主党现改名为民进党）。

2012年年底，自民党在选举中战胜民主党，再次夺回政权，由于该党最强硬的岸信介之外孙安倍晋三出任首相，所以，给人以日本政治“右倾化”的印象。然而，综上所述，战后日本基本上是“右倾”保守的民主主义政党自民党执政，即使小泽一郎或者前原诚司主导的反自民党联盟及民主党也都是“右倾”的保守政党，所以，战后日本政治的过程不过是“右倾”政党之间的权力交替而已，并无相对于“左倾”意义上的“右倾化”，更无“右翼”的卷土重来。

二、战后政治中的“右翼”影响

那么，为什么安倍执政被称为“右倾化”呢？原来，自民党作为一个右倾保守的政党，其内部也是有温和派鸽派和强硬派鹰派之分的。自民党在战后日本政治中一直处于领导地位，基本上属于长期执掌政权，这个党是由鸽派与鹰派构成的政治团体，鸽派是温和派，鹰派是强硬派。鹰派的主导给人以该党更加右倾的印象。

在自民党长期执政的过程中，其实是该党的鸽派一直处于主导地位。鸽派基本上都主张拥护宪法，限制军备，主张与邻国发展合作关系，他们一直都是自民党的主流派，主导了战后日本政治的基本走向。吉田茂是鸽派的创始人，他的继承人是池田勇人，之后这一派由大平正芳领导，铃木善幸和宫泽喜一、加藤弘一和古贺诚等人都是这一派的代表人物。另外，吉田茂的另一位继承人佐藤荣作，虽然是鹰派代表岸信介的兄弟，也曾与池田勇人发生权力争夺，但是，他的继承人田中角荣、竹下登、小泽一郎、桥本龙太郎、小渊惠三等人都是鸽派。

当然，鸽派的主导权并不是高枕无忧的，他们一直受到鹰派的牵制。自民党鹰派的创始人是岸信介，在鸽派占主导地位的战后日本政治中，岸信介能够在鸽派占主导地位的环境中脱颖而出，足以说明其能力和在日本政界的影响力。岸信介的继承者虽然没有几个组阁成为日本首相的，但是鹰派依然是党内仅次于主流派的势力，他们在战后的历史中总能发出声音，表示自己的存在。福田赳夫是岸信介的继承人，他在中日邦交正常化和推进中日和平友好条约过程中，都受到了自身派阀内鹰派成员的牵制和阻挠（福田赳夫的儿子福田康夫也是鹰派阵营的著名政治家，但是，他的思想比较稳健，属于鸽派人物）。另一位岸信介的同路人是自民党内著名的鹰派人物中曾根康弘，此人是自民党内典型的鹰派，但是，由于他是在鸽派派田中派的支持下成为首相的，所以，在他执政期间虽然参拜过靖国神社，但是，事后他向中国领导人表示了反省，所以，当时中日关系并没有遭受破坏。中曾根执政期间与美国建立了互信关系，当时日美关系十分密切，他是自民党鹰派人物亲美的典型。

自民党鹰派的主张和思想其实与“右翼”十分相似。“右翼”虽然在战后无能力左右日本政治，而是处于边缘化地位，但是在以“右倾保守”为主流的战后政治中，“右翼”的影响并未消失，而是在很大程度上反映在自民党鹰派身上。比如，鹰派在外交政策上主张强硬路线，在宪法问题上主张修改其第九条的和平条款，他们甚至主张废除这部和平宪法，重新起草一部自主宪法。另外，在对华政策上，鹰派也基本上比较敌视中国，不赞成向中国做任何让步。总之，自民党作为一个“右倾保守”的政党，党内的鹰派受右翼思想影响相当严重，他们虽然难以超越鸽派的控制，但也时常发出强硬的声音，显示存在。

在战后直至进入 21 世纪之前的很长时期，具有右翼思想的日本自民党鹰派中只有岸信介、福田赳夫和中曾根康弘成为首相，这意味着在战后日本的历史中大部分时间是由自民党鸽派执政。从这个意义上看，自从 21 世纪开始，鹰派的小泉纯一郎上台，特别是安倍晋三的两次上台，意味着日本政治开始由自民党鹰派岸信介的政治传人掌握，他们的右翼思想开始有所体现，这应该是所谓日本“右倾化”的真正含义。

三、鹰派与“右翼”的联系

从“右倾保守”的自民党在日本政治中的定位看，该党与日本的右翼团体是有区别的，但是，这并不意味着自民党鹰派的代表人物没有右翼思想，也不意味着该党的鹰派集团中没有人与“右翼”保持关系。

自民党鹰派之所以具有右翼思想，是因为他们与右翼团体甚至右翼分子有着密切联系，实际上在某种意义上看，二者是志同道合的。战后形成的一些从事政治运动和思想活动的右翼组织，如，菊旗会、协和党、救国青年联盟、民族新生联盟、和平确立日本和平联盟、日本人民党等在思想观念上都是与自民党的鹰派极其相似的。比如，战后初期中曾根康弘领导的青云塾也是战后出现的右翼组织，他们的宗旨基本上包括拥护天皇、打倒共产党、建立国民立宪政府、永久中立、恢复国家主义等内容。中曾根康弘后来成为自民党内著名的鹰派，他的强硬思想和主张当然来源于“右翼”，他还自称是右翼理论家安藤正笃的学生。小渊惠三病故之后，中曾根康弘凭借自己在自民党内的影响力，支持鹰派森喜朗上台，因为森喜朗曾表示过“日本是以天皇为中心的神的国家”，是著名的鹰派，具有强烈的“皇国”思想。森喜朗因“舌祸”下台之后，继任者是小泉纯一郎。他也是森派的重要成员，曾连续六年参拜靖国神社，从他开始自民党鹰派成为党内主流派。小泉获得美国的信任，支持美国在中东的战争，所以有恃无恐，参拜靖国神社，而美国对此保持沉默。

战前的“右翼”领导人之一，在战后被指定为甲级战犯的笹川良一也与自民党鹰派有密切的往来，如，自民党的领导人岸信介、贺屋兴宣、稻富稜人、西尾末广、佐藤荣作、福田赳夫等人都与笹川有较深的交往，笹川与岸信介作为甲级战犯嫌疑人一起在巢鸭监狱度过被美军关押的时光，笹川与鹰派政客西尾末广则保持着近四十年的友情。所以，岸信介上台后以修改《日美安保条约》为突破口实现修改宪法之目的，进而追求摆脱美国，实现自主外交绝不是偶然的，他既代表了自民党鹰派的观点，也反映了“右翼”的主张。2000年,自民党内著名的鹰派人物,森喜朗内阁官房长官中川秀直因为与右翼组织日本青年社副社长滑川裕二有交往,并且被疑向该社提供过官房机密费,被媒体曝光,中川为此而辞职,由此可见,日本"右翼"与自民党鹰派是有或明或暗的关系的。

另外,"右翼"在日本政界也有其代理人,比如,民主党国会议员西村真悟就是右翼组织"日本人会"的最高顾问,而该组织的会长则是右翼活动家、"建国义勇军"创始人兼日本"刀剑友之会"会长的村上一郎。村上早在1999年7月就与当时的日本众议员议员西村真悟相识,他后来成为西村真悟的政治资金提供者之一,这是"右翼"向政客提供政治资金的一个例子。2003年12月19日,村上一郎因为多次谋划和实施恐怖活动被日本警视厅公安部逮捕,西村真悟因此受到牵连,不得不取消了对民主党众议院防灾对策特别委员长职务的就任。

2004年,日本鹰派议员成立了"保护日本领土(竹岛、尖阁诸岛)行动议员联盟",会长是自民党鹰派议员森冈正宏,副会长是自民党的岩屋毅和柏村武昭,自民党的久间章生、武见敬三、玉泽德一郎和与谢野馨都是顾问。民主党的原口一博、松崎公昭和松原仁也参加其中,松原仁还担任了事务局长。问题在于该联盟在2005年3月3日,邀请了右翼组织日本青年社干部到日本国会,这些议员向青年会表示感谢,称赞他们保卫了钓鱼岛。

日本政府也对"右翼"有所利用。右翼团体日本青年社于1978年8月12日,在钓鱼岛上建立了一座灯塔,该塔后来被台风刮倒。1988年6月9日,他们又对这个灯塔进行了维修改建。对此,日本海上保安厅给予了许可,后来这个灯塔被转让给了日本的渔业组织所有。2005年2月9日,该组织将灯塔无偿转让给日本政府所有,由海上保安厅第11管区管理,也就是说钓鱼岛上有了日本政府的官方建造物,日本政府承认了右翼建造的灯塔。1996年7月5日,日本青年社又在北小岛建立了第二个灯塔,并向日本政府提出要求将这个灯塔记入日本航海图。对此,中国外交部亚洲司司长王毅抗议日本政府放任和纵容右翼组织的行为,最后在中国压力下,日本没有将这个灯塔记入日本航海图。

"新右翼"团体"一水社"的代表铃木邦男说过,所谓"右翼"是指那些具有强烈的"我们是日本的典型"的意识者,他们经常把日本放在最高位置,对于日本天皇、日本文化、日本历史和日本传统有着异常的嗜爱，一旦这些受到侵犯，他们会舍去生命进行捍卫，即使使用恐怖和政变手段也在所不辞。[①]按照这位“新右翼”的代表所说，历史上曾经在日本处于危机状况时毅然站出来捍卫国家的有楠木正成、吉田松阴、坂本龙马、西乡隆盛等人，而且他认为这些人就是日本“右翼”的先驱者。

无独有偶，自民党鹰派的代表人物安倍晋三自称“开放的保守主义者”[②]，他也把吉田松阴当作偶像，称自己的政治原点是吉田松阴，认为吉田松阴、胜海舟、坂本龙马等人都在民族危亡之际强调海防的重要性。[③]安倍对岸信介与美国修改《日美安保条约》的看法是：把一个从属性条约修改成一个对等条约[④]，由此反映了安倍与岸信介一致的对美自主意识。安倍还说自民党的建党目的是把日本恢复为一个真正独立的国家[⑤]，因为他认为麦克阿瑟制定的日本宪法，特别是宪法的前言就像一篇“道歉文”，其中的所谓“崇高理想”与“永久的和平”都不过是美国人试图在日本实现美国理想的意志而已。[⑥]安倍认为日本之所以需要日美同盟是因为日本无法确保自己的安全，但是，他认为日本人要有自己保卫自己国家的气概。[⑦] 其实安倍也得到新右翼组织“日本会议”的支持，“日本会议”的核心部分是右翼团体“日本青年协议会”，该团体的宗旨是修改宪法，摆脱美国构建的战后体制。

小　结

日本的“右翼”在战前主要是强调反抗西方列强对亚洲的侵略，于是形成大亚洲主义，反对白人国家俄国（后来是苏联）和英美的特点非常明显。因为日本“右翼”反苏联，当然决定了他们必然是反共的，他们主要是担心共产主义会危及日本的国体——天皇制。战后的“右翼”出现一些变化，他们的对美态度有所转变，由过去的反美演变成亲美，支持《日美安保条约》体

---

① 铃木邦男：《右翼と左翼》，宝島社2008年版，第14页。
② 安倍晋三：《新しい日本へ》，文芸春秋2012年版，第22页。
③ 安倍晋三：《新しい日本へ》，文芸春秋2012年版，第44、64页。
④ 安倍晋三：《新しい日本へ》，文芸春秋2012年版，第27页。
⑤ 安倍晋三：《新しい日本へ》，文芸春秋2012年版，第32页。
⑥ 安倍晋三：《新しい日本へ》，文芸春秋2012年版，第127页。
⑦ 安倍晋三：《新しい日本へ》，文芸春秋2012年版，第133页。

制，背景是日本放弃了武装，必须利用美军防范苏联对日本的进攻。但是，“战后右翼”也不单纯地亲美，他们当中的“新右翼”意识到美国主导的战后体制使日本失去了独立之后，开始反对美国主导的所谓“战后体制”。“右翼”对自民党的鹰派有深远影响，这种现象决定了战后日本“右倾保守”势力的矛盾，他们一边坚持日美同盟，一边追求日本的自主外交，谋求普通国家地位。其实，战后日本的“右倾保守”势力，尤其是其中的鹰派政客的思想都是来源于“右翼”的，他们与“右翼”有千丝万缕的联系。他们的目标很明确，就是利用日美安保，恢复日本的大国地位，实现自主独立，摆脱美国控制，政治思想的背后隐藏的实质上是地缘政治思考。所以，研究日本的对美态度，研究战后日美关系，不触及日本“右翼”这个重要话题是不可能的，也是不全面的。

第三部分　合　　作

尽管日美两国互相猜疑，但是对于美国来说，从其亚太战略考虑，必须依赖日本的合作，而对于日本来说，从其安全保障角度看，也必须依赖美国的保护，所以，双方都不能放弃同盟关系。日美两国的这种战略合作，特别是日本对美国的合作，尤其值得注意。日本一方面担心美国在防卫上的可靠性，另一方面又积极配合美国的亚太再平衡战略，反映了日本借机壮大自己权力的意图。双方的这种合作主要表现在：从地缘战略角度推出价值观外交，在此基础上加强与澳大利亚、印度、东盟和韩国的关系，以便构筑对华包围圈；同时，强化国内防卫体制，修改宪法，特别是修改内阁法制局关于集体自卫权违宪的解释，以适应日美合作的需要。具体地讲，首先，关于价值观外交，安倍是想借用价值观纽带，加强与美国的同盟关系，展开积极的对华外交。其次，安倍构筑对华包围圈，建立亚太版"小北约"，并强化日美同盟，加强与澳大利亚、印度的合作，还在美国的撮合下摸索与韩国改善关系的可能。第三，加强防卫体制的建设也是日本近年来适应日美合作的重要举措。早在吉田内阁时代，日本就设立了自卫队，后来又通过设立防卫厅、防卫省、国防会议和安全保障会议等安全机制强化其安保制度，并成立"国家安全保障会议"，制定"国家安全保障战略"，以所谓"积极和平主义"配合奥巴马政府的亚太战略调整。第四，集体自卫权的解禁也是日本配合美国亚太战略的重要步骤。关于集体自卫权，战后历代内阁都以宪法第九条为根据，认为尽管依照国际法(如，联合国宪章)规定日本可以拥有集体自卫权，但却超出了日本宪法承认的自卫权范围，所以不可以行使。但是，到了安倍内阁，日本开始公开修改内阁法制局关于集体自卫权违反宪法的解释，试图让日本军队在国际事务，特别是在东亚事务中发挥作用，配合美国的再平衡战略。

第十一章　价值观外交与日美关系

安倍在2006年首次执政时提出价值观外交构想，其主要内容是以所谓价值观为纽带，形成包围中国的战略态势。该外交构想的目的是配合美国的亚太战略调整，建立包围中国的战略态势，然后在战略上获得有利形势之后，再与中国谈判，迫使中国让步，获得外交上的利益。对于安倍这种外交构想的内涵、特点、背景和局限性，可以从地缘政治的角度进行分析。首先，关于价值观外交的特点，安倍是想借用价值观纽带，利用美国亚太战略的调整，获得美国的认同，加强与美国的同盟关系，以建立包围中国的价值观之弧为手段，展开积极的对华外交。其次，关于价值观外交形成的背景，可以从美国的亚太再平衡战略、中国的崛起和日本鹰派的历史观角度做深入分析，这些因素实际上是安倍价值观外交出笼的基本背景。再次，关于价值观外交的局限性，可以从日美之间的结构性矛盾入手进行分析。日本与中韩两国的历史和领土争端以及日本鹰派摆脱"战后体制"的政治姿态，都难免会导致邻国的反感甚至招致美国的质疑，所以，安倍构想的日美之间的战略合作，也内含着不确定的因素。

第一节　地缘政治与价值观外交

2012年年底，安倍晋三第二次上台，他首先任命其亲信麻生太郎为副首相，任命前外务省事务次官谷内正太郎为内阁官房顾问，由此显示了安倍外交将是"旧瓶装旧酒"，因为他重用了第一次内阁时的主要政策制定者。麻生与谷内在2006年为安倍设了计价值观外交，包括对华"战略互惠关系"和"自由与繁荣之弧"的构想，其中，"自由与繁荣之弧"被认为是包围中国的战略之弧。安倍第二次上任之初与俄罗斯总统普京通电话表示愿意与俄罗斯进行合作，他的亲信对记者说，这意味着要形成对中国的包围网，①尤其是他在访问东南亚时提出的五项外交原则，核心就是所谓"普遍价值"和对海洋的法律支配，可见安倍内阁确实没有放弃六年前的价值观外交构想。

价值观外交的主要内容包括：在价值观一致的基础上与美、印、澳建立安保对话机制，与欧亚大陆的边缘地带国家建立"自由与繁荣之弧"，具有明显的地缘政治色彩。安倍的这个构想其实是美国亚太战略的翻版，美国近年来一直致力于推动其亚太盟国互相合作遏制中国的崛起，并把战略重点集中在东亚、东南亚、南亚和中亚，试图在中国的周边形成一个包围网。安倍的价值观外交就是对美国亚太战略的配合，从地缘政治理论的角度来看，海洋强国联盟对付大陆国家的霸权是取得权力平衡的有效方法，比如，英国的麦金德就主张英国、加拿大、美国、南非、澳大利亚和日本加强合作。②另外，在地缘政治理论中，从大陆边缘地带的视角审视欧亚大陆的战略思想更是被美国学者所推崇，比如，斯皮克曼就认为，"欧亚大陆的边缘地区处在大陆心脏地带和边缘海之间，必须看作是一个中间区域，在海上势力和陆上势力的冲突中，起着一个广大缓冲地带的作用"。③更重要的是，在英美地缘政治理论家的论述中有一个共同特点是，他们都不同程度地强调所谓西方海洋国家的民主价值观。他们认为：西方的民主国家之所以能够继续存在和保持下来，确实应归功于有效地使用武力的缘故。④日本外务省的精英官僚谷内正太郎为安倍内阁设计的价值观外交构想，可以说是充满了地缘政治理论色彩的。"自由与繁荣之弧"的首创者麻生太郎就说过他要把"日本外交的地理视野从太平洋和亚洲进一步伸展开来"，⑤还自诩说"向欧亚大陆的边缘地带正在发展和实现富裕的国家伸出援手，提供智慧，并建设'自由与繁荣之弧'的政策是我的发现和自觉意识的产物"。⑥他在其著作中指出："欧亚大陆的边缘地带可以被想象成一条弧，可以作为外交资源给它贴上一

① 《每日新聞》2013年1月7日。
② 麦金德：《历史的地理枢纽》，商务印书馆2008年版，第65页。
③ 斯皮克曼：《和平地理学》，商务印书馆1965年版，第76页。
④ 斯皮克曼：《和平地理学》，商务印书馆1965年版，第9页。
⑤ 麻生太郎：《自由と繁栄の弧》，幻冬舎文库2008年版，第23页。
⑥ 麻生太郎：《自由と繁栄の弧》，幻冬舎文库2008年版，第22—23页。

个标签”，“价值观外交是一面新旗帜”。[①]“自由与繁荣之弧”是价值观外交的具体化，而自民党议员三原纯子最近则把安倍2014年1月访问越南、泰国和印尼三国的动机解释为“协商对海洋的法律支配，从军事角度牵制中国的崛起”。[②]可见，从地缘政治理论的角度分析安倍内阁的外交政策似乎更能切中问题的核心，找出日本外交战略思考的理论根据。本章将从这个角度分析安倍价值观外交的特点和背景并对之进行评估。

第二节 安倍价值观外交的特点

安倍曾提出过“日美印澳”四国安保对话的构想，这个构想与美国所追求的由亚太盟国分担防卫责任的构想是一致的。麻生太郎当时则把价值观定义为，“民主主义、自由、人权、法制和市场经济”，他说推行外交政策时重视这些价值，就是“价值观外交”，在此基础上，他主张建立一条由“欧亚大陆成长起来的新型民主主义国家”构成的“自由与繁荣之弧”。安倍外交实际上可以称为“安・麻”外交，二人的共同点在于强调价值观，并主张以此为外交筹码构建中日战略互惠关系。所以，安倍外交的特点可以概括为三点：重视日美关系、加强周边关系并在日本取得战略优势的框架内改善中日关系，三者无一不渗透着地缘政治和价值观的思考。

一、重视日美关系是地缘政治思考的结果

战后日本一贯推行对美协调政策，其实，这一政策除了第二次世界大战和冷战原因之外，主要的理论来源是地缘政治论。麦金德是主张海洋国家组成联盟以应对陆上权力的，他认为，要想遏制欧亚大陆心脏地带的枢纽国家向欧亚大陆的边缘地带扩张，就必须建立海上强国的联盟。[③]战后日本的学者也认为，日本与美国维持一定的军事关系是必要的，从日本的安全保障

---

① 麻生太郎：《自由と繁栄の弧》，幻冬舍文庫2008年版，第24页。

② 《鳩山元首相の訪中で三原じゅん子激怒！「日本外交を壊しかねない」》，http://www.zakzak.co.jp/society/politics/news/20130112/plt1301121441000-n1.htm。

③ 麦金德：《历史的地理枢纽》，商务印书馆2008年版，第69页。

的观点看，日美之间建立同盟关系是个好办法。[①]自民党副总裁高村正彦在谈到安倍外交时指出："安倍政权的第一任务是重建脆弱化的日美关系。"[②]其实，安倍早在其 2006 年的著作中就强调：考虑到美国在国际社会的影响力、经济力和最强的军事力，日美同盟是最好的选择，同时他还指出了美国的自由与民主主义、人权、法制等基本价值观是自由主义国家共同的认识。[③] 他再次当选首相之后于 2012 年 12 月 28 日重申："日本外交的基本方针与我在 2006 年第一次执政时没有变化，要深化与在自由、民主主义、基本人权等价值观上相一致国家之间的关系，扩大这些价值，这个理念没有变化。"[④]同日，他还对记者说：日美同盟是日本外交的基轴，并且表示了上任后的首站出访国家是美国。[⑤]可见，安倍重视对美关系固然是从日本的安全保障角度出发，但是从价值观角度考虑问题则是更深层的原因，而这个原因是基于民主国家，即海洋国家结盟思想的，同时这个思想也是地缘政治理论在安保问题上逻辑思考的基本出发点。

二、加强周边关系是边缘地带理论的翻版

边缘地带理论是地缘政治学的重要延伸。麦金德在 20 世纪初，曾担心德国与俄国结盟，因为这样的话欧亚大陆的心脏地带会被这两个国家控制，所以他强调"必须推动法国与海上强国联盟"，由法国、意大利、埃及、印度和朝鲜构成诸多的"桥头堡"。[⑥]这其实是包含了边缘地带思想的。斯皮克曼在第二次世界大战期间比较强调美国与英国、苏联合作对付德国。他认为，第二次世界大战"实质上是一场争夺欧亚边缘地区沿海地带控制权的斗争"。[⑦]在他看来，控制欧亚大陆的边缘地带，对于包围心脏地带，控制整个世界具有重要意义。他还指出："在菲律宾重新建立我们的军事势力，这些都是起码的措施。"[⑧]当时，他强调苏联的重要性是因为共同对付纳粹的需

---

① 高坂正尧：《海洋国家日本の構想》，中央公論社 2008 年版，第 198 页。
② 《読売新聞》2012 年 11 月 4 日。
③ 安倍晋三：《美しい国へ》文春新書 2006 年版，第 129 页。
④ 《読売新聞》2012 年 12 月 29 日。
⑤ 《読売新聞》2012 年 12 月 29 日。
⑥ 麦金德：《历史的地理枢纽》，商务印书馆 2008 年版，第 69 页。
⑦ 斯皮克曼：《和平地理学》，商务印书馆 1965 年版，第 83 页。
⑧ 斯皮克曼：《和平地理学》，商务印书馆 1965 年版，第 108 页。

要，而他关于美国在菲律宾等边缘地带拥有基地的梦想，战后成为现实。如今，日本趁美国重返亚太之机，提议建立“自由与繁荣之弧”。麻生太郎说：日本今后要在从东北亚、中亚、高加索、土耳其到中东欧、波罗的海各国延伸的“自由与繁荣之弧”上成为在永无止境的马拉松路途上的各民主主义国家的“伴跑者”。①安倍晋三则强调建立“日美印澳”战略对话机制。2012 年 12 月，当他再次当选日本首相之后，表示：要加强与印度、澳大利亚等具有共同价值观的国家开展价值观外交，②还提出将日、印、澳、美（夏威夷）发挥成“安全保障菱形”③，包围从印度洋到太平洋的公海。2003 年访问东南亚三国时，又明确提出“普遍价值”和对海洋的法律支配。明眼人一看便知，安倍与麻生构想的价值观之弧或者“安全保障菱形”，是加强与欧亚大陆的边缘地带国家的关系，如果把他们都强调与俄罗斯改善关系的言论考虑在内，这个构想所包围的就是中国。

三、改善中日关系要迂回作战

其实，安倍与麻生构想的对美关系和周边关系都与构建对日本有利的中日关系存在密切联系，包围中国其实是为了获得与中国谈判的有力筹码。2012 年 9 月 27 日，他说：“我认为日中关系极为重要，日本的经济增长需要中国的市场，日中关系无法割裂。”④ 12 月 17 日，他又对记者说：“日中关系是最重要的两国间关系之一，中国是日本经济发展不可或缺的重要因素，不要让政治问题发展成为经济问题。”安倍的幕僚透露，他的态度与选举前有很大变化，选后不再提参拜靖国神社问题，还说关于向钓鱼岛派驻公务员问题是与中国谈判的选项之一。⑤但是，安倍不想简单与中国谈判，而是想先营造一种有利的国际环境。前面提到高村正彦说“安倍政权的第一任务是重建脆弱化的日美关系”，他这话目的在于说“巩固的日美关系是亚洲外交

---

① 麻生太郎：《自由と繁栄の弧》，幻冬舍文库 2008 年版，第 36 页。

② 《読売新聞》2012 年 12 月 29 日。

③ 《文芸春秋》2012 年 12 月 10 日。

④ 安倍晋三：《中日两国应对钓鱼岛局势进行管控》，http//www.zhgpl.com/doc/1022/4/9/0/102249079.html?coluid=70&。

⑤ 《朝日新聞》2012 年 12 月 20 日。

好转的必要条件”[①]。日本《产经新闻》也点破了这一点。该报说：外务省的思路是“一边加强日美关系，一边考虑与中国的关系”[②]。安倍在第一次执政时也说过：改善与中国的关系，不是马上能够实现的，特别是结构不改变的话，两国关系的好转是不可能的。[③]他说的结构是指所谓“大状况”的改变，这不只限于中日两国关系，要俯瞰全亚洲，甚至要看全世界。首先是加强日美同盟关系，与印度的关系，与俄罗斯的关系，与其他民主主义国家之间的关系。安倍重新上台之后，又重提改善对华关系，其基本思路与第一次执政时大同小异。比如，在 2012 年 12 月 17 日的记者会上，安倍表示：“不能用狭窄的视野，只在双边关系范围内追求改善两国关系，我们不会像民主党那样只把中日关系看成是两国之间的关系。”[④]他还说：加强与俄罗斯和亚洲国家之间的关系，对于改善冷却的日中关系有帮助；日本与具有共同价值观国家(这些国家首先包括美国、澳大利亚、印度等国)，与越南的战略关系加强(从地缘政治角度看，越南是对日本外交战略有重要意义的国家)，也会使中日关系展开新的局面。[⑤]这一次他又提起了关于改善中日关系“不能只看两国之间的关系，要一边俯瞰整个地球仪，一边考虑战略”[⑥]。日本外务省官员表示：“这叫迂回作战。”[⑦]而价值观外交是“迂回”的纽带，是日本强化与美国等国关系的关键，安倍的如意算盘是通过这种“迂回”，可以获得对华战略上的优势，让中国就范，改变对日强硬态度。

第三节　安倍价值观外交的背景

安倍的价值观外交之所以表现为明显的地缘政治色彩，是与日本位于欧亚大陆边缘的地理位置有关系的。从自身安全的角度出发，对于欧亚大陆的权力状况，特别是对于中国的崛起，日本是十分敏感的，为此，日本必须

① 《読売新聞》2012 年 11 月 4 日。
② 《産経新聞》2012 年 12 月 9 日。
③ 《安倍晋三対論集》，PHP 研究所 2006 年版，第 27 页。
④ 《産経新聞》2012 年 12 月 20 日。
⑤ 《読売新聞》2012 年 12 月 29 日。
⑥ 《読売新聞》2012 年 12 月 29 日。
⑦ 《産経新聞》2012 年 12 月 20 日。

思考如何重新构建权力的平衡。奥巴马的亚太再平衡战略构成了安倍提出加强日美同盟的重要背景，其目的主要是应对因为中国的崛起给日本造成的现实和心理上的压力，而安倍的历史观也是其提出价值观外交的主观原因。

一、美国“重返亚太”是安倍提倡价值观外交的重要国际背景

事实上美国的“重返亚太”并不是最近几年才开始的，至少在1997年日美之间达成“新版防卫合作指针”时就开始了，当时的防卫合作指针提出将日美同盟的地缘责任从远东扩展到亚太地区。当时日美两国决定将日美同盟在远东的责任进一步具体化，提出了互相配合应对所谓“周边事态”的问题，日本还在其后提出了《周边事态法》和《自卫队法修正案》等法案。2003年5月，日美两国发表联合声明，提出了“世界的日美关系”的概念。2005年10月，两国外长再次发表声明，修改了日美安保的范围，规定同盟应该对世界课题发挥作用。2006年5月，日美两国签署了关于普天间基地搬迁的协议，成为美国调整亚太军事布局的重要一环。

安倍早在2006年就认为，美军在亚太的战略调整对于日本来说是个好机会。他说：虽然日本的安全依赖日美同盟，但是，由于美军的调整，日本也可以向美国展示自卫队的作用。①于是，他提出了集体自卫权问题，认为日本既然是联合国的会员国，就应该拥有联合国宪章第51条规定的集体自卫权。集体自卫权问题一直是美国希望日本解除而日本却一直消极对待的问题，但是，安倍在该问题上表现了积极的态度。美国奥巴马政府于2012年1月发表了新国防战略，其中对中国的海洋意图极为重视，日本自民党趁这个机会，主张与美国加强合作，但是，他们深感日本政府关于集体自卫权违反宪法的解释是这种合作的障碍。其实，美国前副国务卿阿米蒂奇早就主张日本修改关于集体自卫权的解释，安倍也一直想“借壳上市”，配合这种主张。最后，自民党在2012年的众议院选举公约中明确写进了关于修改集体自卫权解释的内容。2012年10月15日，作为自民党的新任总裁，安倍在日本会见了美国国务卿希拉里，他说，他要是赢得选举，他将修改集体自卫

① 安倍晋三：《安倍晋三対論集》，PHP研究所2006年版，第102页。

权的解释，这既可以强化日美同盟，又可以为维护地区安全做贡献。[①] 不仅如此，在2012年12月的众议院选举中，自民党还在另外一本《综合政策集》中写进了关于修改“日美防卫指针”的内容，目的当然是配合美国的新国防战略。[②]安倍终于在2014年不顾日本民意解禁了集体自卫权。

二、中国的崛起是促使安倍价值观外交出笼的直接原因

中国是日本的重要邻国，是欧亚大陆上的重要国家，中国的发展自然会在安全上给自称海洋国家的日本造成压力。对于中国的崛起，麻生太郎曾经说过：“日本至少从圣德太子以后，就是一个对华夷秩序感到不舒服的国家。因为人们的内心多少会有这样的感觉，是不是传统的中华帝国又复兴了。”[③]可见，从地缘安全的角度，麻生是把中国看成威胁的。早在2006年，安倍就说过：“中国必须丢掉霸权主义的军事野心，通过国际合作为地区的和平与稳定做贡献。否则中国的增长没有可持续性，也不可能成为先进国家的一员。”[④]从中可以看出安倍对中国的态度是恐惧感和优越感兼而有之。正是在这种矛盾的心理状态下，安倍经历了六年的在野生活，而中国则在此期间持续增长，并不断提高国际影响力。与六年前相比，中国的经济和军事实力都有大幅增长，2006年中国的GDP排名世界第4位，到了2010年中国就超过了日本，2011年中国的GDP是7.318 5万亿美元，日本是5.904 7万亿美元，中日两国之间国力对比的距离已经大幅拉开。对此，安倍一上台就召集了2006年他第一次执政时的主要成员，其中包括谷内正太郎和麻生太郎，意在一边谋求改善中日关系，一边建立包围中国的价值观外交政策。当时安倍打算在2013年的预算案中增加防卫费开支，修改防卫计划大纲，他的理由是日本的防卫费用已经连续十年在减少，2012年的总额是4.64万亿日元，而中国却在过去的十年增加了4倍，达到8.7万亿日元。特别是2012年在日本和菲律宾分别在南海和东海向中国挑衅的背景下，中国“亮相”了一系列的先进武器，令世界瞩目，中日之间的综合实力对比呈明显

---

① 《朝日新聞》2012年10月16日。
② 《朝日新聞》2012年12月11日。
③ 麻生太郎：《自由と繁栄の弧》，幻冬舍文庫2008年版，第7页。
④ 安倍晋三：《安倍晋三対論集》，PHP研究所2006年版，第61页。

有利于中国的趋势，这些构成了安倍内阁急于配合美国，拉拢所谓“民主国家”建立对华包围网的直接原因。

三、安倍的历史观是其提出价值观外交的主观原因

安倍的历史观与他提出价值观外交是有内在联系的，他认为：中国共产党为了显示自己在抗日战争时期的光荣历史，需要揭示日本军的残酷性，以证明自己统治的正当性。①麻生太郎则从另一个角度提出：让国民有自信也是外交的一个重要任务，战后的日本人在一定时期所努力的过程就是证明自我的过程。②显然，他这是让日本人对中国人有点自信。他说：战后日本取得了和平主义的“实绩”，对于“普遍的价值”，日本没有必要三缄其口，日本应该公开宣布关于“价值观外交”的宣言。③由此可以看出，“价值观外交”的背后，既有对过去战争的阴影，又有对中国社会制度的优越感，其中，难以掩饰的则是对于过去那场不体面战争的自卑感。然而，安倍与麻生不是通过反省过去的错误换取邻国的尊重，而是用所谓“价值观”的优越感来淡化过去的负面遗产，重新建立日本在亚洲的领导地位，拉近与美国的距离，与中国划清界限，从价值观的角度扮演“善”的使者角色。

安倍根本就没有对日本过去所犯的错误有所反省。他指出，在甲级战犯中，既有被判死刑的，也有被判徒刑的，被判徒刑的包括贺屋兴宣和重光葵，贺屋被释放后成为法务大臣，重光被释放后成为外务大臣，重光是日本恢复联合国席位时的外务大臣，还获得了天皇授予的一等勋章。安倍的逻辑是：甲级战犯可以成为国务大臣，也可以获得勋章；如果甲级战犯被放在靖国神社里就不可以被参拜，那么不取消甲级战犯获得的勋章就是不对的；但是事实是日本没有取消，也不可能取消。

安倍认为应该从世界和亚洲的角度看中日两国关系。他认为要加强日美同盟，印度也应该受到重视，印度法官曾在东京审判时为日本辩护，说印度将来可以成为抗衡中国的力量，因为印度与日本拥有共同的价值观。④这

① 安倍晋三：《安倍晋三対論集》，PHP 研究所 2006 年版，第 56 页。
② 麻生太郎：《自由と繁栄の弧》，幻冬舍文庫 2008 年版，第 8 页。
③ 麻生太郎：《自由と繁栄の弧》，幻冬舍文庫 2008 年版，第 32—33 页。
④ 安倍晋三：《安倍晋三対論集》，PHP 研究所 2006 年版，第 71 页。

里，安倍非常“自然”地把过去的战争问题偷换成了意识形态和价值观问题，并找到了日本与美国和印度等国在价值观上的共同点，从而也找到了自信。他认为历史不是简单构成的，不能用简单的善恶标准来衡量，要从那个时代的特点，理解先辈所生活的时代。他说：“因为我生在这个国家，所以应该对这个国家抱有自信。”“我所属于的自民党是一个具有保守主义理念的政党，其中也有社会民主主义者，我们的党从成立时就否定共产主义。”①到此，安倍推行价值观外交的思想原因也就清楚了。

第四节 安倍价值观外交的评估

安倍在2012年12月10日出版的杂志《文艺春秋》中发表论文，主张建设“崭新的日本”，文中提出日本要摆脱战后体制，修改和平宪法，重新审视战后形成的否定侵略战争的历史观。这不仅给日本与中韩两国之间的关系蒙上阴影，而且也给日美关系蒙上阴影，使他努力配合美国的战略出现了矛盾，呈现了他的地缘政治战略的破绽，也是其价值观外交的局限性所在。

一、日美之间的结构性矛盾难以克服

价值观外交虽然看似找到了日本与美国在意识形态上的共同点，也是日本配合美国亚太战略的重要举措。但是，仅凭意识形态和价值观，日美两国之间未必能够真正做到同心同德，原因在于安倍的价值观外交并不是单纯地在美国战略框架下展开的。比如，对于所谓“日美印澳”构想，安倍就明确指出“日本应该发挥领导作用”②，然而，这是美国不能允许的。事实上，安倍在2006年第一次主政之时，没有选择美国作为出访的第一站，而是实行了对华“破冰之旅”，特别是他还对北约进行了访问，试图单独与北约建立联系，突出日本的独自战略，因此立即引起了美国的警觉。也许是因为当时的记忆还留在美国人的心里，所以，当安倍重新执掌内阁之后，发出了首站出访美国的信息时，却遭到了美国的拒绝。事实上，安倍于2013年1月

① 安倍晋三：《美しい国へ》，文春新書2006年版，第29页。
② 安倍晋三：《美しい国へ》，文春新書2006年版，第160页。

中旬派遣了自民党众议院外务委员长河井克行访问北约，并带去亲笔信，要求与北约一起遏制中国的海洋影响力，表示日本要为维护东北亚稳定与繁荣扮演积极角色。①安倍一方面说要强化日美关系，另一方面却想脱离美国"单干"，不能不引起美国的戒心。

日美之间的结构性矛盾，在"普天间"与"TPP"问题上表现比较明显。关于普天间基地的搬迁问题，自民党政权积极与美国配合，民主党政权开始反对，后来不得不配合，但是步调缓慢。安倍上台之后，该问题也没有明显进展，成了日美同盟深化的障碍，这让美国非常失望，日美关系能否从此案开始得到修补是安倍外交的一个试金石。但是，安倍与前几任内阁一样面临着冲绳的利益与美国的利益的二选一抉择。关于 TPP，其实，它并不仅仅是个经济问题，还被认为是美国牵制东亚一体化进程的一个具有政治意义的步骤。日本外务省官员也称："从对华牵制的观点看，TPP 也具有安保上的意义。"②安倍本人虽然赞成自由贸易，也意识到 TPP 是一张对华牵制的牌，但在 2013 年 7 月份的参议院选举之前，他却不想得罪日本的农业利益集团。农林水产大臣林芳正则直接告诉美国驻日大使，日本不想在参议院选举前过早与美国谈这件事情。③ 现在安倍下决心积极推进 TPP，但美国却因为总统换人，TPP 将被扔进垃圾堆。总之，安倍虽然主张与美国在战略上进行配合，但是，日美之间的结构性矛盾难以解决。

二、与中韩两国之间的领土问题难以解决

钓鱼岛争端是影响中日关系的重要因素之一。2012 年 9 月，野田政府一意孤行将钓鱼岛实行所谓"国有化"之后，中日关系就降到了冰点，中国海监船的常态化巡逻成为定局，中日"共管"钓鱼岛的事实不可否认。关于钓鱼岛问题，安倍在上台之前曾主张讨论派遣公务员常驻的问题，上台后，虽然未有更具体的措施出台，但是，他表示绝不会在这个问题上让步。2012 年 12 月 13 日，中国海监 Y－12 飞机首次进入钓鱼岛领海巡逻，日本出动了 8 架 F－15 战机进行拦截，之后又多次出动 F－15 战机干扰和拦截中国海

① 《読売新聞》2013 年 1 月 13 日。
② 《日本経済新聞》2012 年 12 月 19 日。
③ 《朝日新聞》2013 年 1 月 19 日。

监飞机的正常巡航。2013 年 1 月上旬，为了对日本出动军用战机拦截我海监飞机的行动作出反应，中国出动 Y－8 侦察机等在钓鱼岛所谓“防空识别圈”进行巡航。1 月 5 日，媒体还爆出安倍命令内阁危机管理部门强化对抗措施，具体措施是如果中方无视日方的无线电警告，日本将发射曳光弹进行警告。然而，日方的强硬态度并没有起到任何效果。1 月 10 日，中国海军又出动了包括 J－7 和 J－10 在内的十余架战机，逼近钓鱼岛领海。自此，中日两国围绕钓鱼岛问题，首次出现了“军机对军机”的对峙局面。

中日两国围绕钓鱼岛问题的争端至少始于 20 世纪 60 年代末 70 年代初。邦交正常化以后，两国达成了搁置争议的共识。到 2012 年 9 月，日本宣布将该岛“国有化”为止，该问题基本上保持在可控范围之内，两国都采取比较克制的态度，维持了相对稳定的局面。然而，由于日本一部分投机政客认为美国重返亚太和南海问题的发生有机可乘，为了配合日本国内政治的需要，他们大肆炒作钓鱼岛问题，安倍及其自民党在野期间也不遗余力推波助澜，使民主党政权陷入了内外交困的境地，只好铤而走险，结果是破坏了中日关系的大局。安倍第二次上台之后，面临着如何收拾钓鱼岛残局的任务。安倍本人是把该问题推向高潮的推波助澜者之一，当然也是政治上的受益者，所以，获得政权之后，政治目的达到了，应该理性处理，没有必要继续让这个问题发酵。但是，由于日本政府骑虎难下，任何外交上的退让都会影响自民党政权的支持率。

然而，领土问题若得不到相对的了断，并使之重新回到可控的范围之内，中日关系便无望恢复，所谓价值观外交在对华外交上的目的便不能实现。加上日本与韩国也存在领土纷争，如果不能得到妥善解决，包围中国的目标在韩国这个环节上就会出现缺口，这一点早已引起了美国的不满，因为美国一直试图撮合日韩在战略上合作，应对中国的崛起，同时也希望日中关系能够配合美国的亚太战略，而不是把美国引向与中国的冲突。然而，安倍在这些问题上并没有很好地配合美国，美日之间的合作并不顺利。

三、摆脱“战后体制”掣肘价值观外交的推行

安倍是自民党内著名的鹰派人物，鹰派的基本主张是要追求日本摆脱所谓“战后体制”。鹰派所称的“战后体制”就是以雅尔塔协定等国际协议为

基础的战后国际秩序，在日本国内就是以和平宪法为根据的战后秩序。日本鹰派要打破这个体制，具体目标是修改和平宪法，特别是该法第9条关于日本放弃武装和交战权的规定，另外，否认侵略的历史也是鹰派的政治目标之一。2012年4月，自民党发表了宪法修改草案，提出了把自卫队改成国防军；2012年11月21日发表的竞选纲领中提出：要将修改宪法动议所需要的在籍国会议员三分之二以上的规定减少到二分之一，目的是降低修改宪法的门槛；还提出要扩充自卫队人员、装备和预算，加强海上保安厅的力量。然而，问题在于美国虽然希望日本军队承担更多的国际责任，但是并不希望"美主日从"的局面有改变，而安倍则有日本掌握领导权的倾向，对此，美国自然会高度警惕。

篡改历史是摆脱"战后体制"的又一重要内容。尽管安倍在2012年12月表示要继承"村山谈话"，但是，2013年1月4日，日本官房长官菅义伟对记者说，安倍内阁将发表一个新的历史问题谈话，说它将是一个在继承"村山谈话"基础上符合21世纪的面向未来的新"谈话"。对此，人们担心安倍可能是要以所谓"安倍谈话"代替"村山谈话"，特别是安倍对于承认日本军队强征慰安妇的"河野谈话"有不同看法，2006年，安倍曾因该问题与美国国会发生摩擦。在历史问题上，美国曾对日本鹰派扭曲的历史观睁一眼闭一眼，但是，如果这些翻第二次世界大战历史案的鹰派走得太远，不仅亚洲国家会反对，美国社会也会出现反对，美国政府一定会出面遏制。2013年1月6日，《日本经济新闻》透露：美国白宫方面对安倍内阁有关修改"河野谈话"的表态有所不满，认为这会给奥巴马政府所重视的亚太地区的稳定带来恶劣影响。《纽约时报》发表了题为"试图重新否认历史"的社论，指出安倍上台前后陆续发表否定日本侵略战争历史的言论，说明他是一个"右翼的民族主义者"。可见，安倍在历史问题上的错误立场，并不会因为他提倡价值观外交而被遮掩过去，亚洲邻国不会买账，甚至美国也不会纵容，比如，美国政府官员就向日方表示了担忧①，安倍最后不得不在2014年春，再次表示要继承"村山谈话"的精神，并在2015年8月15日的谈话中，表示了对"村山谈话"的肯定，当然他做了一点小动作，对"侵略"和"道歉"作了模糊处理。

---

① 《朝日新聞》2013年1月18日。

小　结

地缘政治，至少从美国的马汉、斯皮克曼和英国的麦金德的理论来看，是关于海洋国家围堵大陆国家的理论，按照麦金德和斯皮克曼的说法，海洋国家主要是指西方民主主义国家。谷内正太郎、安倍晋三和麻生太郎显然是从英美的这些理论中获得启示，试图以价值观为所谓“大义名分”，联合拥有这种共同志向的国家，先是模仿美国与西欧的样子，建立一个类似跨大西洋联盟的“跨太平洋”联盟，然后，再联合欧亚大陆的边缘地带国家构成一个价值观之弧或者“安全保障菱形”，在此基础上，与中国谈判，打交道，迫使中国让步。这样做既可以配合美国的亚太在平衡战略，又可以实现在日本占优势的背景下的中日关系“正常化”，使日本在对华外交中获得有利的地位。然而，正如本章如上所述，安倍的价值观外交，表面上看是配合美国战略，其实是充满矛盾的，且不说日本在经济上已经与中国形成了互相不可分割的依赖与互补关系，单就他企图建立牵制中国的价值观之弧来说，其中的军事和政治大国志向就流露了与美国争夺主导权的苗头。安倍要让日本主导以价值观为基础的所谓“自由与繁荣之弧”，表面上是配合美国的战略，实际上是日本有大国意识，要主导亚太事务。特别是安倍这种利用或者配合美国战略调整的外交构想，在历史问题上难以走出道德上的困境，结果导致邻国不买他的账，美国也不会容忍他在右倾的道路上继续滑下去，美国对他参拜靖国神社的行为表现出来的失望感便是证明。总之，安倍以价值观为名义，以日美同盟为核心，以欧亚大陆边缘为纽带，配合美国遏制中国的战略是不会有结果的。这一点，就连日本外务省官员也透露过：“遏制中国是不可能的。”当然，尽管如此，也必须同时看到，价值观外交毕竟是以配合美国亚太战略的形式出笼的，在地缘战略上，日美之间是有共同利益的，日美之间从价值观的角度切入，强调相互之间的共同点，把中国作为防范和遏制的对象，这是今后一定期间内不会改变的态势。

第十二章　构筑对华包围网

价值观外交在战略布局上的具体实施就是构筑包围中国的网络，这个问题有必要再进一步给予具体讨论。日本对中国的国力增长感到不安由来已久。1996年11月1日，日本时任首相桥本龙太郎说："中国从俄罗斯购买苏-27战斗机，加强军事力量，对此日本感到担心。"①这是观察日美同盟的一个重要角度，日本对中国的不安是地缘政治上的不安，正因为如此，日本从20世纪90年代中期开始宣传中国威胁论。后来，伴随美国亚太战略的调整，日本更是提出了各种配合美国遏制中国的构想，"日美印澳"安保对话构想是其中最引人注目者，被称为亚太版"小北约"。尽管日本有野心驾驭这样一个亚太地区的安保机制，但是却通过加强日美同盟，加强日本与澳大利亚和印度的合作关系来推进这一进程的实现。另外，尽管日本不能走出与韩国之间的领土问题和历史认识问题的怪圈，但是，还是在美国的撮合下，探索强化与韩国的合作，目的只有一个，就是在亚洲形成包围中国之势。可以说，价值观外交只是一个抽象的外交框架，它需要一些战略构想使之具体化，从而使日美合作深入下去。

第一节　策划"亚洲版小北约"

面对中国的崛起，日本必须搭便车配合美国的亚太战略调整。安倍为了使日本成为亚太地区有影响力的国家，积极配合美国遏制中国的崛起，提出了"日美印澳"安保对话构想，意在配合美国掌握亚太对华战略的主导权，并使日本在对华外交中处于有利地位。但是，安倍过于表露的大国意识和

---

① 《中国の軍備増強に橋本首相画懸念》，《朝日新聞》1996年11月2日。

对华战略攻击性，表面上看是配合美国的亚太战略，实际上也有不符合美国利益的地方。

一、“日美印澳”构想是安倍对美国亚太战略的配合

2006年，安倍在其著作《建设美好国家》中这样写道：中日两国价值取向不同，因此日本有必要与美国、印度、澳大利亚加强合作关系。安倍还认为中日关系的症结在于“结构性方面”的矛盾，如果两国关系在这种“结构性方面”没有改变的话，即使日本领导人停止参拜靖国神社，情况也不会有大的好转。所谓“结构性方面”的改变，按照安倍的解释，是指围绕中日关系的大环境的改变，具体地说就是在加强日美同盟的基础上，密切同亚洲另一个成长中心印度的关系，只有这样才能增加日本对华交涉时的筹码。①

除了印度，安倍对日本与澳大利亚的战略合作也非常重视。澳大利亚是美国的盟国，在安倍看来，日美同盟加上澳大利亚和印度之间的战略与安保合作，构成了日本提倡的“日美印澳”构想的基础。按照安倍的政策构想，日、美、澳三国既是同盟关系又有战略合作机制，如果再把亚洲最大的民主主义国家印度也拉入其中，那么，在亚太地区便可以形成一个强有力的价值观同盟。可以说，这个同盟无论对日本应付中国的崛起还是增强日本对华谈判时的地位都有着重要的战略意义，同时这个构想的提出还使安倍外交形成了一个以“价值观外交”、“自由与繁荣之弧”和“日美印澳”三位一体的战略体系。特别是他的“日美印澳”安全对话构想，是他的亚太政策的重要组成部分。

“日美印澳”安全对话构想的基本思路最初来源于曾经服务于国家安全委员会的美国政府智囊人物麦克·格林（Michael Green），他曾经向日本防卫省官员提出过“日美印澳”战略联盟的建议。② 日本一些新保守主义者也考虑过要进一步加强联合印度与澳大利亚战略的具体操作性，所以他们采纳了格林的建议。后来，由安倍通过媒体及其著述提出的“日美印澳”安全对话的构想便在“价值观外交”的包装下出笼了。所以，从根本上说，“日美

① 安倍晋三：《安倍晋三对論集》，PHP研究所2006年版，第27—29页。

② 这是笔者与日本防卫省及防卫研究所官员座谈时，日方参加者介绍的，他们说“日美印澳”构想的“创意”来源于格林。

印澳"构想来源于美国，日本是在美国人的建议之下提出这一构想的，目的在于配合美国亚太的战略。

对于安倍内阁来说，"日美印澳"四国安全对话构想既是一个以价值取向为战略理念的"价值联盟"，又是一个以牵制中国为目的的战略联盟；如果说"价值观外交"是安倍提出的日本外交的战略理念的话，那么，就可以说，"日美印澳"构想是安倍在这个理念前提下提出的亚太战略的重要组成部分，是这个外交战略理念在具体外交实践上的重要一环和落脚点。

二、"日美印澳"构想受到挫折

虽然从格林的建议来看，美国人事实上是"日美印澳"的"首创者"和"始作俑者"①，但是安倍第一次上台之际，正值中日关系因为小泉参拜靖国神社而陷入"政冷经热"的不正常状态，中日双方的有识之士甚至国际社会都要求日本政府能够与时俱进改变这种状态，使两国关系走出困境。对于安倍来说，他除了要在历史问题上应付日本国内舆论的反对之声以外，还要"照顾"中韩等亚洲国家的感情，特别是美国也在这件事上态度有了转变，美国人开始公开批评日本首相参拜靖国神社。②美国、印度和澳大利亚都在谋求与中国发展稳定的战略关系，这进一步有力地说明了安倍内阁提出的以价值观外交为基础的战略理念是一个既不合时宜又不现实的政策，反映了这个的战略理念是落后于时代的。

另外，安倍似乎也没有充分估计到美国亚太战略的关键之点，即美国在亚太地区的同盟体系是通过以美国为主轴的美日同盟、美澳同盟、美韩同盟等构成的扇形结构。这个结构曾经比较完善，尽管近年来美国显得相对衰落，并希望盟国之间有些横向合作，但是美国并不希望由日本来牵头实现"日美印澳"安全构想。归根到底，亚太战略的主导权还是要掌握在美国手里，这反映了美国对日本拓展外交空间企图摆脱美国控制的警惕。③

尤其值得注意的是，美国至少在目前阶段并不希望因为建立这样一个价值观联盟而损害美国与中国之间相对稳定的战略对话与合作关系。价值

---

① 赵青海：《"四国同盟"：构想与现实》，《国际问题研究》2007年第6期。

② 美国众议院国际关系委员会"日本历史听证会"，2006年9月13日。

③ 赵青海：《"四国同盟"：构想与现实》，《国际问题研究》2007年第6期。

观的问题至少在目前不是美国对华政策的重点，更不能成为中美合作的障碍。正如美国前副国务卿罗伯特·佐利克(Robert B. Zoellick)所说，“我们并不想通过促进自由而削弱中国。即使在我们为建立明日的民主中国而努力之际，我们也能与今日崛起的中国合作”①。事实上，中美两国也正在通过战略对话和经济战略对话等推进这种合作，从这个意义上看，安倍从价值观角度构建对华包围网的战略，特别是如果这个战略破坏了亚太地区的稳定，未必符合美国的战略利益。

尽管价值观问题是美国对外政策的理念性因素，是美国的意识形态，但它是美国外交的长期目标，不一定是它的近期策略。而安倍提起“日美印澳”构想并表现出领导意愿，看似投美国之所好，其实是与近年来日本不断膨胀的“大国意识”有关，它反映了日本人内心在“恐惧”中国崛起的同时，对美、印等亚太地区大国过于在战略上与中国进行对话与合作所抱有的“醋意”。所以，安倍强调价值观外交，提出“日美印澳”构想，除了要遏制中国以外，还有一个目的就是离间中国与相关大国之间的关系。

正是基于上述背景，2006 年 11 月，当日本外相麻生太郎在河内跟美国国务卿赖斯说“在亚洲太平洋地区建立日美印澳四国对话是有意义的”时候，赖斯没有给予明确的回答，她搪塞地说，“这个问题很有意思，美国愿意继续探讨”②。赖斯的态度说明了美国政府在对华政策上与被美国新保守主义者“包围”的亲日派学者格林的想法有所区别，对此，日本媒体分析说：“赖斯实际上内心是反对‘日美印澳战略对话’的，美国并不喜欢建立什么明目张胆的对华包围体制。”③

不管怎么说，赖斯当时的表态是安倍内阁以“日美印澳”构想为手段遏制中国崛起的亚太政策遭到挫折的标志性“事件”，这个挫折也意味着安倍推行的以价值观外交为内容的战略理念在事实上遇到了阻力。如果这个类似亚洲版“小北约”的机制得以成立，日本将会发挥重要作用，并可以在对华战略上获得有利地位，这也是日本之所以积极主动推动这一构想的内在动

---

① 《美国副国务卿罗伯特·佐利克在美中关系全国委员会的演讲(2005 年 9 月 21 日)》，http://column.bokee.com/102783.html。

② 日本外务省网站，http://www.mofa.go.jp/mofaj/kaidan/g_aso/apec_06/kaidan_jus.html。

③ 日本外务省网站，http://www.mofa.go.jp/mofaj/kaidan/g_aso/apec_06/kaidan_jus.html。

因。然而，日本在构建包围中国的安全机制过程中所暴露出的领导意识，令美国产生戒心，所以，安倍的构想只好胎死腹中。

印度也对日本提出的“日美印澳”构想持怀疑态度。印度有许多有识之士直截了当地对“日美印澳”安全对话构想提出了反对的意见。[①] 2006 年底，印度总理辛格访日以后，也让日本人感到印度不想因为改善对日关系而牺牲对华关系。辛格给日本人这样一种印象，即推行全方位外交并与中国进行战略合作的印度，不会接受日本提出的旨在包围中国的建议。[②]印度的态度，事实上已经宣布了“日美印澳”构想的出师不利，甚至可以说，作为这个构想的关键国家印度的消极态度，意味着这个构想必定是前途渺茫、实现无望的。

事实证明，“日美印澳”安保对话构想是一个“生不逢时”的构想，原因在于它的战略理念前提是充满着冷战思维的“价值观外交”。这个外交与当今强调和平与合作的世界主流观念存在着相当的落差，所以它事实上在安倍第一次下台以前就没有被真正实施而夭折了。具体说，就是因为它一经提出便引起中国的警觉，因为它首先与中日双方共同倡导的“战略互惠关系”相矛盾。另外，它也不能得到重视与中国发展战略关系的美国和印度的支持，所以，等待它的必然是夭折的命运。

然而，尽管如此，日本仍然不遗余力地继续推进这个外交的实施。安倍第二次上台之后，仍然对发展和深化日本与美国、印度和澳大利亚的战略合作关系表现了极大的兴趣，成了亚太地区的不稳定制造源。

第二节　拉拢澳大利亚和印度

不管“日美印澳”构想能否实现，澳大利亚和印度都是日本在外交上拉拢的对象。澳大利亚是美国的盟国，印度是美国极力接近和拉拢的具有重要地缘政治意义的国家，于是日本也追随美国之后，加强与这两个国家的关系。尤其是南亚的印度在地缘政治上占有重要位置，目前它正在以令人惊

---

① 每日新闻网站，http://blog.zaq.ne.jp/tachikoma/article/620/。

② 《「中国包囲網」は妄想に過ぎない》，http://diamond.jp/articles/print/39917。

异的速度实现着经济增长，其大国意识也不断增强。安倍内阁为了实现其遏制中国的战略目的，推动“日美印澳”构想实现，当然不会忽视与印度的合作。

一、与澳大利亚建立安保合作关系

在美国的撮合下，早在2007年3月13日，日本就与澳大利亚签署了安保宣言，这是日本继《日美安保条约》之后签署的第二份安保文件，内容涉及反恐、救灾、防止武器出口与维和问题的合作。这份文件的签署意味着日美澳三国结成了所谓民主轴心，遏制中国当然是其主要目的。日澳安保合作当然是得到了美国支持的，由于美国与韩国之间的关系最近几年渐行渐远，美国将亚太安全的策略中心从美韩同盟向美日澳同盟转移。三国还建立了外长对话机制，日澳安保宣言的发表是实现“日美印澳”安保对话构想的重要环节。尽管日澳安保宣言签署后，澳大利亚总理霍华德说“没有针对中国或地区内任何国家的意思”，[①]但显然这是此地无银三百两，日美推动这样一个机制的实现，意在遏制中国，澳大利亚不可能只是站在局外。

2012年1月9日，日本与澳大利亚签署了《关于军事机密与安全保障情报保护协议》。美国决定向澳大利亚派驻海军陆战队，提出了新的外交安保战略，日本与澳大利亚的关系强化，无疑是对美国战略的侧面支持与配合，这是日澳安保宣言延长线上的又一重要文件。安倍也因此在推行价值观外交方面得到了一定程度的鼓舞。

二、加强与印度的战略合作

价值观外交提出以后，安倍内阁便试图把印度“编织”进去。“日美印澳”构想是安倍的价值观外交在其亚太政策具体操作中的重要环节，其重点在日本的对印度政策上。不管“日美印澳”构想能否实现，日本与印度的双边关系受到了近年来日本历届内阁的高度重视。

日本认为，日印两国发展战略合作关系有两个有利条件：一个是两国之间不存在历史问题的争论。他们认为印度没有反日感情，故扩大两国间

---

① 《参考资料》2007年3月19日。

的交流不存在感情上的障碍。另一个是日印两国的价值理念相同。日本外务省一份关于举办日印交流年的报告说:"印度不仅从地缘政治的角度看处于重要的位置,而且还与日本一样拥有以民主主义为基础的共同价值观。"[①]这些构成了安倍内阁以强调价值观的一致来拉拢印度,缓解因为中国的崛起给日本带来的战略上压力之思考的基础。

安倍内阁认为在中日关系摩擦不断和互相之间不信任的背景下,打开局面确实应该寻找一个平衡点,印度就是日本寻找平衡点时可以利用的一张牌。比如,外务省有人认为应该把日印关系放在中、日、印三国关系中加以考虑,足见其发展与印度关系的目的所在。也就是说,日本着重强调的是,在中、日、印三国之间"印度是世界上最大的民主主义国家",言外之意是在这三个国家里,日、印两国在价值观上与中国不同,日本应该支持印度迈向市场经济,使其成为亚洲地区的"建设性伙伴"[②]。日本外务省甚至还有人认为日印关系应该提到日美关系的高度。[③]

可见,日本为了牵制中国,在制定亚洲政策时,重视发展与印度的关系,并着重强调用价值观做亲疏标准,可算是抓住了问题的关键。对于日本来说,印度这个"远亲"之所以比中国这个"近邻"可靠,就是因为印度是一个民主主义国家。这是日、印这两个文化背景不同的国家之间难得的共同点,抓住它就可以使日、印两国在意识形态上与"异质"的中国拉开距离。

当然,价值问题还只是个外交抓手,实质问题则在战略方面。2007 年 3 月,印度外长访问日本,麻生说:"中国的国防经费增长缺乏透明性。"印度外长针对中国进行的人工卫星摧毁试验说:印度反对中国将宇宙空间技术应用于军事领域。[④] 这些都反映了日印两国在遏制中国方面是有共同利益的。另外,两国当时还就海上通道的合作问题进行了商讨。2007 年 8 月,安倍访问印度,同时,美国太平洋司令部司令蒂莫西·基廷也访问印度,目的显然是拉拢印度。之后不久,日美印澳与新加坡在印度洋举行了军事演

---

① 《关于日印交流年》,日本外务省文件,http://www.mofa.go.jp/mofaj/area/india/jin2007/index.html。

② 《インドの可能性》,http://www.asahi-net.or.jp/~VB7Y-TD/k7/170512.htm。

③ 《インドの可能性》,http://www.asahi-net.or.jp/~VB7Y-TD/k7/170512.htm。

④ 《第 1 回日印が外相間戦略的対話(結果概要)》,http://www.mofa.go.jp/mofaj/area/india/visit/0703_taiwa.html。

习。印度评论家拉马钱德兰称日美印奥的合作是“四边民主轴心”或“四方联盟”①。

2007年8月22日，安倍在印度演讲时说：“日印之间的战略性全球伙伴关系是基于自由与民主主义、基本人权等基本价值观之上，共享战略利益的结合。”安倍还说：“日本外交正在构想沿着欧亚大陆外圈建立自由与繁荣之弧。日本与印度的战略性伙伴关系在这个构想中居于关键的位置。因为日本与印度的结合，扩大的亚洲包括美国和澳洲，把整个太平洋地区包括在内，形成巨大的网络。追求自由与繁荣是我们两个民主主义国家的责任。”他还说：“日本和印度作为两个海洋国家，也肩负着保卫海上通道安全的责任，海上通道对于世界经济来说是重要的海上运输线。”②

安倍第一次内阁解体之后，日本历届内阁都非常重视与印度的合作。民主党内阁也不例外，继续推动两国之间的战略合作。2011年12月，野田佳彦访问印度，两国确立了联合军事训练的问题，共同确保从中东、印度洋、南海到日本的海上通道安全。日本对于这条通道非常重视，认为是日本的生命线。2012年11月16日，野田佳彦与印度总理决定两国海军共同训练扩大规模，两国在日本周边和印度洋进行联合演习。

2014年1月25日，安倍第二次执政之后访问印度，与印度总理辛格会谈，答应向印度提供2 000亿日元借款援助，并与印度达成在核能和平利用方面进行合作的协议，特别是日本答应向印度出口救难飞机“US－2”，这种飞机每架价值约1 000万美元。双方还就日本海上自卫队参加美印海上联合演习达成协议。③这种演习是以所谓中国的海洋进出为背景，应对海上通道安全和航行自由为目的的。“日美印澳”构想虽然没有了下文，但是日本与印度的战略合作却紧锣密鼓地向前推进，安倍不遗余力拓展着日本的外交空间，利用着美国的亚太战略，但是醉翁之意绝不仅仅在于配合美国，实现日本自身在亚太地区的主导地位才是关键之点。

---

① 《参考消息》2007年9月12日。

② 《第1回日印が外相間戦略的対話（結果概要）》，http://www.mofa.go.jp/mofaj/area/india/visit/0703_taiwa.html。

③ 《日印の原子力協定、交渉に弾み＝インド首相》，http://www.asahi.com/international/reuters/CRWTYEA0Q01A.html。

第三节　日美韩合作的现状

在日本配合美国的亚太战略试图包围中国的努力中，日美韩合作也是重要内容，但是，这个战略的进展十分缓慢。日本与韩国是强化美国在东亚战略地位的中心国家，日韩关系恶化使奥巴马的亚太战略弱体化，但是如果没有日韩的合作，美国在朝鲜核问题与中国崛起问题上都不会取得任何实质性效果。从日美关系的角度看日韩关系，美国希望日本能够与韩国建立互信合作关系，但是，日本囿于历史和领土问题，无法改善对韩关系，即使有所努力，也往往因为两国积怨太深，最后不得不前功尽弃。

一、历史问题

日韩之间的历史问题主要表现在如何反省殖民统治之历史的问题、慰安妇问题和靖国神社问题上，特别是慰安妇问题成为两国关系紧张的重要原因。关于殖民统治问题，日本认为已经向韩国道歉了，所以，不宜一再提起该问题，使该问题成为两国关系的障碍；而靖国神社问题归根到底是祭拜甲级战犯问题，日本认为韩国在战前并不是参战国，所以该问题与韩国没有直接关系。

关于殖民统治问题，日本鹰派政客由于受其扭曲的历史观限制，很难承认错误。比如，1995 年 8 月，日本首相村山富市就殖民地统治问题向韩国道歉，但是，11 月，当时的总务长官江藤隆美却说："殖民地时代日本也在韩国做了好事。"引起了韩国一片哗然，江藤不得不辞职。1995 年韩方提出两国共同进行历史研究，1997 年日韩共同历史研究开始，2002 年至 2010 年，双方进行了多年的共同研究。但是，由于韩方坚持政治上的"正确历史观"，日方坚持所谓历史的客观性，双方无法达成共同的历史认识。

在日韩两国的对立中，慰安妇问题表现更为突出。韩方认为日本没有对被害者有个基本的交代。该问题起始于 1991 年，当时日本《朝日新闻》报道了战前"挺身队"强制朝鲜女性卖淫的历史事实，引起韩国的舆论关注，并上升为两国之间的外交问题。日方认为日韩两国在 1965 年邦交正常化时，韩国已经放弃了请求权，日本向韩国支付了 3 亿美元的无偿援助和 2 亿美元的有偿经济援助，规定两国最后彻底解决请求权问题。但是，韩方认为慰安妇问题是1965年被忽视的人道主义问题，日本应该给予补偿。日本设立了“针对女性的亚洲和平国民基金”，补偿每个慰安妇200万日元，并由日本首相发出道歉信。但是，因为这笔补偿在形式上不是日本政府的赔偿，所以，大多数慰安妇都拒绝接受。当时的日本外务省认为，如果提供政府补偿，将会引起包括中国在内的战时征用问题的一连串反应，所以一定要坚持1965年关于请求权的协定，不以赔偿方式解决问题，日方要求韩方遵守承诺。

美国希望日本能够在这个问题上有个诚恳的态度，尽快改善日韩关系。2014年1月31日，美国众议院外事委员会议长罗伊斯向加州“慰安妇塑像”下跪。他说：“美国众议院第121号决议已经通过7年，对慰安妇最好的安慰是承认这个事实。”①

历史问题的积怨太深，使得日韩两国和解基本无望。1998年，金大中就任总统，与日本首相小渊惠三签署联合声明，日韩关系缓和。2003年韩国电视剧《蓝色生死恋》在日本播放，引起空前韩国热，被称为韩流，拉近了两国之间的关系。但是，之后两国仍然因为历史问题再发争论。2012年夏天，韩国总统李明博登上独岛，日韩关系陷入低谷。之后，新任总统朴槿惠在历史问题上态度坚决，拒绝与日本首相会见。2013年9月，美国防长哈格尔访问韩国，朴槿惠告诉他，是日本领导人逆历史潮流而动，因此难以与日本建立信赖关系。

在这种背景下，安倍晋三于2013年12月，悍然参拜靖国神社，引起了韩国的一片愤怒。安倍的行为，让一直撮合日韩关系的美国十分尴尬。2014年1月9日，日本前外相中曾根弘文与自民党干事长小坂宪次郎、自民党事务局长盐崎恭久访问美国，将安倍参拜完靖国神社之后发表的关于“永不再战”的讲话稿英文翻译交给美国前副国务卿阿米蒂奇。阿米蒂奇说：安倍参拜靖国神社是履行选举承诺，这件事已经结束了，“日本应该与中国、

① 《韓国の反日主張、米議会中枢を侵食　下院外交委員長が慰安婦像を訪問》，http://www.sankei.com/world/news/140201/wor1402010010-n1.html。

韩国改善关系”①。2014年1月24日，美国副国务卿伯恩斯访问日本，针对安倍参拜靖国神社，他说为了地区稳定，强烈希望日本与中韩两国改善关系，特别是希望日本与韩国保持良好关系。② 2014年1月29日，美国白宫副发言人罗斯说：“我们的一般原则是所有的领导人都应该在历史问题上加以注意。”③

阿米蒂奇要求日本与中国改善关系是担心中日关系恶化，会把美国卷进去，而他要求日本与韩国改善关系则是希望日韩在对华战略上能够保持一致立场。

2015年12月28日，日韩两国就慰安妇问题达成协议。日方提供10亿日元，并由安倍表示道歉，韩方承诺以适当形式撤走“慰安妇像”。双方表示该问题实现最终不可逆转的解决，美国对日韩此举表示赞赏。但是韩方国民并不认可这种解决形式，2016年10月13日，韩国外长要求日方追加能够打动韩国人感情的行动，他提到联邦德国总理勃兰特向华沙纳粹大屠杀被害者下跪一事，遭到日方的拒绝。

二、日韩安保合作问题

深陷财政危机的美国想要遏制中国必须依赖日本，美国希望日韩两国改善关系，建立阻止朝鲜核开发和对抗中国增强军备的亚洲轴心，所以，迫切希望日韩能够在军事领域合作。④这是美国在亚太同盟战略方面的微调整，但是日本的安倍集团在推行价值观外交的同时，又突出“积极和平主义”，在“积极和平”的幌子下，推进普通国家和军事国家化，为此还要解禁集体自卫权，自然引起韩国的不安。因为日本预想的集体自卫权行使的最优先状况是朝鲜半岛所谓“有事”，日本政府关于集体自卫权的对象国锁定为朝鲜半岛，所谓朝鲜半岛“有事”具体是指朝鲜半岛发生武力冲突和战争的

① 《アーミテージ氏「終わったことだ」 日米議連に》，http://www.asyura2.com/14/senkyo159/msg/242.html。

② 《中韓との関係改善促す＝米国務副長官、小野寺防衛相らに》，http://www.chikyumura.org/takagi/blog/s/coverage/007344.html。

③ 《大統領訪日に前向き姿勢＝靖国参拝、周辺国配慮を-米高官》http://www.jiji.com/jc/c?g=pol_30&k=2014013000274。

④ 《過剰な警戒から冷静な記事まで…自衛隊の弾薬提供めぐり異なる報道姿勢》，http://newsphere.jp/world-report/20131226-7/。

情况。也就是说，朝鲜半岛有事，美军的支援活动发生困难，这样，集体自卫权的行使就意味着日本自卫队的活动范围包括了朝鲜半岛。日本“安全保障的法律基础再构筑恳谈会”座长北冈伸一说：“集体自卫权的适用对象国是在安全上与日本有密切关系的国家。”[①]朝鲜和韩国是“当之无愧”的于日本安全有密切关系的国家。

所以，韩国对日本解禁集体自卫权极为敏感。韩国政府明确表示，关于朝鲜半岛主权部分必须反映韩国的立场，没有韩国的同意，决不允许日本介入朝鲜半岛事务。

2013 年 11 月 18 日，美国国务院邀请韩国媒体代表团访问美国。美方官员向韩国记者说，美国对日本解禁集体自卫权，对日本的作用的正常化和对地区安全保障的努力表示欢迎。如果日本决定解禁集体自卫权，美国认为这是地区遏制力的强化。[②]但是，韩国对这种意义上的强化三国关系构想却不以为然。韩国政府认为，美国以强化日美同盟为契机，构筑日美韩军事同盟体制，将会增加韩国的负担。美国有可能以接受韩国的作战指挥权移交延期为条件要求韩国与日本进行军事合作，增加国防费。韩国认为，日本的集体自卫权解禁问题目前未必威胁韩国的安全，但是，韩国要求日本自卫队在韩国领土和领海作战必须征得韩国同意，事实上是不可能做到的。韩国有人认为，日本一旦解禁集体自卫权，当朝鲜发生冲突事态，韩国的安全保障受到威胁时，负责后方支援的驻日美军的补给会更加安全。[③]

2013 年 12 月 19 日，韩国国会对于日本解禁集体自卫权问题通过决议，指出：日本在推进解禁集体自卫权过程中，不能歪曲和否定历史，应该对慰安妇进行赔偿并放弃对独岛的主权要求。“日本应该明确承诺不经韩国政府同意不在朝鲜半岛行使集体自卫权”。韩国要求支持解禁集体自卫权的美国发挥作用敦促日本消除韩国的疑虑。[④]对于韩国来说，重要的是日本不

---

① 《日本政府、集団的自衛権行使条件に「朝鮮半島有事」明示を検討か》，http://military38.com/archives/30745349.html。

② 《日本の集団的自衛権、韓国記者団に理解求める　米高官》，http://www.sankeibiz.jp/macro/news/131120/mcb1311201537023 - n1.htm。

③ 《集団的自衛権：米日同盟強化、選択迫られる韓国(朝鮮日報)　米中対決の中、米国の対中包囲作戦が開始したようだ》，http://www.asyura2.com/13/senkyo154/msg/786.html。

④ 《日本の集団的自衛権推進に懸念　韓国国会、決議採択》，http://sankei.jp.msn.com/world/news/131219/kor13121919460004 - n1.htm。

反省历史，也不谢罪，却要解禁集体自卫权。他们指出，曾经被日本军国主义侵略的周边国家对日本十分忧虑，担心日本的再武装和军事大国化会导致军国主义化，乃至引起东北亚的军备竞赛。所以，韩国认为美国不能只是口头上对此表示理解，还要明确敦促日本反省和谢罪，否则别想让韩国同意日本行使集体自卫权。

日美两国在东京“2+2”会议上达成协议，并在2014年年底修改日美防卫指针，强化日美关系。美国承认了日本行使集体自卫权，但是，韩国对此要求美国在关于朝鲜半岛的主权行使部分，应该反映韩国的意见。①有鉴于此，日本“安全保障的法律基础再构筑恳谈会”（座长是前驻美大使柳井俊二）在提出的报告书中规定，日本行使集体自卫权时，只限于有同盟国、友好国等合作对象国的“明确请求”的场合。该恳谈会的座长代理说：增加同盟国等的明确表示作为条件，是考虑到韩国的态度，向受日本行使集体自卫权影响的相关国家事前通报，也需要国会的批准。② 由此可见，日韩之间建立互相信任还需要巨大的努力。

三、日本的努力

日本谋求与韩国缓和关系是因为他们认识到了“持续与中韩进行两线作战不是上策”。他们知道中国有的媒体甚至激烈批评“日本有复活军国主义”的动向，所以，日本现阶段不得不集中精力应对中国。因此，安倍晋三表示了要改善日韩关系的意愿。在2014年2月6日的国会答辩时，安倍称将采取积极措施修复与韩国的关系。日本政府认为，中国正用各种手段强化对日施压，两国关系今后也将持续紧张，因此，将优先致力于修复日韩关系。安倍还在参院预算委员会上强调了2014年1月他在瑞士出席达沃斯论坛年会时的“日韩交流”成果。朴槿惠在达沃斯论坛上演讲时，安倍在会场的第一排就座，专注倾听。安倍此举是为了制造友好气氛，向拒绝举行日韩首脑会谈的朴槿惠示好。他说：“我聆听了韩国总统朴槿惠的演讲，与尹炳世

---

① 《旅行者26%減、悩めるアメリカ…日韓関係改善の見通し立たず》，http://newsphere.jp/politics/20131029-4/。

② 《連携国の明示的要請必要　集団的自衛権で安保懇》，http://www.hokkaido-np.co.jp/news/politics/519652.html。

外长握了手,还问候了韩国总统府的人士。"日本内阁官房长官菅义伟也在记者会上表示:"重要的是敞开胸襟进行对话,日本方面有这样的意愿。"

当然,日本这样做也是在给美国看的,显示其在改善日韩关系上的诚意。日本对韩国的重视确实反映出了美国的意向,美国担忧日韩关系恶化会危及其亚太战略,相关立场必须引起重视。2013 年 12 月,美国副总统拜登在电话中直接要求安倍在参拜神社的问题采取克制态度。美国外交人士认为:"日本为了维持日美关系必须要改善与韩国的关系。"

不过,韩国舆论对日本谋求改善关系的言行抱有反感。韩国《朝鲜日报》指出,安倍在达沃斯论坛上试图与朴槿惠接触是"骚扰外交"。安倍的战略能否取得成果尚难预料。2014 年 2 月 7 日,日本外相岸田文雄访问美国,与美国国务卿克里会谈。关于日韩关系,克里问岸田文雄:"日本打算怎么办?"岸田文雄回答说:"现状非常令人遗憾,要通过积累具体合作,做最大努力。"①

日韩关系的敏感性,在 2013 年南苏丹维和部队的合作问题上表现得尤为突出。根据日本 HNK 电视台 2013 年 12 月 24 日的报道,在南苏丹维和的韩国部队指挥官曾在 21 日直接打电话要求日本自卫队指挥官井川贤一提供弹药。根据井川向小野寺五典的报告,韩国指挥官说:韩国维和部队"驻地有 15 000 难民需要保护,当地只有韩国部队,周围都是敌军"。22 日上午,韩国政府向联合国提出了关于提供 1 万发子弹支援的要求,因为在南苏丹执行联合国维和任务的 280 人的韩国工兵部队,弹药不够,不能维持治安。

联合国告知日本,如果没有弹药,韩国负责区域的难民将陷入危险。韩国政府 22 日晚上也正式提出了要求,当时,韩国部队驻地附近拥有相同口径 5.56 毫米子弹的部队只有日本自卫队。23 日上午 11 点 53 分,日本首相官邸召开了首次国家安全保障会议,安倍晋三、菅义伟、小野寺五典和岸田文雄讨论了这一紧急案件。国安会作出结论,认为事态紧急,从人道观点出发应该立即提供支援。23 日下午,驻扎在南苏丹首都的日本自卫队直升机

---

① 《米、日韓関係改善を促す　岸田外相「粘り強く努力」》,http://www.nikkei.com/article/DGXNASFS08005_Y4A200C1MM0000/。

装载15 000发子弹飞往韩国部队驻地，此时距离韩国提出请求已过去15个小时。

然而，日本NHK电视台在24日把这件事报道出去，消息传出之后，日本媒体对日本政府的行为进行了指责，同时也令韩国方面非常尴尬。媒体认为在南苏丹执行维和任务的日本自卫队向同在苏丹的韩国军队提供1万发子弹，这本身违反武器出口三原则，而自卫队的派遣本身也涉嫌违反禁止行使集体自卫权的规定。根据1998年官房长官存冈兼造在国会答辩中对PKO合作法的解释，日本规定过不向外国提供弹药，即使有外国要求也不提供。但是此次的弹药提供显然违反了这个原则，也违反了武器出口三原则，后者禁止日本向争端发生地区提供武器。日本媒体认为，这次的案件被日本政府作为紧急案件处理，就是开了“例外认定”的先例，为将来出口武器开辟了道路。

对此，2013年12月25日，日本官房长官菅义伟表示：提供武器是出于紧急和人道的观点，是接受了联合国与韩国政府的请求。安倍政权认为，日本是对陷入困难状况的韩国军队提供了帮助，借此向国内外显示积极和平主义的必要性，并试图给外界造成韩国也同意日本的积极和平主义的印象。日本政府希望通过弹药提供使日韩关系在事务层面有所改善，但是，韩国政府不得不顾虑国内激烈的反日情绪，所以，第二天上午，韩国国防部全面否认了接受日本弹药的事实，表示他们只向联合国提出请求，没有向日本提出请求。韩国外交通商部长赵泰永指出：韩国军队是为了加强防卫，请求联合国，并通过联合国接受弹药的。[①]韩方还表示，韩国部队驻地现在军事上比较稳定没有战斗行为，弹药要求是为了确保补充而借用的，实际上并无弹药不足的情况。韩国军方表示，等韩国军队空运补给之后，借用的弹药立即返还给日本。[②]

迄今为止，日韩合作的唯一进展是2016年11月23日签署的《秘密情报保护协定》，其实该协定曾于2012年7月草签。当时因为慰安妇问题未

---

① 《過剰な警戒から冷静な記事まで…自衛隊の弾薬提供めぐり異なる報道姿勢》，http://newsphere.jp/world-report/20131226-7/。

② 《韓国が要請した実弾1万発、安倍首相の野心の踏み台に？(1)》，http://japanese.joins.com/article/821/179821.html?servcode=A00&sectcode=A10。

解决，遭到韩国民众反对而推迟。这意味着两国今后的军事合作还有可能由于历史问题而受阻。从此事可以看出，日韩之间要想建立互信关系，仍然需要双方，特别是日方做出更多的努力，而在日韩战略合作建立之前，日美两国试图构建的包括日韩在内的包围中国之网也很难真正建立。

小　结

“日美印澳”安全对话构想起源于美国的迈克尔·格林，并由安倍第一次内阁期间推出。尽管美国认为该构想有操之过急之嫌，但是，日本主观上还是借力发力，利用美国调整亚太战略之机，扩大日本自己的权力和影响。“日美印澳”构想尚未成为现实，也确实存在种种障碍，但是，日本与澳大利亚、印度在具体问题和领域的战略合作却在扎实推进。特别是日本与新兴经济体印度的合作，尽管两国同床异梦，各有所求，但这毕竟是日美共同的战略，所以在这个问题上，日本紧密配合美国，努力提升与印度的合作水平，为包围中国打基础。对于韩国，日本虽然不可能在历史和领土问题上根本改变看法，但是，日韩军事合作关系是美国试图积极推动的又一个牵制中国的安保机制，日本为了配合美国的战略部署，试探改善日韩关系的努力还会继续。要获得成果，日本必须在历史问题上有所收敛，并积极表态朝鲜半岛出现紧急情况，日本将与美韩密切合作，共同应对。总之，虽然日本在美国亚太战略布局中，成了一个马前卒，随时准备在必要的时候发挥作用，但是，至少在日韩关系上，日本难以达到目的。特别是对于日本鹰派来说，从心里承认对韩国的殖民地统治是错误的，就慰安妇问题进行令韩国国民满意的道歉并赔偿，特别是默认独岛主权属于韩国，甚至搁置争议都是难以办到的。所以，安倍构筑对中国包围网的战略，至少在韩国这一环节上，依然面临着矛盾。日韩合作不成，日美在战略上包围中国企图就无法真正实现。

第十三章　防卫体制的变化

防卫体制的变化是从美国指示日本建立自卫队开始的，这是个违反宪法的举措。当时是吉田茂任首相，吉田茂是护宪派，但是他曾经在国会发言中说过："宪法不能修改，并不是说宪法是万世不变的。国力的增强，外交状况的改善，宪法可以改变。但是只为了再军备而修改宪法是不妥当的。"①从吉田茂的表述中，我们可以看出，吉田茂并不是一个"永久和平主义者"，他主张在条件成熟，亦即日本国力增强之后，可以重新武装。不过，1954年，日本国力还未恢复，便在宪法的框架之下，建立了自卫队，可以说，日本无视宪法早就走上了军事化道路。这条路实际上是宪法起草者美国引导的，是麦克阿瑟指示吉田茂建立的自卫队，而且，美国还要求日本不断壮大自卫队组织。日本后来逐渐通过设立防卫厅、防卫省、国防会议和安全保障会议等安全机制强化其安保制度，最后成立"国家安全保障会议"，也就是日本版"NSC"，强化了日本的安保机制。在此基础上，日本通过"国安会"制定了"国家安全保障战略"，修改防卫计划大纲，改变防卫力量配置，使日本的防卫体制更具有针对性和有效性。最近的这些变化意味着日本正逐步改变一向在防卫政策上被动听从美国安排的局面，开始积极应对美国的要求，以所谓"积极和平主义"配合美国的亚太战略调整，成为平衡中国力量的重要一翼。

第一节　建立和扩大军事组织

日本自卫队从无到有的过程，其实就是对日本宪法第九条关于不拥有

① 《1954年4月12日，参议院外务委员会发言记录》，载《日本现代史资料——日本安保条约体制史(2)》，三省堂1970年版，第229页。

武装力量规定的架空过程，因此，日本自卫队的存在一直受到人们的质疑，有人指责它违反了宪法。然而，在人们的怀疑声中，日本自卫队作为一个宪法体制下的怪胎，却逐渐由弱到强发展成为亚洲最强的武装力量之一。所以，在观察日本防卫政策调整，特别是分析日美两国的防卫合作问题时，日本自卫队的动向应该首先得到关注。

一、日本自卫队的建立

第二次世界大战结束后，日本事实上被美国单独占领，美国初期的对日政策是实行非军事化和民主化。在非军事化方面，美国曾经对日本进行了比较彻底的改造，战前所谓大日本帝国的 188 个师约 550 万人的陆军组织被解除了武装，拥有排水量 74 万吨的舰队和 240 万人的海军也丧失了战斗力。战后日本防卫政策的基本理念也是在非军事化与和平主义基础上制定的，这些都写在宪法的前文和第 9 条的内容里，这些理念的核心可以归纳为三点，即：永远放弃战争、不拥有武装力量和禁止交战权。

但是，伴随冷战的出现，美国逐渐改变了对日政策，美国前陆军部长罗亚尔早在 1946 年就曾发表演说要把日本变成“反共的堡垒”和亚洲冷战的前沿阵地。特别是当朝鲜战争爆发以后，美国不但在军事上提高日本的地位，而且还在经济上开始扶植日本，目的在于让日本成为美国在东亚的民主政治榜样和军事战略的上支撑点。为此，美国不惜违反日本宪法关于放弃武装力量的规定，在军事上重新武装日本，把日本纳入美国的亚洲冷战轨道。朝鲜战争爆发之后，1950 年 7 月 8 日，美国占领当局指示日本政府建立了由 7.5 万人组成的警察预备队，直属内阁总理府，同时还利用战前的海军残余部分组建了海上保安厅(后来改称海上警备队，再后来又改称为警备队)。1952 年日本政府设立保安厅统辖警察预备队和海上警备队，同年警察预备队改组为保安队。1954 年，日本通过并实施自卫队法，并在警备队基础上建立海上自卫队，还新建了航空自卫队。到此，日本在战后不到十年的时间，陆海空三军自卫队又置办齐全，并设立了自卫队的管理机构防卫厅。

二、日本自卫队的壮大

日本自卫队是从 7.5 万人的警察预备队开始起家的，后来逐渐发展和扩大，1976 年防卫大纲规定的陆上自卫队定员为 18 万人。防卫预算由 1962 年的第 2 次防卫力量整备计划的约 1.54 万亿日元，到“3 次防”(1967 年)的 2.34 万亿日元，再到“4 次防”(1970 年)的 4.63 万亿日元。1976 年防卫计划大纲规定防卫预算占国民生产总值(GNP)的 1%，标志着日本防卫力量渐增时代的结束。之后，日本开始在质量方面加强自卫队的建设，现在日本自卫队配备了 F15 和 F16 战斗机、F104 战斗机、P3C 侦察机以及宙斯盾舰。日本还是世界上唯一配备 E－767 早期预警管制机和 KC－767J 空中加油机的国家，如今的自卫队装备堪称世界一流。之后，中曾根内阁决定将防卫费规模突破 GNP 的 1%限制，引起周边国家的警惕。1987 年 1 月 21 日，自民党干事长竹下登访华期间告诉中国政府，1977 年以前日本规定防卫经费在 GNP 的 1%以下是因为当时日本经济高速增长，现在属于低速增长，所以有必要突破这个限制，但是日本不改变专守防卫的国策。①

关于自卫队是否属于宪法规定应该放弃的武装力量，日本一直有不同看法。支持者认为宪法规定是“为达到放弃战争的目的”而放弃武装力量，日本虽然建立了自卫队，但是仍然不发动侵略战争，况且自卫队也没有进行战争的能力，因而不是军队，故不违反宪法规定的非军事化原则。其实，这只是混淆视听的说法而已，任何国家都不会自称其军队是为了发动侵略战争而建立的。自卫队的前身警察预备队创立之初就配备了轻重机关枪、迫击炮、轻型坦克等武器，是不折不扣的军队。国际上也把自卫队译成“Japan Self Defence Force”(日本自卫军)。2001 年，小泉首相在国会发言中也承认了“自卫队是军队”。他还说：多年来日本政府一直坚持的“自卫队不是军队”的解释是奇怪的，应该修改宪法给承担国防任务的人以军队的正当地位和名誉。这些构成了日本一些人极力推动修改宪法进程的政治背景。

三、日本自卫队的优化

冷战结束以后，苏联(俄罗斯)在远东的军事部署逐渐由最多时的 40 个师约 40 万人减少到 15 个师约 9 万人；原来由包括航母和 150 艘潜艇在内构成的太平洋舰队力量削减至舰艇和潜艇各 20 艘的规模；空军的轰炸机由

① 《中国外相強い懸念》,《朝日新聞》1987 年 1 月 12 日。

原来的 500 架减少到 100 架。在当时冷战结束的国际背景下，日本国内经济也出现低迷，经济泡沫破灭，被称为“失去的十年”，于是，日本也开始削减防卫力量。1994 年 8 月，日本首相的咨询机关“防卫问题恳谈会”向村山首相提出报告(即“樋口报告”)，指出：美国的综合国力已经失去了以往的压倒性优势，日本应该发挥能动作用，除了日美同盟之外还应优先考虑促进多角安全保障合作。在此背景下，1995 年的日本防卫计划大纲制定了“合理化、效率化和配套化”的方针，陆上自卫队定员由原来的 18 万人削减至 16 万人，2004 年又进一步削减至 15.5 万人；战车和火炮分别由原来的 900 辆(门)各自削减至 600 辆(门)。海上自卫队主要水面舰艇由原来的 60 艘削减至 50 艘，2004 年又进一步减至 47 艘；航空自卫队的战机由原来的 430 架，减至 400 架，2004 年又进一步减至 350 架。冷战结束后日本防卫费的增长率也主要呈零甚至负增长，比如，1999 年至 2008 年间主要呈负增长。

但是，进入 21 世纪第二个十年之后，伴随中国的崛起，为了适应新的形势变化，日本又开始加强防卫力建设。比如，日本在 2010 年版防卫计划大纲中虽然把陆上自卫队人数由 15.5 万人减为 15.4 万人，坦克由 600 辆削减到 400 辆，但是，海空军力量被加强了。日本现有海上自卫队 4.4 万人，53 艘护卫舰，16 艘潜艇，共 42.8 万吨；飞机 310 架；航空自卫队 4.5 万人，飞机 500 架，其中战斗机 370 架。在此基础上，该计划大纲规定把潜水艇由 16 艘增加到 22 艘，宙斯盾舰由 4 艘增加到 6 艘(后来又调整到 8 艘)，并且全部配备弹道导弹防御系统。特别是配合美国亚太再平衡战略，日本开始在质量方面强化其防卫力量，引进先进的战斗机，并修改武器出口三原则，为参与武器的国际研发创造条件。

四、日本自卫队的海外派遣

其实，冷战的结束使日本受到了另外的刺激。尽管在海湾战争中，日本提供了高达 130 亿美元的战费，却被美国驻日大使批评为“只流汗没流血”的参与，日本的外交也被说成是“支票外交”，原因是日本没有派遣军队协助美国参加战斗。显然，美国的意图是要日本出动军队协同美国处理国际纷争，配合美国的军事行动。于是，日本开始考虑利用冷战后出现的暂时局势缓和，借助美国的压力发挥军事作用，扩大日本的国际影响力，由此，自卫队的海外派遣就成了日本重要选择。本来，根据日本宪法的规定以及内阁的解释，日本是禁止向海外派兵的，但是，当时的自民党（干事长小泽一郎）利用美国的压力开始推行这项向海外派兵的政策。最后，日本国会于 1992 年制定了 PKO 合做法，实现了自卫队走向世界的愿望。随后，日本的自卫队员、军舰和战斗机陆续出现在海湾、柬埔寨、莫桑比克、扎伊尔、戈兰高地、东帝汶、印度洋、伊拉克和亚丁湾。可以说利用配合美国的反恐需要，日本把自卫队派往海外，实现了由内到外的转变。

第二节　加强防卫决策机制

日本的外交和防卫政策的决定要素主要包括官僚、各省厅之间的竞争、特定政治家和压力团体，它们分别根据不同的问题发挥着不同的作用。在日本的决策过程中，传统习惯发挥着作用，各项政策制定的决策者和执行者被称为"上面"，日本人的习惯一般是把决定权交给"上面"，虽然大众有监督权，但是一般是听任"上面"决定。"上面"在吃准大众"空气"的基础上进行决策，如果"上面"误读了大众的"空气"，那么，"上面"将被另外的"上面"所取代，这也是日本政坛轮换频繁的原因。比如，关于朝鲜半岛的政策并不完全取决于特定的决策机构和压力团体，而是受一部分特定人物的影响。这里，有关朝鲜问题的个别人的想法，尤其是保守系的个别政治家主导了政府的决策，而首相官邸、政府机关、政党、议员和经济团体都没有发挥主导作用，政策难免有偏颇。从国家机构的角度看，日本的防卫政策主要由防卫省及其协调机制共同来完成，防卫官僚在制定政策过程中发挥着起草议案的作用，是政策制定的基础。

一、防卫省的加强

防卫省是日本防卫政策制定的具体执行机关，防卫省的前身是防卫厅，1954 年日本政府设立防卫厅，根据"文民统治"原则，防卫厅负责自卫队的行政管理。防卫厅长官不是内阁成员，2007 年，安倍内阁期间将防卫厅升格为防卫省，防卫大臣自然成为阁僚。防卫省下设防卫会议、统合幕僚监部、陆上幕僚监部、海上幕僚监部、航空幕僚监部、陆海空自卫队的各部队和各机关、情报本部、技术研究本部、装备设施本部、防卫监察本部等机构。统合幕僚监部就是统合司令部，是防卫大臣的辅佐机构，该机构原来叫“统合幕僚会议”，设立于1954年，2006年改为统合幕僚监部，其最高长官为统合幕僚长，相当于总参谋长，实质上是三军总司令。按照文民统治原则，统合幕僚长服从防卫大臣的领导。

防卫省由防卫大臣掌管，设防卫副大臣一名，防卫大臣政务官两名，防卫事务次官一人和防卫大臣辅佐官三名。其中，防卫事务次官是防卫官僚，也是防卫省事实上的最高职位，大臣和政务官都是国会议员。防卫省内部包括大臣官房（相当于办公厅），下辖秘书课、文书课、企划评价课、广报课、讼务管理科。其中的防卫政策局下辖防卫政策课、日美防卫协力课、国际政策课、防卫计划课和调查课。防卫政策局是防卫省制定防卫政策的重要部门。防卫省还设有运用企划局、人事教育局、经理装备局、地方协力局。另外，防卫省设有审议会，包括自卫队员伦理审查会、防卫设施中央审议会等；还有教育和研究机构：防卫大学校、防卫医科大学校、防卫研究所。

2014年6月6日，日本内阁决定新设防卫审议官，加强了防卫省的机构建设。防卫审议官的级别是次官级，不同于防卫省大臣官房审议官，职责是协调防卫省各辅佐机制，特别是协调与外国防卫部门的交流，主要是协调与美国国防部的关系，在深化日美同盟方面发挥作用。

另外，日本国会众参两院也分别设有安全保障委员会和外交防卫委员会。众议院设安全保障委员会，参议院设外交防卫委员会。安全保障委员会和外交防卫委员会是国会审议有关防卫问题法案和防卫政策的重要机制，对于防卫政策的制定有重要影响。

二、“安全保障会议”

1954年，日本首次制定“防卫厅设置法”的时候，就规定政府可以设立“国防会议”，1956年正式设立“国防会议”后，还在总理府设立了这个机构的办事机关“国防会议事务局”，这应该是日本现在设立的“国家安全保障会议”的起源。到了1986年，中曾根康弘内阁时期，日本把“国防会议”改为“安全保障会议”。

一般地讲,日本的内阁"安全保障会议"对于政策的制定有举足轻重的作用,成员包括首相和部分阁僚,包括副总理、官房长官、总务大臣、外务大臣、财务大臣、经产大臣、国土交通大臣、防卫大臣和国家公安委员会委员长,俗称"九大臣会议"。首相是议长,该会议的干事(10人以内)由内阁任命有关行政机构职员担任。首相根据具体情况有权指定国会议员临时参加会议,统合幕僚长等自卫队官员也可以列席会议进行陈述,但不是会议成员,没有表决权。内阁安全保障会议下设紧急事态对处专门委员会,委员长由官房长官担任,成员由首相任命的相关行政机构职员担任。在会议上首相的咨询内容包括:国防基本方针、防卫计划大纲、关于防卫计划的产业调整计划大纲、关于应对武力攻击事态的基本方针、关于应对武力攻击事态的重要事项、其他关于国防的重要事项、关于应对紧急重大事态的重要事项等。2010年的防卫计划大纲就是由这个会议的重要成员外相前原诚司、防卫相北泽俊美、官房长官仙谷由人和首相菅直人主持制定的。

三、"国家安全保障会议"

2013年6月,安倍内阁正式决定设立日本版"NSC"(国家安全委员会,日语叫做"国家安全保障会议")。早在2006年,安倍第一次内阁期间,为了加强首相官邸的权限,他就设想参照美国的"国家安全委员会"(NSC),把日本的"安全保障会议"改名为"国家安全保障会议",这就是所谓的日本版"NSC",安倍内阁还就此向国会提出了法案。当时安倍召开过一个关于强化首相官邸在国家安全方面机能的会议,参加人包括首相辅佐官小池百合子、官房长官盐崎恭久、前驻泰国大使冈崎久彦、拓殖大学教授森本敏(后任防卫大臣)、前驻法国大使柳井俊二、东京大学教授北冈伸一等人。但是,当时,在野党普遍认为,战后日本并不适合设立这样的机构,他们反对安倍的激进主张,不想让邻国回想起战前日本的军国主义,认为日本应该继续执行低调的防卫政策。甚至在自民党内,安倍也没有获得广泛的认同。最后,安倍提出的这个法案没有获得国会批准。后来,福田康夫上台伊始就撤销了这个决定,理由是现有的"安全保障会议"已经足够。

2012年年底,安倍第二次执政,推行"积极和平主义",内容包括修改宪法,修改内阁关于集体自卫权的解释,试图把日本自卫队派出去参加武力行动，目的在于使日本成为一个“正常国家”。在此背景下，安倍再次提出设立“国家安全保障会议”的问题。他认为，纵观当今变化的世界，美国等主要国家都有统揽国家外交与安全保障的机构“国家安全委员会”，但是，日本却没有这样的有力综合安全保障分析机构，所以，他力主设立这个机构，并向国会提出议案。安倍提出的这个构想与以前的“安全保障会议”的主要区别表现在：权力进一步集中，新设的“国家安全保障会议”的主要支柱是“四大臣会议”及其制度化，即，首相、外相、防卫大臣和官房长官，四巨头定期召开会议，研究有关日本外交与安全的重大问题。可见安倍主导的“国家安全保障会议”虽然与中曾根康弘内阁时期设立的“安全保障会议”只有两个字之差，但是安倍的目的在于强化首相官邸在外交和国防政策制定方面的权力，尤其是克服了以前政府各部门之间互相牵制、争权夺利的弊端，使日本外交、国防问题的决策更进一步集中到首相官邸统一指挥之下。

另外，关于日本版“NSC”，即“国家安全保障会议”，还有一个不得不关注之处就是，今后，日本的情报收集能力将大幅度提高和加强。2013 年 1 月，在阿尔及利亚发生绑架日本人质事件。该事件暴露了日本在收集情报方面的弱点，他们当时甚至不能准确把握阿方的基本态度和人质的安危，这成了安倍再次提出改组“安全保障会议”的借口。事实上，新设的“国家安全保障会议”的一个主要职能就是获得与分析情报，尤其是首相官邸对情报的掌握和分析尤为重要。本来，日本政府内部一直设有“内阁情报调查室”，它一向被称为是日本版“CIA”，但是，这个设在内阁府 6 楼的机构，实际上只有 170 人左右，并主要由日本警察厅主导，成员也多数属于警察厅，其主要任务是收集国内情报，而且还常常与防卫省、外务省的情报部门发生摩擦，条块分割现象比较严重，特别是它只是内阁下设的一个调查室，缺乏协调能力。安倍设立“国家安全保障会议”的目的就在于加强对国外情报的分析，特别是强化首相官邸对情报的掌握、集中与协调。他说：我国的外交与安全保障的司令塔是“国家安全保障会议”，为了保证这个机构能够准确判断形势，必须依赖高质量的情报信息，只有这样才能进行有意义的讨论和作出正确的决断。

“国家安全保障会议”的设立也是日本配合美国亚太战略的重要举措。2013 年 11 月 11 日，安倍任命前外务事务次官、内阁顾问谷内正太郎为“国家安全保障会议”的办事机关“国家安全保障局”局长。谷内正太郎对于美国的“国家安全委员会”了如指掌，又熟悉外交事务，曾经为安倍晋三的价值观外交建言献策。2014年年初，“安保局”正式挂牌之后，谷内正太郎便匆匆访问了美国，与国防部长哈格尔、国务卿克里以及总统国家安全事务助理赖斯会谈，双方同意加紧普天间基地搬迁问题和日美防卫合作指针修改问题的谈判。谷内希望能够与赖斯建立热线联系，双方还认为，日美两国应该在朝鲜核开发与中国的海洋“进出”等问题上加强合作，特别是日本应该在朝核问题上多做贡献。双方认为两国的“国安会”合作将对日美关系的强化具有积极作用。

四、日美安保的协议机制

日本防卫政策必须与日美同盟协调一致，其实，日美两国的协调才是日本防卫政策制定的最重要因素。日美安保的协议机制是安全保障协议委员会，该委员会由两国外长和防长构成，一般被称为“2＋2会谈”。该机制设立于1960年《日美安保条约》修改之后，该条约明确了日美同盟是相互防卫条约，为了体现对等性设立了双方之间的协调机制“2＋2会谈”。它也是驻日美军的军事配置发生重要变化时，双方进行“事前协议”的机制。但是，当时美方是由驻日大使和太平洋军司令参加，1990年才升格为国防部长和国务卿参加，参加人级别的提高，体现了冷战后美国开始重视日本的意图。1997年，两国通过该机制制定了新的防卫合作指针，规定了“周边有事”时日本不但要向美国提供军事基地，而且还要向美国提供后方支援，关于普天间基地向名护市搬迁的问题也在此次会谈中决定。2011年6月21日召开的日美“2＋2会谈”明确修改了日美同盟的战略目标，指出：“宇宙、公海及网络面临的威胁是对国际社会的挑战”，特别是提出了要确保海上交通和航海自由，虽然没有点名，但是谁都知道这是在指中国。特别是日本，对于2010年的钓鱼岛风波、中国海军编队通过冲绳附近海域、南海发生的领土争端等，都表现了极大的关心。于是，日美双方确认了应对中国崛起的同盟深化新战略。

在美军战略关注重心由西向东转移的背景下，日本在美国全球战略中的定位变得更加重要。目前，美军在日本47个都道府县中的29个建有军事设施，包括 14 个机场、9 个军港以及 130 多处军营、训练场等。其中，冲绳县的美军基地及有关军事设施最多，美军在那里的频繁军事训练给当地居民的生活带来了诸多不便。于是，两国就普天间基地搬迁问题进行了协商，内容涉及驻日美军的调整。关于驻日美军调整谈判是 2002 年 12 月正式开始，2006 年 5 月达成最后协议。

通过上述调整，日本也“找到了借‘美军再编之机’来增强其对周边邻国的遏制能力并推进其大国战略的‘路线图’”。具体地说，就是在日本“有事”之时，美国将其陆军第一军司令部从加利福尼亚搬到神奈川县的座间市，以应对朝鲜和中国台湾的紧急事态，并且可以使用日本的军事和民用设施。通过驻日美军调整，日本在军事上加强了与美国的合作，被捆绑在美国的战车上，日美同盟深化由此进入重要阶段。

第三节　防卫资源配置的变化

2013 年 12 月 17 日，日本召开了首次国家安全保障会议，其中一个重要内容是制定日本首个“国家安全保障战略”。“国家安全保障战略”是关于日本中长期外交与防卫政策的指针，它是“国安会”设立之后，日本制定的首个安保战略。通过这个战略以及配套的防卫力整备计划，日本对自卫队各军种的配置进行了调整。新安保战略的制定取代了 1957 年日本制定的“国防基本方针”，规定了今后 10 年日本安保战略的基本方针。安倍把该战略称为“决定日本今后走向的历史性文件”。另外，“国家安全保障战略”也是日本外交与安全保障的综合政策，该文件正式确立了安倍提出的“积极和平主义”，反映了安倍所谓“积极的安保政策”。其实际目的是把日本自卫队派往海外，发挥军事影响力，在国际社会强化其“正常国家”印象，发挥大国作用，为“入常”奠定基础。

一、设立“新军种”增强对西南诸岛的防御

中国的崛起是日本制定“国家安全保障战略”的借口。在民主党政权的防卫政策基础上，安倍政权把中国视为“国际社会的担忧事项”，还提到了密切注意中国的动向，批评中国划设防空识别区，要求中国不要试图用武力改

变现状。其实，日本是在利用中国的发展为口实增加自己的军备，正像安倍所言：日本不能光凭精神力量应对眼前的严峻现实，而必须增加防卫力量。所以，“国家安全保障战略”明确写明了日本要修改“武器出口三原则”，目的在于活用日本防卫装备积极参与国际合作，共同研发和生产新式武器以加强日本国防实力。

2010年出炉的新防卫大纲集中体现了日本防卫战略的这种转换，即，借助美国战略的调整，充实日本的军事准备。这次调整的最惹人注目之处在于在把朝鲜定位为“吃紧的重大不稳定因素”的同时，也把中国的军事动向定性为“地区与国际社会的担忧事项”。大纲把原来以陆上防卫为基础的战略转变为以应对与监视中国海军活动和朝鲜导弹威胁以及反恐需要为主的机动防卫战略。

民主党版大纲提出了“机动防卫力”等新概念，并把原来使用的“岛屿部分”一词明确为“西南诸岛”，把“西南诸岛”提升为日本防卫的重点区域，还写进了在这些自卫队部署的“空白地”配备“必要最小限度”部队的内容。所谓“西南诸岛”就是包括钓鱼岛和冲绳在内的日本西南海域的诸岛屿，日本将这一海域规定为防卫重点，显然是假想中国会夺取这一海域的岛屿。2014年初安倍内阁对于民主党版防卫计划大纲进行了修改，把“机动防卫力”改为“统合机动防卫力”，目的在于加强陆海空自卫队的协同作战能力，防卫的重点还是“西南诸岛”。

日本军事部署重心的南移，特别是重视所谓“西南诸岛”防御的另一个重要意图在于加强对钓鱼岛的防御。具体讲就是日本设想这一海域的“离岛”被占领，陆上自卫队新设的“水陆机动团”可以在航空自卫队和海上自卫队的支援下迅速登岛并夺回被占岛屿。为此，2013年安倍版大纲决定设立“陆上总队”以统一指挥全国的陆上自卫队，并撤销了设在神奈川的所谓“中央即应集团”，将该集团所属的伞兵部队第一空挺团和直升机团划归“陆上总队”直辖。“陆上总队”的设立，目的在于迅速调动本州和北海道的部队，使拥有独立指挥权限的全国五个“方面队”处于统一指挥之下，而担负“离岛夺取作战”的水陆机动团和应对危机的机动师团也处于“陆上总队”直辖之下。此种军事部署诠释了“统合机动防卫力”的概念，其核心是“西南诸岛”的安全。

二、调整陆海空三军力量配置

与防卫计划大纲相配套的措施是“中期防卫力整备计划”(简称“中期防”)的制定。“中期防”是“防卫计划大纲”的防卫装备具体计划,也是根据“防卫计划大纲”制定的具体装备计划,它包括日本今后 5 年舰船和飞机及其装备品配备的预算额。之前由于日本财政状况恶化,自从 2001 年开始防卫预算一直呈下降趋势,但是此次有所增加,防卫费由民主党政权规定的 2 287亿美元增加到 2 448 亿美元。增加的理由是中国的海洋扩张。自民党鹰派认为,应对中国的崛起,日本必须强化防卫力量。日本增加装备的核心任务是围绕所谓“西南诸岛”防卫而展开的,为了具体实施“防卫计划大纲”所规定的防卫方针和目标,此次“中期防”继续在民主党防卫政策基础上,削减陆上力量,增加海空军装备。比如,日本计划制造和购买宙斯盾舰和空中预警机、空中加油机和水陆两用机来装备部队,目的是与中国的军力发展保持平衡。对于最为紧要的“离岛防卫”问题,“中期防”新设了负责夺岛作战的“水陆机动团”,并规定为该团配备鱼鹰战机和水陆两用战车。日本航空自卫队在那霸基地配备一个飞行队(20 架 F15 战机),现在增加到两个。那霸飞行队的任务是应对西南诸岛紧急情况时紧急升空,是为应对中国防空识别区而增加的。

安倍版“防卫计划大纲”规定了未来 10 年日本外交与安全保障的基本方针,而“中期防卫力整备计划”则规定了今后 5 年的防卫力量配备的具体安排,从而使“国家安全保障战略”具有了现实性和可操作性。日本外交与安全保障战略的重大调整,意味着战后日本的和平主义和低调的防卫政策开始走向终结。

小　结

日本的防卫体制经历了从自卫队创设到日本版“国安会”设立的变化过程。这个过程实际上是日美防卫合作体制不断变化的过程,自卫队是根据美国的需要组建的,当时它承担着日本配合美军维持日本国内秩序的任务,但是,后来美国一直试图将它改造成能够配合美军联合作战的队伍。无奈战后初期日本的经济中心主义者并不愿意日本被卷入冲突之中,所以,日本的防卫规模呈现缓慢增长的特点。日本比较急于在国际社会发挥影响力是在冷战结束之后，日本鹰派借机以配合美国亚太战略为由，将防卫厅升格为防卫省，还打算修改宪法，把自卫队改成国防军，虽然自卫队的人数增加并不明显，但是，其质量和战斗力有明显增强。2013 年，日本又仿照美国“国安会”，设立了日本版“国家安全保障会议”，加强了对外交和安全的掌控能力，特别是“国安会”制定了战后史上首个“国家安全保障战略”，为日本将来走向正常国家，推行积极和平主义奠定了基础，也配合了美国亚太再平衡战略。

第十四章　解禁集体自卫权

关于自卫权，《联合国宪章》第51条规定了个别自卫权和集体自卫权内容。概括地说，个别自卫权是本国受到攻击时，使用武力进行阻止的权利；集体自卫权是与本国有密切关系的国家受到攻击时，使用武力进行阻止的权利。《联合国宪章》第51条规定：在联合国采取必要行动之前，承认这两种权利。日本战后自鸠山(一郎)内阁之后历代内阁都以宪法第九条为根据，认为日本可以拥有必要最小限度的实力行使个别自卫权，但是，关于集体自卫权，尽管国际法(如《联合国宪章》)规定可以拥有，日本政府认为它超出了宪法承认的自卫权范围，所以不可以行使。然而，到了安倍内阁，日本开始公开修改战后很长时间内阁法制局关于集体自卫权违反宪法的解释，试图让日本军队在国际事务，特别是在亚太事务中发挥作用，配合美国的再平衡战略，反映了日本一些人试图深化日美防务合作的意图，也反映了日本一部分人权力意识的变化。

第一节　自卫权的“获得”

日本宪法第九条规定，日本放弃战争，不拥有军队，不承认交战权。按照一般解释，宪法这样规定的意图是日本连自卫权也放弃了，当时的首相吉田茂以及其他政府官员也确实这样认为。但是，到了20世纪60年代，日本开始扩大解释宪法的规定，认为第九条并未否定自卫权，说自卫权与交战权不是一回事，自卫行动并不是交战行为，所以，日本还是拥有自卫权的。这样，日本关于是否拥有自卫权的解释就经历了一个由否定到肯定的过程。

一、自卫权的否定

根据吉田茂的解释，日本不拥有自卫权。在1946年年中，战后新宪法公布之前，日本国会围绕日本的自卫权问题展开过辩论。当时，社会党议员提到吉田茂首相否定日本拥有自卫权，说："根据宪法规定，以自卫权为理由行使武力是不可以的。日本虽然拥有自卫权，但是根据宪法规定不能以自卫权为由行使武力。"①在吉田看来，宪法第九条的规定意味着日本放弃了以自卫权为由的战争和交战权。1946 年 6 月 28 日，吉田茂又说："根据放弃战争的宪法条款，我认为根据正当防卫权发动战争是有害的，因为近年很多战争都是以正当防卫权名义发动的。"②按照吉田的解释：宪法第九条第一款关于放弃战争的规定并未直接否定自卫权，但是第二款规定了放弃一切军备和不承认交战权，结果是放弃了发动自卫权的战争和交战权。③吉田说：在放弃战争的宪法草案中，关于根据国家正当的防卫权发动战争问题，我认为承认这一点是有害的。④

吉田茂当时的这种解释是合乎宪法精神的。和平宪法在当时是得到国际舆论赞成的，因为它的非军事化规定意味着日本必须放弃战争和自卫权。远东国际军事法庭判决书认为"自卫只有在能够合理地预见攻击的场合才适用"，这说明很难区分什么是自卫，什么是攻击。1946 年 8 月，日本政府委员益谷秀次在国会证言："根据宪法，日本放弃了战争，自卫权也放弃了，据媒体报道，世界对此给予了好评"⑤。1946 年 9 月 6 日，吉田茂说：关于宪法第九条，是为了排除人们对于战后的日本是否会再军备或者成为和平国家的疑虑。⑥ 1946 年 9 月 13 日，金森德太郎议员说：第九条第一款包括了不能发动自卫战争的内容，而第二款则规定了不管是否自卫战争，不准拥有战力，也不承认交战权。这样的话，即使出于自卫的目的也不承认交战权，也就不可能发

---

① 末川博、家永三郎監修：《日本現代史史料——日米安保条約体制史》(2)，三省堂 1970 年版，第 189 页。

② 末川博、家永三郎監修：《日本現代史史料——日米安保条約体制史》(2)，三省堂 1970 年版，第 189 页。

③ 《1946 年(昭和 21 年)6 月 26 日，帝国議会衆議院本会議における原夫次郎議員に対する吉田茂首相の答弁》，《第九十回帝国議会衆議院議事速記録第六号》，第 3 頁。

④ 《1946 年 6 月 28 日，帝国議会衆議院本会議における野坂参三議員に対する吉田茂首相の答弁》，《第九十回帝国議会衆議院議事速記録第八号》，第 14 頁。

⑤ 众议院预算委员会第一分科会议，1946 年 8 月 13 日。

⑥ 末川博、家永三郎監修：《日本現代史史料——日米安保条約体制史》(1)，三省堂 1970 年版，第 189 页。

生真正意义上的战争。第二款的意思就是日本不能进行自卫战争。①

宪法第九条第一款规定日本永远放弃战争和以行使武力作为解决国际争端的手段，不以武力相威胁，这里虽然未直接明确指出所放弃的战争包不包括自卫战争，但是金森德太郎断定第一款包括了不能发动自卫战争的内容。根据第二款前段的规定"放弃一切军备"，以及后段规定"不承认国家的交战权"，可以清楚地理解，宪法规定的意思是放弃了自卫战争，因为放弃一切军队并且不承认交战权，也就不可能进行自卫，这也是吉田茂当时认为日本不能以自卫权为理由发动自卫战争的原因所在。

二、自卫权的"获得"

1949年，日本外务省条约局长西村熊雄认为，宪法第九条第一款规定放弃以武力作为解决国际争端的手段，但是并没有直接提及该条款所说的"战争"是否指的是自卫战争。第二款规定不承认一切的军备和交战权，才意味着日本放弃了自卫的战争。因为自卫权的行使意味着战争和武力的行使，可见，日本没有交战权也就没有自卫权。然而，西村接着说：这并不意味着紧急情况下，受到不法侵害时不得已而使用实力排除危害的情况。他说：我不认为这意味着否定了如果发生紧迫的不正当危害，在十万火急的情况下不得已而使用实力进行排除的情况。②西村的解释实际上为后来日本拥有自卫权的解释开了口子。

其实，日本人对宪法第九条第二款关于交战权含义的解释是有分歧的。一种意见认为，交战权是指国家行使战争的权利，所以，否定交战权就是放弃战争。但是，对此有人认为，这样解释的话，就与第九条第一款的内容重复，第一款的内容就是明确了日本必须放弃战争，如果交战权的意思还是指行使战争的权利，就是重复规定，不符合法律条文规范。还有一种观点认为，交战权是国际法规定的交战国所拥有的权利，比如，船舶检查，占领地的行政等权利属于交战权的范围。但是，对此种解释，有人认为这是根据日语

① 末川博、家永三郎監修：《日本現代史史料——日米安保条約体制史》(2)，三省堂1970年版，第248页。

② 末川博、家永三郎監修：《日本現代史史料——日米安保条約体制史》(2)，三省堂1970年版，第180页。

进行的咬文嚼字。

1953年8月，当时的外务省条约局长下田武三从交战权的角度对第九条的解释是：宪法并没有禁止国家的自卫权，可以进行自卫行动，但是自卫战争是另外一回事，战争是可以对敌国领土进行轰炸的，这与自卫行动有区别，只有交战权被承认，才有权到敌国首都进行轰炸。他说：这种交战权不被承认，我不认为具有国际法上关于战争的权利，但是不引发战争的自卫行动是可以的。①

既然涉及日本受到进攻时应否进行自卫，1954年5月20日，吉田茂解释说："日本放弃了以武力作为解决国际争端的手段，但是紧急情况下可以考虑相当的手段，这是自卫权范围内的事情。我所讲的外交手段是指日美安全保障条约中的国家防卫力，根据安保条约行使武力并不是宪法禁止的。最近设立的安保队扩充就是在安保条约范围内进行的，不是立即以武装力量进行防卫。这就是外交手段。"②吉田到这时也承认了日本在紧急情况下拥有自卫权，只不过他还是把自卫权放在了日美安保范围之内进行解释。

明确提出日本拥有自卫权的是鸠山一郎，他认为："主权国家拥有自卫权是理所当然的，为了自卫当然可以拥有兵力。"③鸠山在此不仅认为日本应该有自卫权，而且还应该拥有行使自卫权所必要的兵力。鸠山是修宪派，1955年3月26日，他说：我早就主张修改宪法，因为宪法第九条不修改就不能拥有军队，日本的防卫方面必须拥有军队。④鸠山主张日本应该与自由主义国家紧密合作，在经济允许的情况下拥有相当的自卫军。他认为世界上当然有人祈祷和平，如果世界上都是为了和平而拒绝战争的国家当然没问题，但是在当今的世界，日本还是应该拥有相应的自卫队。在他看来，明文规定禁止拥有战力的规定是日本发展的障碍，应该修改这种在占领期间制定的宪法，以便使日本能够为了世界和平拥有明确的不产生误解的自卫队。⑤

---

① 《1953年(昭和28年)8月5日，衆議院外務委員会における下田武三外務省条約局長の答弁》。

② 末川博、家永三郎監修：《日本現代史史料——日米安保条約体制史》(2)，三省堂1970年版，第189页。

③ 末川博、家永三郎監修：《日本現代史史料——日米安保条約体制史》(2)，三省堂1970年版，第192页。

④ 末川博、家永三郎監修：《日本現代史史料——日米安保条約体制史》(1)，三省堂1970年版，第336页。

⑤ 末川博、家永三郎監修：《日本現代史史料——日米安保条約体制史》(2)，三省堂1970年版，第337页。

既然鸠山认为日本拥有自卫权，但是当时他又无力修改宪法，那么这种解释怎样与宪法规定相一致呢？对此，1955 年 7 月，内阁法制局长林修三解释说：日本受到其他国家或外部侵略，为了自卫，排除侵略的抵抗，这不属于交战权的问题。也就是说日本为了自卫，在必要限度上排除侵略范围的自卫行动是被承认的。[①]这里的关键在于林修三不把自卫行动看作交战权，所以，日本拥有自卫权，而且不违反宪法关于不承认交战权的规定，因为宪法规定的是不承认交战权。1959 年，岸信介认为："我并不认为日本宪法所规定的放弃战争意味着作为独立国家连自卫权也放弃了。自卫权并不是一个简单抽象概念，它是以必要最小限度的实力为基础的，自卫队是作为自卫权的内容存在的必要最小限度的存在。这并不违反宪法。"[②]岸信介与鸠山一郎一样主张日本拥有自卫权，并主张拥有行使自卫权所必需的必要最小限度的武装力量。

1961 年 4 月 13 日，政府委员林修三终于阐述了日本政府关于"自卫权"和"战力"问题的统一见解。他说：关于宪法第九条，日本政府的解释认为，当受到不正当的侵略时，进行自卫，这种意义上的自卫权并没有被否定。既然拥有自卫权，那么，在自卫权的范围内进行排除他国侵略的自卫行动也就不被禁止。关于不承认国家交战权的规定，（如果解释成：）第一款即使不放弃自卫权，因为第二款规定了日本没有交战权，也不能抵抗他国的侵略。所以，（必须解释成：）在受到他国侵略时，行使自卫权进行抵抗，这与放弃交战权没有关系。[③]之所以把"自卫权"和"交战权"放在一起解释，是因为这两个概念密切相关，既然日本主张自己拥有自卫权，那么，就必须把自卫权解释成是一个与第九条第二款"不承认交战权"无关的概念。

在此基础上，1969 年 2 月 22 日，佐藤荣作对宪法第九条和自卫权问题进行了明确表态，他说："宪法规定了放弃战争和不承认交战权，但是承认了

---

① 《1955 年(昭和 30 年)7 月 26 日，参議院内閣委員会における堀眞琴議員に対する林修三内閣法制局長官の答弁》，《第二十二回国会衆議院内閣委員会会議録第三十四号》。

② 末川博、家永三郎監修：《日本現代史史料——日米安保条約体制史》(2)，三省堂 1970 年版，第 256 页。

③ 末川博、家永三郎監修：《日本現代史史料——日米安保条約体制史》(3)，三省堂 1970 年版，第 2 页。

自卫权。"[①]其实,佐藤的解释明显牵强附会,宪法第九条的规定里根本没有承认还是否认自卫权的内容,只不过是他自己从宪法中解释出了一个"自卫权"而已。不管怎么说,从1969年佐藤荣作的这个解释开始,日本放弃了不行使自卫权的政策。

第二节　集体自卫权问题

自卫权的拥有,不过是日本修宪派对宪法解释的一种尝试。如果这种解释还勉强说得过去的话,那是因为有人主张自卫权是一个国家天然的权利,就像个人拥有自卫的权利一样。日本在后来许多年里都没有对解禁集体自卫权进行过尝试,因为集体自卫权是他国受到进攻时行使武力的问题,与宪法第九条的规定相差得太远,解禁了这个权利就等于修改了宪法。但是,冷战结束之后,由于美国亚太战略的需要,日本必须配合美国的军事行动,于是,解禁集体自卫权的问题开始出现松动。

一、集体自卫权的禁止

关于集体自卫权,岸信介曾经说:在国际法上个别和集体自卫权是有的,因为日本加入联合国后作为独立的主权国家,当然拥有这两项权利。但是他又说:根据宪法规定日本不能向海外派兵,从广泛的意义上提供基地和经济援助也属于集体自卫权的范围的话,宪法是允许的。[②]可见,岸信介也无法改变宪法规定的事实,因为向海外派兵明显是违反宪法精神的,宪法规定日本放弃战争的内容,而向海外派兵的目的是参加战争行为,所以是违反宪法的。

1963年3月4日,日本防卫厅长官志贺健次郎说:现行的自卫队法并没有规定向海外派兵的问题。所以,即使接到邀请,向海外派兵的问题也不能接受,因为宪法规定也不能向海外派兵。同日,首相池田勇人说:"一般认

---

① 末川博、家永三郎監修:《日本現代史史料——日米安保条約体制史》(4),三省堂1970年版,第5页。

② 末川博、家永三郎監修:《日本現代史史料——日米安保条約体制史》(1),三省堂1970年版,第553页。

为向海外派兵就意味着行使武力，所以，宪法上，我认为不能行使伴随使用武力的行动。”[①]池田是吉田的接班人，他的安保观基本上继承了吉田的主张。1965 年 11 月 25 日，佐藤荣作在参议院日韩特别委员会上也说：“宪法的精神应该坚持。”[②]1969 年 7 月 22 日，佐藤荣作再次表示日本绝不会向海外派兵，因为这违反宪法也违反自卫队法，日本也不会向朝鲜半岛派兵。[③]佐藤也是吉田的弟子(虽然他是岸信介的胞弟)，他当时并不主张日本向海外派兵。

海外派兵问题的实质是集体自卫权问题。关于这个问题的日本政府官方见解最早是 1981 年发表的，当时是自民党鸽派的铃木善幸任首相(他是大平正芳的接班人，大平是池田的接班人)。内阁法制局指出：从国际法角度，根据联合国宪章，国家拥有集体自卫权，即，与本国有密切关系的外国遭到武力进攻，即使不是对本国的直接进攻也被认为是对自己国家的进攻，拥有使用武力阻止这种进攻的权利。法制局继续解释道：从国际法上看，日本作为主权国家拥有这种集体自卫权是理所当然的，但是，日本宪法所允许的自卫权，是限制在自卫意义上最小限度的权利，集体自卫权超过了这个限度，所以，宪法上不允许。当时的内阁法制局局长角田礼次说：“集体自卫权在绝对不行使的意义上，有还是没有都是一样的。”[④]这是战后日本政府首次明确提出关于集体自卫权违反宪法规定的解释。

关于“与本国有密切关系的外国遭到武力进攻”时如何使用集体自卫权的问题，1981 年 6 月，防卫厅局长丸山昂说：我国可以根据个别自卫权采取防卫行动，行动的结果可以保卫美国的舰船，当然出现这种情况的可能性非常小。[⑤] 1982 年 9 月 5 日，在一次 NHK 的电视节目中，主持人提出类似的问题：如果日本周边发生不测事态，美国第七舰队遭到攻击，日本的海空自卫队是否可以保护美国舰船？对此，已升任防卫事务次官的丸山昂说：“作

① 末川博、家永三郎監修：《日本現代史史料——日米安保条約体制史》(3)，三省堂 1970 年版，第 19 页。

② 末川博、家永三郎監修：《日本現代史史料——日米安保条約体制史》(3)，三省堂 1970 年版，第 57 页。

③ 末川博、家永三郎監修：《日本現代史史料——日米安保条約体制史》(4)，三省堂 1970 年版，第 14—15 页。

④ 山际澄夫：《安倍晋三と「宰相の資格」》，小学館文庫 2006 年版，第 190 页。

⑤ 《「集団的自衛権に該当せぬ」防衛長官が発言》，《朝日新聞》1982 年 9 月 5 日。

为个人意见，我认为日本周边一千海里以内的海上通道遭到攻击都被认为是对日本的侵略。日本可以行使个别自卫权与美国合作，这不违反宪法禁止的集体自卫权。”对此，防卫厅长官伊藤宗一郎也说：“日本受到侵略，出于自卫的必要(包括保卫美国舰船)采取行动，不属于宪法禁止的集体自卫权。”伊藤承认了丸山的见解，即，日本受到进攻时，可以发动自卫权，而且这时的自卫行动可以保护美国的舰船。不过他还是说日本关于集体自卫权的基本见解没有改变，因为行使自卫权的根据是个别自卫权，不是集体自卫权。

日本政府高官上述关于禁止行使集体自卫权问题的解释自从鸽派的铃木内阁以来直到鹰派的小泉内阁为止都没有变化。比如，1999 年的日美防卫指针相关法案，日本政府认为即使该法案是为了应对日本周边“有事”，两国合作分担，并以《日美安保条约》为基础的防卫合作指针，但是日本政府的解释仍然是不能行使集体自卫权。另外，周边事态法案也是一样，对于美军在日本近海的战斗行为，日本提供后方支援和搜救活动，但是如果在战斗区域进行此类活动则涉及集体自卫权问题，所以日方的合作被限定在与战斗无关的区域。

二、集体自卫权的松动

随着冷战的终结，美国充当了世界警察的角色，它要求日本配合其军事行动，派遣联合国维和部队(PKO)。对此，当时的日本防卫事务次官依田智治说：“关于 PKO 问题，在宪法允许的范围内应该积极进行国际合作。自卫队如果能够发挥作用，当然要积极参加。”①但是，日本所说的积极合作是在宪法范围内的合作，是所谓“只出汗不出血”的国际合作，这不能让美国满意，所以，日本被美国要求派兵参加联合国维和活动。

最早提出适应国际形势参加维和活动，并修改宪法的是时任日本外相的渡边美智雄。渡边是自民党内著名鹰派中曾根康弘的接班人，他与中曾根一样主张修改宪法。1993 年 1 月 2 日，渡边说：为了加强自卫队参加 PKO 活动，应该讨论修改宪法问题。② 1 月 10 日，中曾根康弘在电视节目中

① 《PKO 協力に積極姿勢示す》,《朝日新聞》1991 年 3 月 5 日。
② 《外相の改憲検討発言『近隣に警戒の念』》,《朝日新聞》1993 年 1 月 9 日。

说：应该在内阁或者国会设立临时宪法调查会。从此，修改宪法并解禁集体自卫权的声音日益升高。但是，当时自民党鸽派的影响力仍然比较大。1月11日，河野洋平官房长官表示：首相以前也说过并没有考虑过修改宪法第九条。关于议论宪法的调查会在自民党内是存在的。①河野的意思是没有必要再成立临时宪法调查会。同日，当时的首相宫泽喜一在泰国表示：日本不会做军事大国，即使冷战后美国在亚洲有所收缩，俄罗斯的影响在下降，日本也不会在亚洲地区扮演警察的角色（宫泽属于鸽派大平—铃木派）②，从而否定了日本向海外派兵的可能性。

在有关向海外派兵的问题上最有影响力的是时任自民党干事长的小泽一郎。小泽当时代表强硬派的主张，1993年5月，他出版了《日本改造计划》一书，其中提到：日本作为输出大国应该成为承担军事责任的世界大国。日本在联合国的旗帜下可以在海外发挥军事作用。在书中，小泽提议，为了尽早得出结论，应该在宪法第九条增加第三款允许自卫队派往海外或者制定安全保障基本法。小泽的著作1994年6月被美国翻译出版，引起了美国的高度重视。小泽一郎曾经说：可以修改宪法解释，派遣扫雷部队到海湾国家。海湾战争期间，首相海部俊树曾经犹豫是否派遣自卫队参与维和，小泽一郎说宪法前文所说的追求永久和平与联合国宪章是一致的，所以根据现行法律可以派遣自卫队。小泽辞掉自民党干事长之后，成了自民党内“关于日本在国际社会发挥作用特别调查会”的会长，研究自卫队向海外派遣的理论问题。当时他对庆应大学教授小林节关于“宪法并不是神圣不可侵犯的，可以做灵活解释”的主张比较赞赏。

另外，美国在日本关于集体自卫权的讨论中也发挥了重要作用。2007年3月发表的《阿米蒂奇报告》促进了日本对集体自卫权的讨论。该报告提出美国能否在亚洲立足的关键是维护日美同盟。报告说：日美安全关系虽然一直奉行两个原则——美国保护日本及其所辖地区，日本为维护远东安全向驻日美军提供基地和设施，但是由于日本对于全球事务的兴趣不大，使日美同盟合作受到了约束，这种约束限制了两国之间的联合能力。美国需

① 《九条改正は考えてない》，《朝日新聞》（夕刊）1993年1月11日。
② 《軍事大国化を否定》，《朝日新聞》1993年1月12日。

要一个在安全受到影响时能拥有较大自由参与能力的同盟，美国需要一个如果形势需要就可以派兵的具有较大灵活性的安全伙伴。报告还指出，日本正在围绕自我约束展开讨论，这种讨论与日本渴望成为联合国安理会常任理事国一事紧密相关，如果日本成为安理会常任理事国，日本就可以参加一个决策机构，而这个决策机构负责迫使其他国家遵守自己的决定，有时包括使用武力的决定。

《阿米蒂奇报告》中的这些语句为日本讨论解禁集体自卫权问题作了强烈的注脚，尤其是报告毫不掩饰地宣称：日本国内就宪法问题进行的辩论令人鼓舞，希望日本提高自己的能力，旨在既可以拿出软实力又可以拿出硬实力。从地理位置上讲，亚太地区绝大部分是大洋、海和具有战略意义的海峡。它是一个海军的舞台，这就要求美国必须继续进行军事采购，同时采取与海军舞台相符的恰当的军事战略。为此，美国需要日本做出许多相关的决定，尽管美国知道这在性质上是属于国内问题，比如，如何行事，解决宪法问题以及其他花费财力方面的问题，日本必须独自做出非常具体的决定，但是，作为对于美日伙伴关系寄予希望的同盟伙伴，美国对日本如何处理这些问题有着强烈的兴趣。

可见，《阿米蒂奇报告》实际上在怂恿日本修改宪法，至少要修改关于禁止使用集体自卫权的解释。事实上，当时这份报告一发表，立即在日本引起剧烈的反响。报告发表之后不到一个月，安倍内阁就成立了“安全保障的法律基础再构建恳谈会”，正式讨论解禁集体自卫权的可能性，集体自卫权开始松动了。

第三节　安倍与集体自卫权

安倍晋三是日本“修宪派”的代表人物，也是民族主义者。他认为，限制行使集体自卫权不过是内阁法制局的见解，铃木内阁对此给予承认，仅此而已。所以，他主张如果这一解释对日本不利，可以修改，这是政治家的任务。[①]安倍认为，“应该对宪法进行积极的解释”，因为日本海上自卫队在印度洋为美国海

① 山際澄夫：《安倍晋三と「宰相の資格」》，小学館文庫2006年版，第193页。

军提供油料补充，陆上自卫队在伊拉克萨马沃地区有六百多人支援战争，航空自卫队从科威特到伊拉克帮助运输物资，这在十年前是不可想象的。他认为“这里需要再向前跨进一步，议论集体自卫权问题”[①]，因为日本的安全由日美同盟来负责，但是，日本不能行使集体自卫权，这是不自然的。

一、集体自卫权与积极和平主义

《阿米蒂奇报告》发表之后，2007 年 4 月，安倍内阁成立了“安全保障的法律基础再构建恳谈会”，开始正式讨论集体自卫权问题。这个恳谈会是由对集体自卫权问题持积极态度的学者和退休官僚构成的，后来由于安倍下台而停止。2012 年年底，安倍再次上台，又召集了这个恳谈会，还由原来的成员构成，讨论的内容主要是集体自卫权和日本参加联合国维和活动的方式问题。这个恳谈会认为，日本自卫权行使的必要最小限度之范围中包含着行使集体自卫权的含义，为此这些顾问们试图构筑允许行使的逻辑框架，并向政府提出建议。恳谈会的报告还打算为了积极参加联合国的集体安全保障，在联合国维和活动中使用武器，修改武器使用标准。如果这些目的达成，日本政府修改宪法解释，允许使用集体自卫权，将意味着日本安保政策的大转换。[②]

其实，早在 20 世纪 90 年代初，日本讨论向海外派兵时，遇到的最大的法律障碍就是集体自卫权问题。当时虽然通过了 PKO 相关法案，但是，自卫队在维和行动中还是不能参加武力行动，不能卷入冲突。1994 年发生朝核危机之后，当时的官房副长官石原信雄就表示：“内阁法制局关于集体自卫权触及宪法第九条的解释是一堵墙，导致日本在国际合作中无所事事。”[③]2001 年初夏，前驻泰国大使冈崎久彦打电话给前防卫大学教授佐濑昌盛，因为佐濑刚刚出版了一本书《集体自卫权》。冈崎对他说：“应该用你的书教育政治家。”佐濑问：“怎样才能做到？”冈崎回答说：“各个击破！”佐濑又问：“从谁开始？”冈崎说：“安倍晋三，他没问题。”[④]

---

① PHP 研究所编：《安倍晋三対論集》，PHP 研究所 2006 年版，第 45—46 页。

② 《“集団的自衛権”憲法の歯止めが外れる》，http://www.kochinews.co.jp/?&nwSrl=315323&nwIW=1&nwVt=knd，2014 年 2 月 9 日。

③ 《岐路突き進む首相》，《朝日新聞》2014 年 3 月 3 日。

④ 《岐路突き進む首相》，《朝日新聞》2014 年 3 月 3 日。

安倍果然没有让冈崎失望。2006 年安倍成为首相,对内阁法制局长宫崎礼壹说:“我对你们的错误解释已经忍耐很久了,终于到了这一天。”安倍多次要求宫崎修改关于集体自卫权的宪法解释,但是,都遭到宫崎的拒绝,宫崎甚至以辞职表示抗议。当时,安倍内阁还因为阁僚“失言”等丑闻受到舆论批评,因此,安倍接受官房副长官的建议“等地位稳固之后再说”,先成立了“安全保障的法律基础再构建恳谈会”,主要成员包括冈崎久彦、佐濑昌盛、北冈伸一等人,同时安倍指定防卫省出身的官房副长官助理柳泽协二担任这个恳谈会的事务联络人。不过,安倍没想到柳泽协二并不赞成修改集体自卫权。安倍曾问柳泽协二,如果美国军舰受到攻击,自卫队能否迎战。柳泽回答说:这可以根据个别自卫权行动。另外,柳泽还告诉安倍说:现在技术上还不能拦截进攻美国的弹道导弹,这是将来技术成熟之后的事。柳泽还说,如果美国的导弹被击落,会遭到美国的报复,那么这个国家就毁灭了。哪个国家会这样干?[①]所以,安倍设想的行使集体自卫权的情景根本不现实。后来,安倍在 2007 年的参议院选举中失败下台,集体自卫权问题也就不了了之。

2013 年 6 月,重新上台的安倍将前外务省国际法局长小松一郎调到内阁法制局担任局长,打破了该局五十年来一直由内部升迁官职的惯例,原因只为小松一郎赞成解禁集体自卫权。安倍还任命前外务省事务次官谷内正太郎担任国家安全保障局局长,谷内与小松都是安倍第一次内阁时期,为安倍制作美国军舰受到弹道导弹攻击等日本行使集体自卫权案例的智囊人物。经过六年的政治蛰伏,安倍此次更加积极地推行解禁集体自卫权的进程,内外政策更加强硬,并为自己的强硬政策冠以“积极和平主义”。

“积极和平主义”这一概念是安倍晋三在 2013 年 9 月 26 日的联合国大会上提出的。他认为:“日本应该从积极的和平主义立场出发,积极参加维和、联合国的集体安全行动。”维和是为了解决国际争端与维护和平,联合国要求会员国参加的行动。从 1992 年开始参加,日本自卫队就承担道路维修等后方支援行动。联合国的集体安全保障行动包括对破坏和平的国家实行经济制裁,以及行使武力,比如,为了制止伊拉克对科威特的进攻,联合国组

① 《岐路突き進む首相》,《朝日新聞》2014 年 3 月 3 日。

成了多国部队。

其实,“积极和平主义”这一概念最早是东京大学教授北冈伸一提出的。2008年他在一篇文章中说:“日本与世界大势没多少关系,必然沦落为二等国家”,造成这种状况的最大原因是和平主义。两伊战争期间,中曾根首相曾主张派遣自卫队去海湾扫雷,但是没有得到支持。自民党干事长小泽一郎主张日本成为正常国家,他在海湾战争中积极支持日本向海外派兵,遗憾的是后来小泽改变了立场。日本仍然是一个大国,有义务在推动世界和平方面发挥能动作用,和平主义制约了日本,日本应该推行积极的和平主义和全球外交。①

2013年10月16日,已经成为安倍的咨询机构“安全保障的法律基础再构建恳谈会”负责人之一的北冈伸一对记者说:“之所以要对宪法进行新的解释,是因为集体自卫权与集体安全保障问题。”② 11月29日,北冈伸一在外国记者协会上说:现在日本的自卫队在南苏丹进行维和活动,在菲律宾执行救灾任务,但是在1992年PKO法案成立之前,日本的自卫队没有进行过此类活动。战后日本建立了自卫队,今后还要对宪法第九条进行解释变更,解禁集体自卫权。他认为,宪法第九条的核心部分是1928年非战公约以及联合国宪章等关于放弃使用武力解决国际争端的规定。第九条所说的“国际争端”是日本与其他国家之间的争端,是与日本直接有关的争端,联合国维和活动是第九条之外的,不应受此限制。另外,在维和活动中自卫队使用武器受到限制,而第九条禁止的是武力,不是武器,所以,日本应该与其他部队一样使用广义的武器。

北冈伸一认为,第九条第二款不承认军队和战力,但是日本自卫队可以拥有必要最小限度的实力,这不是战力,这是政府解释,《联合国宪章》和《旧金山和约》也予以了承认,所以集体自卫权的行使也应该得到承认。他说:集体自卫权是小国团结起来共同对应敌国的权利,小国只依靠个别自卫权不能保卫自己,必须与其他国家合作。如果只用个别自卫权,就不许拥有巨

① 北岡伸一:《分岐点の日本一積極的な平和主義とグローバルな外交》,《GAIKO FORUM》2008年11月。

② 《積極的平和主義って何?》, http://www.tokyo-np.co.jp/article/column/ronsetu/CK2013111802000145.html。

大的军队。所以，目前为止的政府解释在法理和实际上都是错误的。[①]

安倍虽然没有提到日本参加多国部队，但是解禁集体自卫权显然是相关日本参加集体安全保障问题。本来，参加经济制裁并不需要改变宪法解释，所以，一意孤行推进解禁集体自卫权进程无非是要日本在国外行使武力。和平之前是战争，可见，所谓"积极和平主义"，与作为宪法三大支柱之一的"和平主义"是背道而驰的。

二、集体自卫权与日美关系

日本有些人认为，集体自卫权是海洋国家日本和平与繁荣的保障。日本的贸易99%依赖海上运输，海上防卫对于日本来说十分重要。但是这种防卫一个国家单独不能完成，必须与美国一起完成，所以，必须解禁集体自卫权。关于集体自卫权的讨论，在安倍第一次内阁和鸠山内阁都有过。讨论的内容包括：在公海，也就是在本国领域之外，美国受到攻击时，附近的日本舰船与美国一起防卫的问题；射向美国的弹道导弹，特别是射向关岛美军基地的导弹，日本从领空进行拦截的问题；参加国际维和活动时的武器使用问题，比如，日本与英国、荷兰等国一起在伊拉克进行维和活动时，他国受到恐怖袭击，日本不能视而不见。这些情况属于集体自卫权问题，所以，必须解禁这个权利。另外，日本对美国的后方支援和补给活动的行使也需要解禁集体自卫权。

当然，安倍认为，集体自卫权的行使，并不是从属于美国的，而是对等的权利。只有这样，日美同盟才能更加牢固，才能增强遏制力，自卫队和美军才能不费一颗子弹。[②]安倍的外祖父岸信介就是因为追求日美关系的对等性才要求美国修改《日美安保条约》的。根据宪法第九条的规定，日本没有军队也没有交战权，所以日本的安全只好依赖美国的保护，岸信介认为，这是不对等的，也是不正常的。安倍内阁的顾问谷内正太郎指出："集体自卫权问题是一个国家的品格问题。朋友帮助你，你却不能帮助朋友，这是国家

---

① 《日本は「集団的自衛権」を行使すべきか？～北岡伸一（安防懇座長）VS 柳澤協二（元防衛官僚）》，http://blogos.com/article/74682/。

② 安倍晋三：《新しい国へ》，文芸春秋 2013 年版，第 254 页。

的耻辱。”[①]安倍还举出如果监视导弹发射的美国宙斯盾舰受到攻击，附近的自卫队不能为宙斯盾舰提供保护是不正常的。[②]

北冈伸一认为，如果不解禁集体自卫权，一起执行维和任务的别国部队受到攻击，日本自卫队不能反击。朝鲜半岛有事，日本也不能履行向美军提供弹药等后方支援任务。日本政府关于在国际法上拥有集体自卫权，但是宪法上不能行使的解释是不自然的。他说：“日本不能行使集体自卫权，就不能与美国形成一个团队。”[③]

其实，安倍以集体自卫权问题为突破口配合美国的亚太战略，与美国的相对衰落有密切关系。近年来，美国财政状况恶化，国防费在削减，不可能在外交与安保两方面同时采取攻势，现在的优先顺位是叙利亚和中东。所以日本有理由怀疑，美国是否有能力在所谓“有事”时帮助日本。一位接近安倍的外交官说：“美国的力量在下降，至少与十年、十五年之前比，随时可以应战的姿势后退了。”[④]前防卫厅长官中谷元也说：“所有事情都依赖美国的话日本就安全了，这种意识是错误的。考虑到美国的事情，日本应该有自己独自的思考。”[⑤]可见，日本以中国、朝鲜为借口增加军费和解禁集体自卫权，其背后除了减轻美国负担和增加日美两国之间的信任之外，日本也在打自己的自主防卫算盘。安倍的亲信卫藤晟一表示：在冷战时代，美国会自动保护日本，但是现在日本如果不付出相应的努力，日美同盟就不会发挥作用。我们认识到这个现实，应该在一定程度上自己保护自己。

日本愿意积极配合美国分担责任，美国也支持日本解禁集体自卫权的努力。2013 年 1 月 27 日，日美两国军方领导人在横田地下指挥所进行军事

---

① 谷内正太郎：《集団的自自衛権　国の品格の問題》，《産経新聞》2013 年 7 月 11 日。

② 《集団的自衛権「改憲は不要」　首相、新解釈で可能と強調》，http://www.asahi.com/articles/ASG252TS0G25UTFK001.html。

③ 《日本は「集団的自衛権」を行使すべきか？ ～北岡伸一（安防懇座長）VS 柳澤協二（元防衛官僚）》，http://blogos.com/article/74682/。

④ 《アングル：軍備増強目指す安倍政権、裏に潜む日米同盟への不安》，http://jp.reuters.com/article/topNews/idJPTYEA1403S20140205? feedType = RSS&feedName = topNews&pageNumber = 2&virtualBrandChannel=0。

⑤ 《アングル：軍備増強目指す安倍政権、裏に潜む日米同盟への不安》，http://jp.reuters.com/article/topNews/idJPTYEA1403S20140205? feedType = RSS&feedName = topNews&pageNumber = 2&virtualBrandChannel=0。

演习推演，该指挥所是2011年“3.11”大地震后两国进行“朋友作战”时的指挥所。演习的目的是在战争发生后，保证两国部队指挥官能够顺利找到对方联系的对象。美军与日本自卫队的关系进一步加强了，日本进行弹道导弹拦截时，美国提供早期卫星侦查情报。2013年6月，两国在加利福尼亚进行了实战部队夺岛演习。日本决定建立水陆两用部队，是以美国海军陆战队为模型的。

特别是，美国对于安倍政权关于解禁集体自卫权的努力给予了正面评价。2014年年底，日美两国商讨修改“日美防卫合作指针”，防卫指针规定了日本受到武力进攻和日本周边有事时自卫队与美军的责任分担。关于这一点，早在2014年2月4日，防卫大臣小野寺五典就说：如果集体自卫权解禁，今年（2014年）内日美防卫合作指针的再修改将有所反应。如果政府确认了方向，日美之间的合作就有必要在防卫合作指针中有所体现。当然，即使集体自卫权的议论不顺利，也不会影响防卫合作指针的修改进程。[①] 可见日美合作需要解禁集体自卫权，这已是势在必行的事。2月5日，美国副国务卿拉塞尔表示：集体自卫权是多年来确立的原则，美国接受日本国民代表的决定。他同时认为，在奥巴马政权下，日美同盟有较大的进展，坚信两国关系会朝良好方向发展。[②] 2014年4月6日，美国国务卿哈格尔进一步表示支持日本修改宪法以解禁集体自卫权。[③]

三、集体自卫权与中美日关系

安倍晋三在国会多次强调如果不能行使集体自卫权，将面临对日本不利的境况。比如，朝鲜的核武器与导弹威胁，还有所谓中国在东海的扩张都属于日本安全环境变化的背景。

在防卫领域，美国对日本的期待并不是单纯的防卫费增加，也不是建造航空母舰或者核潜艇，而是解禁集体自卫权。日本盘算的是，一旦解禁集体

---

① 《集団的自衛権、行使容認なら日米防衛指針に反映させる　小野寺防衛相》，http://sankei.jp.msn.com/politics/news/140204/plc14020410310008 - n1.htm。

② 《「集団的自衛権」歓迎の意向　米ラッセル国務次官補》，http://news.tv-asahi.co.jp/news_international/articles/000020906.html。

③ 《集団的自衛権：米国防長官、容認を支持　防衛相会談で明言》，http://mainichi.jp/select/news/20140407k0000m010037000c.html。

自卫权，在公海上与美国军舰同行的日本舰船，在美国军舰受到攻击时，可以反击；对于射向美国的导弹，日本也可以将其击落。有人主张将来还有必要讨论是否日本应该有能力对敌方基地进行先发制人的打击。当然，这个议论需要国内外的理解，卫星侦察也是必要的，这需要大量费用，可能需要四五年时间。

不管怎么说，自民党鹰派认为现在日美防卫合作最有效的方法是解禁集体自卫权，而解禁集体自卫权对于美国利用日本牵制中国有重要意义。有人认为，如果日本解禁了集体自卫权，中国将在10年内不能有所作为。北冈伸一认为，中国连续10年军事费用增长了4倍，对此，日本只是以大幅增加防卫费来对抗是不现实的，应该考虑其他对抗措施，比如，解禁集体自卫权以强化日美同盟。①日本《读卖新闻》发表社论指出：经济和军事同时崛起的中国正在试图通过实力改变国际秩序，应对中国崛起并不是日本一个国家的事，这是国际社会共同的悬案。如果中国运用武装渔民占领离岛，就属于“平时”和“有事”之间的“灰色事态”，日本和美国应该把这种事态写进2014年底修改的防卫合作指针中去。②

但是，美国并不想因为中日之间的矛盾把美国卷入一场冲突之中，这一点从日美双方军事合作不断加强的背后，围绕中国问题，两国政府间仍然存在互相不信任上可以看出来。比如，2013年11月，中国划设防空识别区之后，美国副总统在访华期间虽然表示反对，但是没有要求中国撤销。另外，美国虽然在钓鱼岛问题上表示适用《日美安保条约》第五条的规定，但是在主权问题上不持立场。特别是2013年年底，安倍晋三参拜靖国神社之后，中国强烈抗议，美国也对日本表示了“失望”。对于美国的态度，日方非常不满，安倍的亲信首相辅佐官卫藤晟一就表示：“日本为了保持同盟拼命在努力，美国应该顾虑日本，而不是顾虑中国。”③

不过，对于安倍解禁集体自卫权的决定，还是有很多日本人表示反对。反对解禁集体自卫权的人中除了和平主义者之外，也有现实主义者。他们

---

① 《日本経済新聞》2014年4月3日。

② 《読売新聞》2014年1月6日。

③ 《アングル：軍備増強目指す安倍政権、裏に潜む日米同盟への不安》，http://jp.reuters.com/article/topNews/idJPTYEA1403S20140205? feedType = RSS&feedName = topNews&pageNumber = 2&virtualBrandChannel=0。

的理由是美国不可信任，美国最终未必在中日之间的对立中坚决站在日本一边。比如，前防卫官僚柳泽协二就认为，日本需要集体自卫权只有如下三种情况：一是美国军事力量需要日本补充，二是亚洲出现北约型集体防御机制，三是形成以日本为中心的对华包围网。然而，这三种情况都不具有现实性，柳泽认为集体自卫权不仅对于日本来说没有必要，事实上美国也没有这样客观要求。伊拉克和阿富汗反恐战争后，美国对日本作用的要求有所变化，现在没有必要行使集体自卫权。在柳泽看来，日本在战后一直没有与美国的军事行动保持一体化，都是在宪法允许的范围之内行动。1997 年的日美防卫合作指针也是在这个理解下形成的，朝鲜半岛"有事"时，美国与日本的分工是明确的。同样，在伊拉克，日本自卫队并没有战斗任务，对此美国也是给予较高评价的。

柳泽认为，美国现在一边阻止中国的军事霸权，一边强化与中国的经济关系，也就是说，美国虽然意识到中国正在损害自己的军事优越性，但是并没有把中国定义为敌人。遗憾的是，作为同盟国的日本明知道美国实行如此战略，却仍然以中国威胁为理由解禁集体自卫权，这反过来会引起美国的担心。他说：安倍试图通过对宪法解释的变更来解决战后日美安保体制的矛盾，然而，历史认识的变更，宪法的修改，从美国自立，会增加日本与美国之间的矛盾，这是最大的令人担心之处。①

柳泽的判断没有错，其实，安倍的修宪主张是暗含着向美国争取自主地位之意的。安倍作为民族主义者，他的政治目标是修改宪法，如果内阁关于集体自卫权违反宪法的解释被修改，不仅意味着日本自卫队可以与美国并肩作战，日本还将在争取自主的进程中迈出摆脱美国实现自主防卫与自主外交的重要一步。可见，安倍的修宪和解禁集体自卫权主张表面上迎合了美国的战略，实际上其脱美倾向欲盖弥彰，这是安倍在访美期间被冷遇和因参拜靖国神社被美国敲打的深层原因。2014 年 2 月 4 日，安倍说："现行宪法的原案是占领军起草的，'我们的宪法由我们自己写'的精神可以开辟未

① 《日本は「集団的自衛権」を行使すべきか？ ～北岡伸一(安防懇座長)VS 柳澤協二(元防衛官僚)》，http://blogos.com/article/74682/。

来。”[①]可见，安倍修改宪法的信念是坚定的。

小　结

到 2014 年 2 月上旬，日本“安保法制恳谈会”事实上已经结束了对解禁集体自卫权问题的讨论，进入了起草报告阶段。基本结论是修改宪法解释，架空宪法。集体自卫权本来是同盟国受到攻击时，即使自己的国家没有受到攻击也要提供武力支援的权利，但是在根据日本宪法第九条，这种集体自卫权超出了日本宪法规定的防卫上必要最小限度的范围，所以不允许行使，这是多年来日本内阁对集体自卫权的基本解释，亦即 1981 年大平内阁时所作的解释。1983 年，当时的内阁法制局局长说，集体自卫权行使当然要通过修改宪法的法律程序。其实，这是日本战后历代内阁与法制局从各种角度讨论之后得出的结论，认为不行使这个权利对日本更有利，也更符合和平宪法的精神。

但是，安倍集团我行我素，执意要把日本带向他所认为的正确道路。2014 年 2 月 5 日，安倍在参议院预算委员会上说：“允许行使集体自卫权的判断，可以由政府以适当的形式重新解释。不属于必须修改宪法的问题。”表明了不用修改宪法第九条就可以改变政府解释的看法。他还说：解释变更可以通过三个步骤进行，宪法解释上拥有行使的权利，制定行使的法律根据，进行政策判断。集体自卫权解禁后，可以设想两种情况：一种是在公海与日本自卫队一起行动的美国舰船受到攻击时，日本自卫队可以为了保护美国舰船采取行动；一种是日方可以拦截射向美国的弹道导弹。不仅是美国，如果与日本共同训练的韩国和澳大利亚舰船受到攻击，日本也可以采取行动。但是，安倍集团有一个矛盾，即，他们无法说明为什么日本已有的个别自卫权无法应对这些所谓的安全形势变化。为了行使集体自卫权而扩大必要最小限度的范围这一基本制约，这种方法实际上等于取消了宪法的制约。

另外，如上所述，毫无疑问，解禁集体自卫权会打开日本与美国一起使

---

① 《憲法 96 条改正は必要＝安倍首相》，http://jp.wsj.com/article/JJ10850911224047153535117902645890327743131.html、2014－2－4。

用武力的大门,等于把日本卷入战争,所以,对此问题在日本有超过半数的人反对。实际上除了自民党的执政伙伴公明党反对之外,自民党内部也有人反对。比如,2013 年 9 月 19 日,自民党安全保障调查会长岩屋毅在党内会议上说:关于解禁集体自卫权,仅限于自卫和必要最小限度的范围内,部分行使是可以的。而且应该与公明党达成一致。[①]岩屋的讲话实际上表示了党内一些人的慎重态度。2014 年 1 月 28 日,自民党干事长石破茂说,关于修改集体自卫权宪法解释的问题,不一定在春季国会下结论,关键不在于结论什么时候下,而在于集体自卫权的行使。石破茂这样说的原因是他担心自民党议员中有人反对,必须在党内达成一致。[②]石破茂的担心不是没有道理,问题并不在自民党,而是执政联盟中的公明党。公明党本来反对解禁集体自卫权,但是最后为了维持与自民党的合作关系,提出了解禁集体自卫权的三个条件,即:(1) 必须与日本有密切关系的国家受到攻击并且这种攻击必须根本颠覆日本国民的生命、自由和追求幸福的权利;(2) 必须是没有其他办法,否则日本的存立与国民的保护不能维持;(3) 必须是限制在最小限度的实力行使。自民党也为了维持与公明党的合作作出了让步,于是 2014 年 7 月 1 日,在这个"三要件"基础上,安倍内阁作出了解禁集体自卫权的决定。2015 年 9 月 18 日,日本国会又通过了安保相关法案,使有关自卫队行动的 10 部法律被修改,以适应行使集体自卫权;同时,制定了一部新法律——《国际和平支援法案》。无论如何,解禁集体自卫权意味着日本战后低调的防卫政策发生巨大变化,是日本对权力转移自我定位的反映,亦即日本大国意识的反映,结果必将引起亚太地区地缘政治环境发生重大变化。

---

① 《「行使は必要最小限に」 集団的自衛権で自民・岩屋氏》,http://sankei.jp.msn.com/economy/news/130919/fnc13091915230017-n1.htm。

② 《石破氏、集団的自衛権「今国会こだわらず」》,http://sankei.jp.msn.com/politics/news/140128/plc14012819570020-n1.htm。

结　束　语

特朗普在选举期间声言，日本应该负担驻日美军的全部费用，否则美军将撤出日本。这让日本十分担心，既不愿全额承担费用，又怕美军撤走。其实，特朗普对日美同盟的理解过于简单，于是安倍在 2016 年 11 月赴美求见特朗普时就告诉他，日美同盟及其驻日美军是美国亚太战略的关键。关于日美同盟，安倍晋三的外交政策顾问谷内正太郎曾说：日美两国具有共同的价值观，可以分享普遍价值、民主主义、人权、自由、市场经济和法制，等等。他还说，日本是模范的、值得信赖的民主主义国家。然而，在这番表述之后，谷内正太郎又补充道：仔细分析利害关系，可以认为日本和美国除了合作、协调之外没有别的选择。①其实，谷内所表述的价值观与利害关系是一对并不相干的概念，如果价值观因素真的可以维系两个国家紧密关系的话，是不需要利害关系因素的；反过来也是一样，如果两个国家具有利害关系，那么，也未必需要价值观来维系。谷内的话中切中要害的部分是他的后一段表述，即，维系日美关系的关键因素并不是价值观问题，而是利害关系，亦即现实主义因素，说穿了就是日本需要美国保护，美国需要日本提供军事基地作为据点维持其在东亚的军事存在，进而加强其在亚太地区的战略地位，这是问题的核心。该同盟的实质既不是特朗普选举期间说的，同盟是保护日本的，也不是安倍对特朗普说的，同盟是美国亚太战略的关键，而是二者兼而有之。

现实主义因素就是权力的因素、安全的因素和地缘政治的因素。第二次世界大战之后，美国对日本的占领政策基本上是成功的，因为它基本上符合了美国的亚太战略，也把日本进一步带向了西方。经过美国的改造，日本

① 谷内省太郎：《2007 年日本外交の主な課題》，载《世界経済評論》2007 年第 5 期。

战后深度美国化，大量吸收了美国文化，特别是在技术层面的进步使日本制造出世界水平的产品，最后在经济上追上了美国。然而，日本在经济上的崛起，引起了两国权力对比的变化，出现了经济领域和安保领域的摩擦与猜疑。当然，现在美国对于日本来说仍然是可怕的对手，即使如日本个别人认为的那样，日本可以自己负责自己的安全，不需要美国的保护(安倍等自民党鹰派也有此种倾向)，但是，目前还不具备向美国摊牌的条件，日本在一定期间还不能摆脱日美同盟。所以，日本要摆脱美国的控制还为时过早，日美同盟还有必要继续维持下去，这是现实主义的考虑，地缘政治上的必要，也是权力政治上的必要。

从古典现实主义理论的角度看，日美同盟尽管存在种种矛盾和猜疑，但是短期内该同盟并无解消的迹象，因为如果没有这个同盟，对于地处欧亚大陆东部边缘的日本的安全保障是不利的，对于美国的亚太战略来说也是不利的。另外，没有日美同盟这个安全阀，美国和亚太国家将对日本产生不安，他们有理由担心日本再次崛起，再次危害亚太地区和平。所以，日本的现实主义者认为，日美同盟应该维持下去，条件是美国不敌视日本，并继续向日本提供核保护。美国的现实主义者则认为，冷战结束后形成的美国在亚太地区的优越地位，依靠日美同盟作为支撑，而日美同盟的消失将意味着美国在亚太地区霸权的削弱。亚太地区各国则认为，日美同盟不发生变化的保障是日本国内战后形成的和平主义理念不发生动摇，日本必须克制自己对亚洲霸权的野心，必须坚持和平主义理念，如果任凭日本右倾化，则最终会动摇日美同盟的基础。

但是，美国现在确实开始逐渐衰落，这是不争的事实，所以，美国不仅在资金方面依赖日本，还越来越希望日本分担防卫责任。日本虽然有意利用日美之间的权力变化和美国亚太战略的调整，为自己争取更多的主导权，但是，无奈自身少子老龄化和财政状况的窘迫，并无力气满足美国的要求。这便是奥巴马执政期间美国不少人既主张在维持日美同盟的同时也要求中国分担责任的基本背景。中美日之间的权力结构正发生剧烈变动，亚太地区的地缘政治现实也正在发生前所未有的改变，中美之间的敌友关系尚未最后确定。其中，如何看待中国的崛起是日美两国必须认真思考的问题，而如何看待日美同盟关系也是中国必须深入分析的重要课题。

从近年来美国调整亚太战略和日本配合美国深化日美同盟的动向来看，日美似乎正在确定其在亚太地区的地缘政治目标——遏制中国的崛起。然而，对于中国来说，却似乎尚未准确把握日美同盟的脉搏。中国既认为日美同盟是恶的，是遏制中国的，同时也认为美国有责任管束日本，不使日本再次成为和平的破坏者，实际上是承认日美之间的特殊关系，因为它可以保障美国约束日本。中国人处于一种矛盾之中，既批判这个同盟，又对这个同盟寄予希望，希望日美同盟作为瓶盖堵住日本再次崛起为军事大国，又批评这个同盟针对中国所做的种种战略准备。

那么，中国应该怎样看待日美同盟呢？

关于《日美安保条约》，中国本来自20世纪50年代开始就一直是持批判态度的，但是20世纪70年代初，中美和解之后改变了态度，原因是这个条约对于当时反霸的大战略有可利用之处。如果中美真正和解并真正结成事实上的反霸同盟，中日关系又能实现关系正常化，那么，这就是一个事实上的反霸三国"同盟"。1972年2月，美国总统尼克松在与毛泽东的会见中提到《日美安保条约》问题，他想知道日美之间的军事合作关系是否构成中美和解的障碍。当时尼克松对毛泽东说："我想大部分国家都会承认我们的会谈，但是苏联不会同意，日本也表示怀疑——他们是这样说的。日本将来怎么办？关于这一点，我知道我们之间有分歧。到底日本是完全中立的好，还是完全放弃防卫能力的好，或者暂时与美国保持一定关系的好？"①

尼克松的意思显然是要中国对《日美安保条约》表个态。对此，毛泽东回答说："我们并不打算威胁日本或韩国的安全。"尼克松把毛泽东的回答看成是一种承诺，所以，他也向毛泽东解释：《日美安保条约》也是为了防止日本再次走向军国主义或民族主义的条约。②这是美国首次提到《日美安保条约》具有抑制日本的作用，"安全阀"一说也由来于此。后来，尼克松对周恩来说："美国可以退出日本海域，但是，如果美国退出的话，其他国家会进入这个海域来活动。如果美国让日本处于毫无防备的状态，那么，日本会寻求

① Henry Kissinger, *The KISSINGER TRANSCRIPTS*, The New Press, New York, 1999, pp.62-63.

② H・キッシンジャー：《キッシンジャー秘録》，小学館1980年版，第1072页。

其他国家的保护，或者自己建立防卫力。另外，如果美国不与日本保持防卫上的协定，那么对于日本向何处去，我们就没有任何影响力了。”①当时尼克松所说的“其他国家”，显然是指苏联。这段话也是美方较早阐述《日美安保条约》的“瓶盖”作用，而且是对中国领导人说的。

尼克松还向毛泽东保证了如果美国撤出台湾，美国会防止日本代替美国进入台湾。②在当时，美国既然表示可以遏制日本染指台湾的野心，那么，尼克松关于《日美安保条约》重要性的解释对中国是有一定说服力的。所以，毛泽东对尼克松开玩笑说：“你访问亚洲时，在北京的时间应该与在东京的时间一样。”③毛泽东的话可以被看作是暗示中国已经默认了日美之间的特殊关系，毛泽东已经不把日美两国乃至它们之间的军事条约当作威胁。

1972年7月27日，田中角荣的“密使”日本公明党委员长竹入义胜来到北京，周恩来就中日邦交正常化联合声明的内容向他表示：“问题有三个，请田中首相和大平外相放心。一个是不涉及《日美安保条约》。因为如果实现中日邦交正常化，安全条约对中国的效力也就失效了。第二个是不涉及1969年的‘佐藤·尼克松联合声明’。邦交正常化声明发表后可以签订《中日和平友好条约》。剩下的事情可以由法律专家来做。第三个是《日台条约》问题。田中首相几次谈到理解中国所主张的建交三原则，是不是尊重的意思？”④可见，当时周恩来最大的关心是台湾问题，亦即日本能否断绝与台湾当局的“外交”关系问题，而不是日美之间的安保条约和“佐藤·尼克松声明”。周恩来的三点意见，是有机地结合在一起的。不涉及《日美安保条约》和“佐藤·尼克松声明”，都意味着中国对日美特殊关系的默认，这是在1972年2月份尼克松访华时中美达成的默契。

但是，此一时，彼一时，如今中美日三国共同反霸的战略态势荡然无存，俄美矛盾虽依然如故，但由于苏联解体后，俄罗斯权力大幅衰落，美国在继续削弱俄罗斯的同时还逐渐把中国看作最大的威胁，其战略重点也转移到

---

① R・ニクソン《ニクソン回顧録》(第一部)，小学館1978年版，第218页。
② 毛里和子：《ニクソン访中秘密会谈录》，名古屋大学出版会2001年版，第39页。
③ H・キッシンジャー：《キッシンジャー秘録》，小学館1980年版，第218页。
④ 財团法人霞山会：《日中關係基本資料集》，霞山会1998年版，第413页。

亚太地区，目的是遏制中国的崛起，不再打算拉中国对抗俄罗斯。与冷战期间的反霸大局相比较，当前欧亚大陆的基本地缘战略态势是，受美欧挤压的俄罗斯与受美日遏制的中国捐弃前嫌，建立了战略合作伙伴关系。中俄的接近，从地缘战略和权力的角度看，是极其自然的事情。欧亚大陆的地缘政治结构发生了剧变，日美同盟依旧，“中日友好”却难以再现，昔日掩盖在中日和平友好光环背后的各种矛盾，如历史认识问题、钓鱼岛问题和东海问题，由于中国的崛起和日本的右倾化，被突出和夸大，两国关系陷入僵局。日本试图强化日美关系以平衡中国的崛起带来的安全压力，特别是美国加紧深化日美同盟的步伐，修改日美防卫合作指针，使该同盟针对中国的意图愈来愈明显，引起中国对该同盟的极度反感，认为它是冷战思维的延续。

其实，日美同盟具有复杂性，日美双方既有互相依赖，也有互相矛盾和猜疑。日本选择与美国结盟经常被看作是日本曾经与英国结盟的继续，然而，日英同盟与日美同盟的最大区别是前者由日本的自主选择，后者则是日本被迫的选择。日本在日美同盟中并无自主权，《日美安保条约》是美国强加给日本的。美国全面解除了日本的武装，然后，承诺保护日本的安全，核心部分是保证美国对日本的军事占领长期化。所谓美国保护日本的安全，说到底是保护美国在日本的军事基地和军事设施的安全。美国固然不会允许日本受到侵犯，但是最初的安保条约并未明确规定美国负责日本的防卫，这是让日本感到不安的原因。1960 年的新安保条约第 5 条虽然规定了美国对日本的防卫责任，但是仍然存在诸多变数，导致至今美国官员必须不断表示将遵守第 5 条的承诺才能使日本放心。

特别是“日美同盟”与“日美安保”并不是一回事。《日美安保条约》自始至终并未将两国关系定位为同盟关系，因为《日美安保条约》并不是“日美同盟条约”。1951 年签署的旧安保条约虽然包含美国承担日本防务的内容，但没有规定日本对美国的安全承担义务，原因除了解除武装的日本无力承担这样的义务之外，还因为安保条约根本不是同盟条约，而是岸信介称为的“片务性”条约。这一点是日美关系不平等的根源，实际上日本不过是美国的保护国而已，所以，日本的民族主义者一直追求安保上的双向义务，实质上是追求日本的自主独立。直到 1979 年 5 月，日本首相大平正芳访问美国,在白宫草坪的发言中首次将美国称为“同盟国”,这才使两国关系初步有了对等的意义。后来,1981 年 5 月,铃木善幸首相访问美国,两国发表了共同声明,提出两国“将在日美共有的民主主义和自由主义的价值观基础之上,构筑两国的同盟关系”,至此,“同盟关系”这一说法被明确使用,意味着日本获得了美国的同盟国地位。

另外,中国一直是日美关系中挥之不去的因素。对于日美两国来说,在外交上对中国的关系都是至关重要的,尤其是对于日本来说,与中国的关系是最大的问题。日本从大平内阁开始,借助当时反对苏联霸权的地缘政治形势,开始对中国实行大规模 ODA 战略援助,为中国经济的改革开放助一臂之力,对华关系也成了日本外交中与日美同盟并存的另一大战略支柱。冷战结束之后,特别是 20 世纪 90 年代以后,中国开始崛起,国际舆论普遍认为中国将超过美国成为超级大国。如果中国确实将成为大国的话,美国的亚洲政策也将发生变化,日本虽然继续追随美国,但是必将沦为中美两个大国阴影之下的“小国”。于是,日本开始调整其对外战略。从小泉内阁开始,日本试图放弃 20 世纪七八十年代维持与中美两国平衡的做法,开始“向美一边倒”。福田内阁则提出“共鸣外交”,试图恢复日本在中美之间的平衡。到了鸠山内阁,日本呈现“脱美入亚”倾向。而安倍内阁则再次站在了美国一边。日本外交所表现出来的摇摆不定是亚太地区地缘政治结构出现剧烈变动背景下的必然反映,日本人处于一种战略的选择过程之中。这里值得注意的是,在这种摇摆过程中,呈露了日美同盟的复杂性,日美两国之间的矛盾和猜疑日益明显,“同盟的悖论”不可避免。

所以,看待日美关系,要从欧亚大陆地缘政治结构变化的角度出发,要着眼日美同盟的悖论,要注意日本在中美两个大国之间选择的困境,不能只看一时一事一人的某种政治倾向。谷内正太郎曾经说过:日本外交的课题大致有三点,第一是重新构筑亚洲外交的问题,第二是维持和强化日美特别关系,第三是拓宽和扩展日本外交地平线的课题。关于重新构筑亚洲外交,他着重谈了“中日战略互惠关系”和对华政策的“政治与经济两个轮子”;关于日美关系,他着重讲了共同的价值观和两国之间的利害关系;关于扩展日本外交的地平线,他着重谈了“自由与繁荣之弧”、“东盟+1”、“东盟+3”、

“东亚峰会”①。作为安倍、麻生内阁的主要外交政策顾问，特别是安倍第二次内阁的“国安会”国家安全保障局局长，谷内的外交构想并未完全集中在对美关系上，而是具有比较宽的视野。所以，谷内澄清日本并无建立中国包围圈的能力，也没有考虑诸如在“自由与繁荣之弧”建立军事同盟等脱离现实的问题。在他看来，中国不大清楚日本在想什么，或者说还未对日本有深入的了解。关于中国人是否了解日本，这是一个历史问题，也是一个复杂问题。早在 20 世纪 20 年代，戴季陶就说过中国人对日本的了解远不如日本人对中国的了解。就本书来说，了解日美同盟关系也是了解日本的重要方面，真正看清楚这个同盟也许比较难，但是，至少要从美国对日本的改造、日美之间的猜疑与合作，以及日本外交的综合考虑出发，才能看清本质，还原真相，既看到这个同盟的互相利用性，又看到它的悖论，才能为制定正确的政策奠定基础。

① 谷内省太郎：《2007 年日本外交の主な課題》，载《世界経済評論》2007 年第 5 期。

附录一 日美安全保障条约（中文译文）

（一）日美安全保障条约（1951年）

正式名称：日本国与美利坚合众国之间相互合作与安全保障条约

签订时间：1951年9月8日

签订地点：旧金山美国陆军第六军司令部

签 订 人：日本首相吉田茂、美国国务卿艾奇逊

日本国本日与联合国家签署和平条约。因为日本国解除了武装，所以在和平条约生效时不拥有行使固有自卫权的有效手段，而不负责任的军国主义尚未从世界上被驱逐，此种状态的日本将面临危险，所以，日本国希望与美利坚合众国缔结与和平条约在日本与美利坚合众国之间同时生效的安全保障条约。

和平条约承认日本作为主权国家拥有缔结集体安全保障协议的权利，特别是联合国宪章承认所有国家拥有的固有权利——个别和集体自卫权。作为这些权利的行使，日本国为了阻止针对日本的武力攻击，作为防卫的暂定措施，希望美利坚合众国在日本国内及其附近维持其军队。

美利坚合众国为了和平与安全，现在拥有将自己的若干军队维持在日本国内及其附近的意思。但是，美利坚合众国期待日本国在避免实行攻击性威胁或者不以违反联合国宪章的目的和原则为增进和平与安全使用军备的基础上，渐增性实行自己负责自身的防卫应对直接和间接的侵略的责任。

为此，两国签署以下协定。

第一条　驻留美军的使用目的

与和平条约及本条约生效同时，日本国给予美利坚合众国将其陆军、空军和海军部署在日本国内及附近的权利，美利坚合众国接受此权利。这些军队可以用于为维持远东国际和平与安全作贡献，并且为了镇压由于一两个外国的挑唆或者干涉而引起的日本国内的内乱和骚动，在得到日本国政府明确的要求下实施援助，对抗外部武力攻击保护日本国的安全作贡献。

第二条　禁止第三国驻兵

在第一条规定的权利行驶期间，日本国不经美利坚合众国事前同意不能将基地、基地中或者有关基地的权利、权力或者权能、驻兵或者演习的权利，抑或陆军、空军或者海军的通过权给予第三国。

第三条　行政协定

关于规范美利坚合众国的军队在日本国内及其附近的配备的条件由两国政府间的行政协定规定。

第四条　效力终结

本条约在日本国及美利坚合众国认为联合国或者其他组织在日本区域决定维护国际和平与安全的充分的联合国的措施或者代之而起的个别或者集体安全保障措施已经生效时随时可以失去效力。

第五条　批准

本条约必须由日本国及美利坚合众国批准。本条约的批准书须经两国在华盛顿交换之际方可生效。

作为以上证据，以下全权委员在本条约签名：

一九五一年九月八日在旧金山市制定英语和日语文本两份。

日本国：吉田茂

美国：迪恩・艾奇逊　乔治・福斯特・杜勒斯　亚历山大・威利　斯特里斯・布里吉斯

(二) 日美安全保障条约(1960 年)

正式名称：日本国与美利坚合众国之间相互合作与安全保障条约
签订地点：华盛顿
签订时间：1960 年 1 月 19 日
生效时间：1960 年 6 月 23 日

日本国和美利坚合众国希望加强两国间的传统友好关系，并且拥护民主主义的诸原则、个人的自由及法制，进一步促进两国间的密切的经济合作，经济的安定和福利的改善。两国再次确认对于联合国宪章的目的和原则的信念以及和全世界所有政府和人民一道和平地生活的愿望。两国确认保有联合国宪章所制定的个别或集体的自卫权。两国为了维护远东地区的国际和平与安全，决定缔结此条约。协定如下：

第一条　维护和平的努力

缔约国遵守联合国宪章的规定，通过以和平手段解决各自的国际纷争，来维护国际和平与安全及正义。即便是为了保持领土完整和政治的独立，也应该慎重使用以武力威吓、武力行使及与联合国的宗旨不相符的方法。缔约国和其他爱好和平的国家一起，为了能够使维护国际和平与安全的联合国宗旨得到更加有效地执行，努力加强联合国组织。

第二条　经济合作的促进

缔约国通过强化其自由的诸制度，促进作为这些制度的原则，改善安定和福利条件，为和平友好的国际关系的进一步发展作出贡献。缔约国努力消除彼此间的差异，促进两国间的经济合作。

第三条　自卫力的维持发展

缔约国通过个别及相互的合作，持续有效地自助和相互援助，发展和维护在宪法规定的基础上的各自的抵抗武力攻击的能力。

第四条　随时协议

缔约国就本条约的实施随时进行协议。另外，在日本国的安全和远东地区国际和平与安全受到威胁的时候，在缔约国的任何一方的要求下随时可以进行协议。

第五条　共同防卫

各缔约国宣誓在日本国施政的领域下，如果任何一方受到武力攻击，依照本国宪法的规定和手续，采取行动对付共同的危险。

前记的武力和作为结果所采取的全部措施必须按照联合国宪章第51条的规定立即报告联合国安理会。这些措施在联合国安理会采取了某些国际和平与安全的措施之时必须停止。

第六条　基地的许可

为了对日本国的安全及维持远东的国际和平与安全作出贡献，允许美国的海、陆、空三军使用日本国内的设施及区域。

关于前记的日本国内的设施，区域及驻日美军的地位问题，遵照以代替1952年2月28日在东京签署的日本国与美国的安全保障条约的第3条为基础的行政协定的个别协定及其他已达成的协议。

第七条　与联合国宪章的关系

本条约不得被理解为对依照联合国宪章所规定的缔约国的权利和义务以及对维护国际和平与安全的联合国的责任产生了影响。

第八条　批准

本条约必须经依照日本国和美国宪法上的手续的批准。两国在东京互换批准书时生效。

第九条　旧条约的失效

1951年9月8日在旧金山市签署的日美安保保条约在此条约生效之时失效。

第十条　条约的终了

本条约是为了维护在日本的国际和平与安全所制定的具有联合国措施效力的充分的规定。到日美两国承认的期限为止拥有效力。

另外，本条约经过十年有效期之后，缔约国任何一方都可以对缔约国另一方通告终止条约的意思，此种情况下，本条约在通告一年后终止。

作为以上证据，以下全权委员在本条约签名：

一九六零年一月十九日在旧金山市制定英语和日语文本两份。

日本国：

岸信介　藤山愛一郎　石井光次郎　足立正　朝海浩一郎

美利坚合众国：

克里斯汀·A.哈特　道格拉斯·麦克阿瑟二世　J.格雷厄姆·帕森斯

(三) 日美地位协定(内容节选)

正式名称：以日美安保条约(日本国与美利坚合众国之间的相互合作与安全保障条约)第六条为基础关于的基地与在日本国合众国军队地位的协定

签订地点：华盛顿

签订时间：1960 年 1 月 19 日

生效时间：1960 年 6 月 23 日

(前略)

第二条

1. 甲，合众国根据日美安保条约第六条规定，被允许使用日本国内的基地。

(中略)

第三条

合众国可以在基地采取有关设定、运营、警卫及管理上必要的所有措施。

第四条

合众国在本协定终止时或者将基地返还给日本国之前，无义务将基地恢复到提供给合众国军队使用时的状态或者代之以向日本国支付补偿。

(中略)

第九条

(中略)

2. 合众国军队的成员不适用有关护照和签证的日本国法令。合众国军队成员及军属和家庭成员不适用有关外国人登录证及管理的日本国法令。但是,不被看作是取得权利在日本领域之内要求永久住所者。

3. 合众国军队成员在进入日本国或者离开日本国时,必须随身携带以下文书:

甲. 包含姓名、出生年月日、级别和番号、军种及照片的身份证明。

乙. 个人或者集体作为合众国军队成员的地位及执行命令的旅行证明个别或者集体旅行证明书。

合众国军队成员在日本国期间作为身份证明,必须携带上述身份证明。身份证明书在被要求时须向日本国政府出示。

(中略)

第十七条

(中略)

3. 在审判权的行使发生冲突时,适用下述规定:

甲. 合众国军事当局对于如下罪状,拥有第一次权利对合众国成员或者军属行使审判权。

完全属于合众国的财产或者有关安全的罪状或者完全针对属于合众国军队的其他成员或者军属或者合众国成员或者军属的身体或者财产的犯罪。

执行公务时由于作为或者不作为而发生的犯罪。

乙. 关于其他犯罪,日本国当局拥有第一次现实审判的权利。

(中略)

第二十四条

1. 在日本国维持合众国军队所需的所有经费,除了第 2 项中规定由日本国负担的部分,本协定有效期间不由日本国承担而由合众国负担。

2. 日本国在本协定有效期间须无偿向合众国提供第二条与第三条规定的所有基地及航线权(与机场及空港的基地一样包括共同使用的基地),而且在相当的情况下,向基地及航线权所有者及提供者支付补偿。

为了适用根据本协定产生的资金上的交易,日本国与合众国政府间须进行安排。

(中略)

日本

岸信介　藤山愛一郎　石井光次郎　足立正　朝海浩一郎

美利坚合众国

克里斯汀・A.哈特　道格拉斯・麦克阿瑟二世　J.格雷厄姆・帕森斯

(廉德瑰译自日文)

附录二　日美安全保障条约
(日文原文)

一、日美安全保障条约(1951年)

名　　称：日本国とアメリカ合衆国との間の安全保障条約
場　　所：サンフランシスコ
年 月 日：1951年9月8日署名　　　1952年4月28日発効

日本国は、本日連合国との平和条約に署名した。日本国は、武装を解除されているので、平和条約の効力発生の時において固有の自衛権を行使する有効な手段を持たない。

無責任な軍国主義がまだ世界から駆逐されていないので、前記の状態にある日本国には危険がある。よって、日本国は、平和条約が日本国とアメリカ合衆国の間に効力を生ずるのと同時に効力を生ずるべきアメリカ合衆国との安全保障条約を希望する。

平和条約は、日本国が主権国として集団的安全保障取り決めを締結する権利を有することを承認し、さらに、国際連合憲章は、すべての国が個別的及び集団的自衛の固有の権利を有することを承認している。

これらの権利の行使として、日本国は、その防衛のための暫定措置として、日本国に対する武力攻撃を阻止するために日本国内及びその付近にアメリカ合衆国がその軍隊を維持することを希望する。

アメリカ合衆国は、平和と安全のために、現在、若干の自国軍隊を日本国内及びその付近に維持する意思がある。但し、アメリカ合衆国は、日本国が、攻撃的な脅威となり又は国際連合憲章の目的及び原則に従って平和と安全を増進すること以外に用いられるべき軍備を持つことを常に避けつつ、直接及び間接の侵略に対する自国の防衛のため漸増的に自ら責任を負うことを期待する。

よって、両国は次のとおり協定した。

第一条　「駐留米軍の使用目的」

平和条約及びこの条約の効力発生と同時に、アメリカ合衆国の陸軍、空軍及び海軍を日本国内及びその付近に配備する権利を、日本国は、許与し、アメリカ合衆国は、これを受託する。この軍隊は、極東における国際の平和と安全の維持に寄与し、並びに、一又二以上の外部の国による教唆又は干渉によって引き起こされた日本国における大規模の内乱及び騒じょうを鎮圧するため日本国政府の明示の要請に応じて与えられる援助を含めて、外部からの武力攻撃に対する日本国の安全に寄与するために使用することができる。

第二条　「第三国の駐兵の禁止」

第一条に上げる権利が行使される間は、日本国は、アメリカ合衆国の事前の同意なくして、基地、基地における若しくは基地に関する権利、権力若しくは権能、駐兵若しくは演習の権利又は陸軍、空軍、若しくは海軍の通過の権利を第三国に許与ない。

第三条　「行政協定」

アメリカ合衆国の軍隊の日本国内及びその付近における配備を規律する条件は、両政府間の行政協定で決定する。

第四条　「効力終了」

この条約は、国際連合又はその他による日本区域における国際の平和と安全の維持のため十分な定をする国際連合の措置又は又はこれに変わる個別的若しくは集団的の安全保障措置が効力を生じたと日本国及びアメリカ合衆国の政府が認めた時はいつでも効力を失うものとする。

第五条　「批准」

この条約は、日本国及びアメリカ合衆国によって批准されなければならない。この条約は、批准書が両国によってワシントンで交換された時に効力を生ずる。

以上の証拠として、下名の全権委員は、この条約に署名した。

千百五十一年九月八日にサンフランシスコ市で、日本語及び英語により、本書二通を作成した。

日本国のために
吉田茂
アメリカのために
ディーンアチソン
ジョージフォスターダレス
アレキサンダーワイリー
スタイルスブリッジス

二、日美安全保障条约(1960年)

名　　称：日本国とアメリカ合衆国との間の相互協力および安全保障条約

場　　所：ワシントンDC

年 月 日：1960年1月19日署名　　　6月23日発効

日本国およびアメリカ合衆国は、

両国のあいだに伝統的に存在する平和および友好の関係を強化し、ならびに民主主義の諸原則、個人お自由および法の支配を擁護することを希望し、

また、両国のあいだの一層緊密な経済的協力を促進し、ならびにそれぞれの国における経済的安定および福祉の条件を助長することを希望し、

国際連合憲章の目的および原則に対する信念ならびにすべての国民およびすべての政府とともに平和のうちに生きようとする願望を再確認し、

両国が国際連合憲章に定める個別または集団的自衛の固有の権利を有していることを確認し、

両国が極東における国際の平和および安全の維持に共通の関心を有す

ることを考慮し、

相互協力および安全保障条約を締結することを決意し、

よって、次のとおり協定する。

第一条

締約国は、国際連合憲章に定めるところに従い、それぞれが関係するところのある国際紛争を平和的手段によって国際の平和および安全ならびに正義を危うくしないように解決し、ならびにそれぞれの国際関係において武力による威嚇または武力の行使をいからる国の領土保全または政治的独立に対するものも、また、国際連合の目的と両立しない他のいかなる方法によるものも慎むことを約束する。

締約国は、他の平和愛好国と共同して、国際平和および安全を維持する国際連合の任務が一層効果的に遂行されるように国際連合を強化することに努力する。

第二条

締約国は、その自由な諸制度を強化することにより、これらの制度の基礎を成す原則の理解を促進することにより、ならびに安全および福祉の条件を助長することによって、平和的かつ友好的な国際関係の一層の発展に貢献する。締約国は、その国際経済政策おけるくい違いを除くことに努め、また、両国あいだの経済的努力を促進する。

第三条

締約国は、個別的におよび相互に努力して、継続的かつ効果的な自助および相互援助により、武力攻撃に抵抗するそれぞれの能力を、憲法上の規定に従うことを条件として、維持し発展させる。

第四条

締約国は、この条約の実施に関して随時協議し、また、日本国の安全または極東における国際の平和および安全に対する脅威が生じたときはいつでも、いずれか一方の締約国の要請により協議する。

第五条

締約国は、日本の施政の下にある領域における、いずれか一方に対する武力攻撃が自国の平和および安全を危うくするものであることを認め、自国憲法上の規定および手続きに従って共通の危険に対処するように行動することを宣言する。

前記の武力攻撃およびその結果としてとったすべての措置は、国際連合憲章第五一条の規定に従ってただちに国際連合安全保障理事会に報告しなければならない。その措置は、安全保障理事会が国際の平和および安全を回復しおよび維持するために必要な措置をとったときは、終止しなければならない。

第六条

日本国の安全に寄与し、ならびに極東における国際の平和および安全の維持に寄与するため、アメリカ合衆国は、その陸軍、空軍および海軍が日本において基地を使用することを許される。

前記の基地の使用並び日本国における合衆国軍隊の地位は、一九五二年二月二八日に東京で署名された日本国とアメリカ合衆国とのあいだの安全保障条約第三条にもとづく行政協定(改正を含む)に代わる個別の協定および合意される他の取り決めにより規律される。

第七条

この条約は、国際連合憲章に基づく締約国の権利および義務または国際の平和および安全を維持する国際連合の責任に対しては、どのような影響も及ぼすものではなく、また、およぼすものと解釈してはならない。

第八条

この条約は、日本国およびアメリカ合衆国により各自の憲法上の手続きに従って批准されなければならない。この条約は、両国が東京で批准書を交換した日に効力を生ずる。

第九条

一九五一年九月八日にサンフランシスコ市で署名された日本国とアメリカ合衆国との間の安全保障条約は、この条約の効力発生の時に効力を失う。

第十条

この条約は、日本区域における国際の平和および安全の維持のため十分な定めをする国際連合の措置が効力を生じたと日本国政府およびアメリカ合衆国政府が認める時まで効力を有する。

もっとも、この条約が十年間効力を存続した後は、いずれの締約国も、他方の締約国に対しこの条約を終了させる意思を通告することができ、その場合には、この条約は、そのような通告が行われた後一年で終了する。

以上の証拠として、下名の全権委員は、この条約に署名した。

一九六〇年一月十九日にワシントンで、ひとしく正文である日本語および英語により本書二通を作成した。

日本国のために

岸信介　藤山愛一郎　石井光次郎　足立正　朝海浩一郎

アメリカ合衆国のために

クリスチャン・A・ハーター　　ダグラス・マックアーサー二世

J・グレイアム・パースンズ

三、日美地位协定(日文原文节选)

名　　称: 日米安保条約(日本国とアメリカ合衆国との間の相互協力および安全保障条約)第六条に基づく基地ならびに日本国における合衆国軍隊の地位に関する協定

場　　所: ワシントンDC

年 月 日: 1960年1月19日署名　　6月23日発効

…………(略)

第二条

1. (A)合衆国は、日米安保条約第六条の規定に基づき、日本国内の基地の使用を許される。

…………(略)

第三条

合衆国は、基地内において、それらの設定、運営、警護および管理のため必要なすべての措置をとることができる。

第四条

合衆国は、この協定の終了の際またはその前に日本国に基地を返還するに当たって、当該基地をそれらが合衆国軍隊に提供された状態に回復し、またはその回復代わりに日本国に補償する義務を負わない。

…………(略)

第九条

…………(略)

2. 合衆国軍隊の構成員は、旅券および査証に関する日本国の法令の適用から除外される。合衆国軍隊の構成員および軍属ならびにそれらの家族は、外国人登録および管理に関する日本国の法令の適用から除外される。ただし、日本の領域における永久的な住所を要求する権利を取得するものとみなされない。

3. 合衆国軍隊の構成員は、日本国への入国または日本国からの出国に当たって、次の文書を携帯しなければならない。

A. 氏名、生年月日、階級および番号、軍の区分ならびに写真をかかける身分証明書。

B. その個人または集団が合衆国軍隊の構成員として有する地位および命令された旅行の証明となる個別てきまた集団的旅行の命令書。

合衆国軍隊の構成員は、日本国にある間の身分証明のため、前記の身分証明書を携帯していなければならない。身分証明書は、要請があるときは日本国の当局に提示しなければならない。

…………(略)

第十七条

3. 裁判権を行使する権利が競合するばあいには、次の規定が適用される。

A. 合衆国の軍当局は、次の罪については、合衆国軍隊の構成員または軍属に対して裁判権を行使する第一次の権利を有する。

もっぱら合衆国の財産もしくは安全のみに対する罪またはもっぱら合衆国軍隊のほかの構成員もしくは軍属もしくは合衆国の構成員もしくは軍属の身体もしくは財産のみに対する罪。

公務執行中の作為または不作為から生ずる罪。

B. そのほかの罪については、日本国の当局が、裁判権を行使する第一次の権利を有する。

…………(略)

第二十四条

1. 日本国に合衆国軍隊を維持することに伴うすべての経費は、2に規定するところにより日本国が負担すべきものを除くほか、この協定の存続期間中、日本国に負担をかけないで合衆国が負担することが合意される。

2. 日本国は、第二条および第三条に定めるすべての基地ならびに路線権(飛行場および空港における基地のように共同に使用される基地を含む)をこの協定の存続期間中合衆国に負担をかけないで提供し、かつ、相当の場合には、基地ならびに路線権の所有者および提供者に補償を行うことが合意される。

この協定に基づいて生じる資金上の取引に適用すべき経理のため、日本国政府と合衆国政府との間に取り決めを行うことが合意される。

…………(略)

日本国のために

岸信介　藤山愛一郎　石井光次郎　足立正　朝海浩一郎

アメリカ合衆国のために

クリスチャン・A・ハーター　　ダグラス・マックアーサー二世

J・グレイアム・パースンズ

附件三　日美关系大事年表

1853年7月8日	美国海军准将佩里到达日本，迫使日本开国
1854年3月21日	《日美和亲条约》签字
1858年7月29日	《日美修好通商条约》签字
1863年6月25日	长州藩向驶入下关的美国军舰开炮
1864年8月25日	长州藩与美英法荷四国联合舰队开战
1871年11月20日	岩仓具视使节团访问欧美国家
1908年11月30日	“高平—路德协定”签字
1911年2月21日	《日美新通商航海条约》签字
1917年11月2日	《兰辛—石井协定》签字
1922年2月6日	《九国公约》签字
1930年4月22日	《伦敦海军公约》签字
1941年12月8日	日本偷袭珍珠港
1945年8月6日	美国向广岛投下原子弹(8月9日，向长崎投下第二枚)
1945年8月15日	日本天皇宣布投降
1945年9月2日	日本在东京湾密苏里号巡洋舰签署投降书
1945年9月27日	天皇裕仁拜访麦克阿瑟
1946年1月4日	占领军决定开除军国主义者公职
1946年5月3日	东京审判开庭
1946年11月3日	日本公布新宪法
1948年11月12日	远东国际军事法庭判决25名被告有罪
1950年7月8日	麦克阿瑟指示日本建立警察预备队

续表

1951年9月4日	《日美安保条约》签字
1952年7月31日	日本公布保安厅法,8月4日,成立保安队
1953年10月2日	池田与罗伯逊会谈,日方答应维持陆上部队18万人规模
1954年6月9日	日本成立自卫队
1960年6月19日	新《日美安保条约》签字
1971年6月17日	《冲绳返还协定》签字
1975年9月30日	裕仁天皇夫妇访问美国
1978年11月27日	《日美防卫合作指针》签字
1982年8月30日	美国要求日本分担封锁3海峡和海上通道防空安全责任
1992年9月17日	第一批日本自卫队维和部队从吴港出发
1997年9月23日	日美新《防卫合作指针》签字
2001年11月9日	日本海上自卫队启航印度洋
2007年8月	《日美军事情报保护协定》签字
2008年1月	《驻日美军经费负担特别协定》签字
2009年2月	《关于驻冲绳海军陆战队迁往关岛的协定》签字
2010年9月	希拉里表示《日美安保条约》第五条适用钓鱼岛
2012年9月	美国在普天间基地部署鱼鹰战机
2013年3月	安倍晋三表示日本参加TPP谈判
2014年4月	日美发表联合声明,强调加强在全球和地区合作
2015年4月27日	日美新版防卫合作指针发表
2016年12月	安倍晋三访问珍珠港

参 考 书 目

中文参考书：

郜振廷：《美国反攻日本——美国反攻日本的市场战略》，中国物资出版社 1997 年版。

张健：《当代日本》，天津社会科学院出版社 2005 年版。

阎德学：《武士之路——日本战略文化及军事走向》，人民出版社 2006 年版。

国玉奇等：《地缘政治学与世界秩序》，重庆出版社 2007 年版。

尚书：《美日同盟关系走向》，时事出版社 2009 年版。

陆伟：《日本对外决策的政治学》，人民出版社 2010 年版。

程永明：《裕仁天皇传》，天津社会科学院出版社 2011 年版。

陈友骏：《日本的新政治经济观》，时事出版社 2013 年版。

臧志军等：《冷战后的财界与日本外交》，上海人民出版社 2013 年版。

[美] A.T.马汉著，安常荣等译：《海权对历史的影响》，解放军出版社 1997 年版。

[日] 五百旗头真主编，吴万虹译：《日本外交史》，世界知识出版社 2007 年版。

[日] 小原博雅著，加藤嘉一译：《日本走向何方》，中信出版社 2009 年版。

[日] 五百旗头真编著，周永生等译：《日美关系史》，世界知识出版社 2012 年版。

日文参考书：

末川博、家永三郎監修：《現代日本史資料——日美安保条約体制史》（全四卷），三省堂 1970 年版。

曾村保信：《地政学入門》，中公新書 1984 年版。

曾村保信：《海の政治学》，中公新書 1988 年版。

五百旗頭真：《米国の日本占領政策》，中央公論社 1989 年版。

盛田昭夫、石原慎太郎：《「NO」と言える日本》，光文社 1989 年版。

ジョンダ、ワー：《吉田茂とその時代》，中公文庫 1991 年版。

安藤博：《日米情報摩擦》，岩波新書 1991 年版。

橋本寿郎：《戦後の日本経済》，岩波新書 1995 年版。

豊下樽彦:《安保条約の成立》,岩波書店 1996 年版。

本間浩:《在日米軍地位協定》,日本評論者 1996 年版。

天川晃、五十嵐武士:《戦後日本史と現代の課題》,築地書館 1996 年版。

船橋洋一:《同盟漂流》,岩波書店 1997 年版。

吉田茂:《回想十年》,中公文庫 1998 年版。

片岡鉄哉:《日本永久占領》,講談社 1999 年版。

産経新聞「戦後史開封」取材班:《戦後史開封》,扶桑社文庫 1999 年版。

豊下樽彦:《安保条約の論理》,柏書房 1999 年版。

北岡伸一、五百旗頭真:《占領と講和》,星雲社 1999 年版。

伊藤憲一:《21 世紀日本の大戦略》,フォレスト出版 2000 年版。

本沢二郎:《大勲位・中曽根康弘》,健友館 2003 年版。

五十嵐仁:《戦後政治の実像》,小学館 2003 年版。

猪野健治編:《日本の右翼》,ちくま文庫 2005 年版。

猪野健治編:《右翼・行動の論理》,ちくま文庫 2006 年版。

安倍晋三:《美しい国へ》,文芸春秋 2006 年版。

山際澄夫:《安倍晋三と「宰相の資格」》,小学館文庫 2006 年版。

PHP 研究所編:《安倍晋三対論集》,PHP 研究所 2006 年版。

黒井文太郎:《謀略の昭和裏面史》,宝島社 2007 年版。

麻生太郎:《自由と繁栄の弧》,幻冬舎文庫 2008 年版。

高坂正尭:《海洋国家日本の構想》,中央公論新社 2008 年版。

日暮吉延:《東京裁判》,講談社現代新書 2008 年版。

明田川融:《沖縄基地問題の歴史》,みすず書房 2008 年版。

別冊宝島編集部:《日本の右翼と左翼》,宝島社 2008 年版。

別冊宝島編集部:《日本の「黒幕」200 人》,宝島社 2009 年版。

天児慧:《日本再生の戦略》,講談社現代新書 2009 年版。

小沢一郎:《小沢主義》,集英社文庫 2009 年版。

リチャード・アーミテージ、ジョセフ・ナイ:《日米同盟 vs 中国・北朝鮮》,文芸春秋 2010 年版。

赤旗政治部「安保・外交」班:《従属の同盟》,新日本出版社 2010 年版。

坂野潤治、大野健一:《明治維新》,講談社現代新書 2010 年版。

山田吉彦:《日本は世界 4 位の海洋大国》,講談社 2010 年版。

田中祐二、内山昭:《TPPと日米関係》,晃洋書房 2012 年版。

末浪靖司:《9条「解釈改憲」から密約まで　対米従属の正体》,高文研 2012 年版。
孫崎享:《戦後史の正体》,創元社 2012 年版。
孫崎享:《これから世界はどうなるか》,筑摩書房 2013 年版。
安倍晋三:《新しい国へ》,文芸春秋 2013 年版。
白井聡:《永続敗戦論》,太田出版 2013 年版。
鳩山由紀夫、孫崎享・植草一秀:《「対米従属」という宿阿》,飛鳥新社 2013 年版。
前泊博盛:《日米地位協定入門》,創元社 2013 年版。

后记　特朗普上台与日美同盟的悖论

特朗普上台对日本是个巨大的冲击，由于他在选举期间的反日言论，日本担心他上台之后日美同盟会发生动摇，从而损害日本的战略利益。所以，美国大选一结束，日本首相安倍晋三就迫不及待地要求与还处于候任状态的特朗普通电话。他告诉特朗普：强固的日美同盟是支撑亚太地区和平与稳定不可或缺的因素。然而，尽管特朗普一反选举时的反日态度，向安倍表示日美关系是卓越的伙伴关系，应该进一步强化，但还是不能让安倍放心。2016 年 11 月 14 日，安倍又派首相辅佐官河井克行专程访美与特朗普沟通，实现了安倍利用过站纽约拜见特朗普的愿望。之后，安倍又寻求在特朗普正式就职后尽快访问美国，以便成为美国新总统的第一位外国客人，向世界展示日美同盟的重要性和牢固性。但是，特朗普却让英国首相特雷莎·梅成为第一位客人，安倍的目的没有达到，看来在美国人心里同样是盎格鲁-撒克逊人的英国还是比日本这个东洋的盟国更重要。当然，尽管如此，特朗普还是表示美国将继续重视日美同盟并保护日本的安全，虽然没被认为是最铁的盟友，但特朗普这样表态，安倍还是吃了颗"定心丸"。不过，这并非意味着从此日美关系就可以高枕无忧，因为安倍的"积极和平主义"外交一直是以奥巴马"亚太再平衡"战略为依托的，安倍权力政治背后的理论和理念基础是地缘政治和价值观，而特朗普则对这些意识形态的东西不大感兴趣，他关心的是经济，对他来说，美国的实际利益才是头等大事。可以说，日美两国关系在特朗上台之后出现一定的变数是在所难免的，日美同盟将出现悖论，至少两国之间的安保合作会出现松动，贸易领域将重现摩擦，各自对外政策也不得不调整。

一、日美安保合作出现松动

特朗普上台后日美安保合作将出现松动，紧密关系的背后矛盾也将突出。2017年1月20日，安倍在日本国会发表施政演说强调："只有日美同盟才是我国外交与安全保障政策的基础，这是不变的原则。"①他是想让外界知道日美同盟仍然牢固，所以发出这样的声音。但是这个同盟并非牢不可破，在美国呈现明显衰落趋势的背景下，特朗普已经对日美之间的同盟表示了怀疑和轻视，甚至有意用它做换取经济利益的筹码，特别是在安全保障合作领域，日美两国依然矛盾重重，互不信任，出现了松动的迹象，呈现了日美同盟的悖论，也就是令人不解的矛盾。

（一）美国地缘战略信念发生动摇，影响日美关系

尽管日美同盟短期内不会解体，两国安保合作仍在继续，但是两国对这个同盟的看法正在发生悄悄的变化，既需要它，又怀疑它，这便是该同盟存在的悖论。美国传统的安全思维是必须在欧亚大陆的西端和东端，也就是在西欧和东亚保持军事存在，以便遏制大陆上任何国家的崛起，这有利于维持美国在大陆边缘地带的主导地位，遏制大陆出现霸权国家，维持美国的全球霸权地位。其实，这是英国大陆政策的传承，也为美国所继承。但是伴随近年来力量对比的变化，美国也有人认为这种传统地缘政治思维并非正确，因为他们认为美国在西太平洋，特别是在中国近海维持军事上的优越地位越来越困难，今后会更加困难。现在中国正在迅速扩展海空军力量，正在加强对舰导弹的配备，正在建造航空母舰，正在牢牢掌握南海具有战略意义的岛礁。如果美军要维持超过中国的军事力量，必须耗费巨额的财政负担，这对于处于财政捉襟见肘状况的美国来说实属力不从心。而且他们还怀疑，从美国本土到遥远的中国近海维持军事存在是否有这个必要，因为几乎没有美国人认为中国有攻击美国本土的计划，既然如此，那么为什么美国要在西太平洋维持军事存在。所以，越来越多的人认为美国还不如放弃对中国进行挑战，转而发展与中国的经济关系。②

特朗普的安全政策受地缘战略信念动摇的影响。上述地缘战略信念的动摇必然影响一部分美国人对日美同盟重要性的判断，于是，美国有人认为

① 《「日米同盟こそ外交基軸」早期首脳会談意欲》，《每日新闻》2017年1月20日。

② 《トランプ政権で「米軍の日本撤退論」は強まる》，http://toyokeizai.net/articles/-/144770?page=3。

应该把海军陆战队从冲绳撤到关岛，把第七舰队从横须贺撤到夏威夷。[①]特朗普在选战期间也声言日美安保条约是不公平的，因为美国已没有财政能力负担日本的防卫，日本应该承担驻日美军的全额费用，否则美军应该从日本撤走。特朗普批评日本负担太少是因为一旦日本受到攻击，美国会立即前来帮助，但如果美国受到攻击，日本却不承担义务，这是不公平的。特朗普还指出日本的防卫费只占GDP的1%，韩国占2%、德国占1%，美国为什么要占那么多？[②] 显然，特朗普是迎合了一部分美国人的意见，质疑美国用掉GDP的5%作防卫费，主张应该用这些钱改善美国国民生活。特朗普的发言并非完全由于他是外行和大嘴，其实日美之间早就谈过日本增加驻日美军费用的问题，所以，他的发言一出来就引起日本国内一片恐慌。

日本担心美国战略信念的动摇会使自身陷于孤立。如果美国真的改变战略思维方式，美军从西太平洋撤退，那么，日本单独对抗中国需要多少费用？谁也不知道，但有一点是明确的，它一定是巨额的。然而，就现在的日本军力来看，假如受到中国进攻，日本也只能防卫，不可能对中国本土进行攻击，因为日本既没有这样做的法律上的根据，也没有攻击的能力。日本鹰派虽然主张自主防卫，但是，没有核武器的自主防卫只能是空谈，而日本转向走核武装道路的前提是，日本必须退出"核禁试条约"(NPT)，但那样的话日本必然会陷入类似朝鲜的怪圈，成为国际社会批判的对象。另外，日本国民也绝不会支持日本走向核武装，日本任何政府也绝不敢选择这条路。所以，现阶段日本必须依赖美国的支援才能保障自己的安全，这就是现在的日美同盟的基本结构。就安倍政权来说，尽管他有自主外交和摆脱战后的倾向，但当务之急必须继续维持日美同盟。

(二) 日本力图强化日美同盟，维持亚太再平衡战略

为了应对日美同盟出现松动，现阶段日本必须强化与美国的同盟关系，必须努力阻止这个同盟的松动，防止其名存实亡。为此，安倍在特朗普上台之前于2016年12月26日就前往珍珠港进行悼念活动，做给新总统特朗普

---

① 《トランプ政権で「米軍の日本撤退論」は強まる》，http://toyokeizai.net/articles/-/144770?page=3。

② 《トランプ政権で「米軍の日本撤退論」は強まる》，http://toyokeizai.net/articles/-/144770?page=3。

看,显示日本有与美国和解的强烈愿望。尽管日本舆论特别是右翼认为袭击珍珠港是军事行动,美国对广岛长崎的轰炸是针对平民的,日本是为了生存发动的战争,为什么要反省①,但是,安倍还是决定完成此行,显示日美和解的力量。《朝日新闻》政治部首相官邸担当记者吉野真太郎这样分析:“访问珍珠港会释放日美关系紧密的信息,对于东南亚来说,在东亚日本与美国建立了良好的关系,有可能预防发生争端的火种。”②安倍不希望美国新政府放弃奥巴马政府的“亚太再平衡”战略,所以,他访问珍珠港并非简单地是对奥巴马访问广岛的回访,而是安倍与奥巴马政权演出的“和解剧”的一部分,是为“亚太再平衡”战略服务的。③

安倍试图说服特朗普继续强化日美同盟。安倍迫不及待地前去拜见特朗普,被批评为去“朝贡”,但是,他顾不了这些。他认为,对于这个对亚洲缺乏了解的新任总统,日本应该作为第一个去见他的外国首脑,强调日美同盟的重要性,给他留下深刻印象。④其实,安倍访美的一个重要任务是要确认两国之间的同盟是牢固的,他告诉特朗普:日美同盟对双方都有利,不是日本单方面寻求美国保护。事实上日本承担了一大笔驻日美军费用,通常成为“关怀预算”,比如,2016 年的“关怀预算”是 5 818 亿日元,相当于全部费用的 74%。安倍显然不想再承担更大的费用,因为他认为,“驻日美军在地区和平与安全方面发挥重要作用,是美国的前沿战略展开的关键”。他还指出驻日美军涉及美国保护其各种利益,所以美军驻在日本,美国也享受各种利益。⑤

其实,虽然安倍实现了访美愿望,但两国关系的前途还是不能让日本放心。2017 年 2 月 3 日,美国新防长马蒂斯说:“日美经费分担会成为其他国家的榜样。”这话似乎意味着驻日美军分担额是合适的,安倍也认为马蒂斯

---

① 《安倍首相真珠湾「慰霊」を批判する人たち 「広島原爆投下と同列でない」》,http://headlines.yahoo.co.jp/hl?a=20161207-00000005-jct-soci&p=2。

② 《テレビ朝日政治部・総理官邸担当の吉野真太郎氏が解説》,https://abematimes.com/posts/1745008。

③ 《真珠湾慰霊 日米の絆、中韓露を牽制 同盟の価値、トランプ氏に示す》,http://headlines.yahoo.co.jp/hl?a=20161206-00000067-san-pol。

④ 《トランプ次期大統領と日米同盟=古本陽荘(政治部)》,http://mainichi.jp/articles/20161125/ddm/005/070/008000c。

⑤ 《米軍駐留費、全額負担を拒否=安倍首相「米国の権益」強調》,http://ameblo.jp/gloria1125/entry-12219421693.html。

访日是重视日美同盟的表现，两国可以向国内外显示日美同盟的不可动摇性。[①]对此，日本前首相辅佐官冈本行夫解释说："如果日本的分担额达到百分之百，美国官兵的人头费也由日本承担了，那驻日美军就成了日本的雇佣兵了。所以，特朗普起初可能误以为美军是为保卫日本才驻在日本的，其实驻日美军更是为了美国在全球的战略才留在日本的。"[②]但是，即使特朗普理解了驻日美军费用问题，两国之间的其他难题仍然存在，比如，普天间基地搬迁问题，依然继续困扰两国关系。关于该问题，马蒂斯明确表示，选择有二：第一个是边野古，第二还是边野古，这反映了美军方强烈要求日本兑现美军从普天间搬到名护市边野古的承诺。但是，2017 年 2 月 26 日，冲绳县知事翁长雄志明确告诉日本外相岸田文雄：要停止建设名护市边野古基地并在 5 年内停止使用普天间机场。[③]美日的这个搬迁计划得不到冲绳县民的认可，日美之间的基地摩擦将长期化，安倍所期待的日美同盟强化仍然难以实现。

就美国来讲，即便美国军方不想撤出冲绳，但美国人地缘战略信念的动摇，还是要继续影响美国不时出现撤出日本的动向。就日本来讲，日美之间的安保合作在基地搬迁问题上遭到冲绳县民和冲绳地方当局的强烈抵制，即使特朗普上台，这种状况亦无改变可能，近期围绕该问题的摩擦不会停止。日本政府处于同时应对美国和冲绳当局的外交与内政上的矛盾状态，日美安保合作的悖论越来越明显。

二、再现日美贸易摩擦

特朗普上台，日美之间将再现贸易摩擦。日美贸易摩擦是美国退出 TPP 的必然结果，没了 TPP，日美两国今后势必陷入两国之间围绕市场开放的猫鼠游戏。特朗普向到访的安倍承诺强化日美同盟，满足了日方在安保方面的要求。作为回报，美国必然要逼日本在贸易领域向美国开放市场。

---

① 《米長官、尖閣に安保適用明言＝安倍首相と同盟堅持で一致》，http://headlines.yahoo.co.jp/hl?a=20170203－00000125－jij-pol。

② 《日米 6つの対立構図》，《文芸春秋》2016 年 8 月。

③ 《翁長知事、辺野古新基地の断念要請　岸田外相は言及避ける》，http://headlines.yahoo.co.jp/hl?a=20170226－00085928－okinawat-pol。

至于开放到什么程度，两国必然有一番讨价还价，20 世纪 80 年代的日美贸易摩擦将重新出现。安全保障的合作不能避免经济贸易上的对立，这是日美同盟最大的悖论。

(一) 特朗普主张贸易保护主义

美国退出 TPP 不符合日本利益。本来，日本最初对奥巴马推行的 TPP 战略也是有抵触的，因为这个高度自由化的多边贸易框架瞄准的是日本的农产品和金融市场，是美国、澳大利亚等压日本开放市场的策略。但是为了配合与利用奥巴马政府的“亚太再平衡”战略和扩大日本工业产品出口，日本把 TPP 看作经济版的“北约”，赋予它战略意义，在国内做了最大的努力取得共识，牺牲了农业利益，终于同意参加。现在特朗普上台，认为 TPP 是非常糟糕的协定，只会让一小撮人获得利益，大多数人会面临失业。所以，特朗普说 TPP 会给美国制造业致命一击，他在竞选期间就扬言要把这个协定扔进垃圾箱。果然，特朗普宣誓就职之后，毫不犹豫地宣布了退出这个框架，根本没有考虑日本的感受，日本几年来的努力成为泡影。

安倍积极主张参与全球化。与特朗普相反，安倍在经济上是全球化主义者，这反映了日本这个国家高度依赖对外贸易的现实。日本一贯以贸易立国为原则，当然反对特朗普经济民族主义的“美国第一”政策。安倍与特朗普两人对世界经济的看法，在是否全球化这一点上是水火不相容的。安倍最为担心的就是美国退出参与全球化，因为这样中国就会成为全球化的主导力量，日本利用美国遏制中国的计划也就难以实现。所以，安倍明知道特朗普不可能继续参加 TTP 框架，但是仍然促使日本国会通过 TPP 法案，他自认为日本通过 TPP 法案就会阻止贸易保护主义的蔓延。[①]然而，这不过是一种姿态而已，结局是完全于事无补。

(二) 日美贸易摩擦将重现

有人认为美国退出 TPP 以后，日美 20 世纪 80 年代的经济摩擦马上就要再现了。当时，美元比日元走强，对于美国消费者来说，日本产品便宜，两国经贸关系的主要内容是汽车和农产品，美国在汽车、牛肉和橘子等领域的

---

① 《なぜ安倍政権はトランプ勝利を予測できなかったのか？ 即座のトランプ詣では正しかったのか？》，http://zasshi.news.yahoo.co.jp/article?a=20161115-00003724-besttimes-pol。

贸易中,出现巨额赤字,达到美国GDP的两成以上。现在虽然日美贸易中,美国赤字已经不如当时那么高,但是两国的贸易谈判内容并未发生变化,依然是汽车和农产品。本来,如果TPP框架成功,日本可以撤销很多关税,可以解决一部分日美贸易不平衡问题,至少美国叩开了日本长期关闭的农业和金融市场。根据TPP协议的规定,日本对美国牛肉的关税很快会从38.5%降到9%,而美国对日本卡车征收的25%也会在三十年之后撤销。[①]虽然总体上,日本的让步显而易见,但是特朗普还不满意,居然退出了奥巴马为之奋斗了四年、日本也为止努力了四年的这个自由贸易框架。这必然意味着特朗普将进一步要求日本作多于TPP的让步。日本如果还想多在美国销售汽车(特别是卡车)的话,就必须进一步开放国内农产品市场,必须继续降低关税,必须大量购买美国产品。

(三)日本将单独应对来自美国的贸易压力

双边谈判意味着战后以来不断发生的日美经济摩擦将再次出现,日本必须单独应对美的压力,而不是像TPP谈判那样,日本可以联合其他谈判国家一起与美国讨价还价。在双边经济摩擦中,美国对日本的压力主要是逼其开放市场。特朗普上台后,美国16个农业团体给他写信,要求对日本进行公正的贸易,开放日本市场。2017年1月12日,特朗普点名批评日美贸易不平衡。[②]安倍在特朗普宣誓就职后访美,双方并未具体涉及两国的经济关系,只是原则性强调了深化贸易投资关系和加强两国在亚太地区的合作,至于汽车、牛肉等经济贸易领域的问题,则由美国副总统彭斯和日本副首相麻生在新设的经济对话框架内谈判。安倍访美时两国上演了日美同盟坚不可摧的一幕,但之后两国之间势必围绕具体贸易问题开始刀光剑影的博弈。这时日本已经没有援军,因为这是双边谈判,而不是像TPP那样的多边谈判。

(四)日美摩擦从汇率博弈开始

2017年1月31日,特朗普与美国六大制药公司老板会谈时说:“其他国家依赖货币贬值,中国这么做,日本多年来也这么做。”这是特朗普与安倍通

---

① 《日米6つの対立構図》,《文芸春秋》2016年8月。

② 《トランプ氏“日本名指し批判” 政府の反応》,http://headlines.yahoo.co.jp/videonews/nnn?a=20170112-00000033-nnn-pol。

了电话并见过面后继续对日本提出的批评。特朗普就职美国总统后仍然点名批评日本，这不仅让日本十分没有面子，也让日本感到十分不安。美国汽车业界也认为日本操纵日元汇率，扩大了日本汽车向美出口。1月24日，福特汽车公司高管说："所有贸易壁垒的根源都是汇率操纵。"他们要求特朗普抑制美元升值，特朗普的对日批判显然是迎合了美国汽车业的要求。①特别值得注意的是特朗普批评日本操纵汇率，与20世纪80年代里根政府对日本的批评如出一辙。人们不能不想起1985年的"广场协议"，当时日元在美国压力下升值46%。这是之后日本经济陷入"失去的十年"、"失去的二十年"的开端，日本至今没能恢复元气。

日本反唇相讥，否认操纵汇率。2017年1月27日，在被问到日美双边谈判的可能性时，安倍说："不能说绝对排除这种可能性，但是，不仅是美国，任何双边谈判都不能只有一方让步。"②这表示了日本要在双边谈判中抵抗美国的压力。对于特朗普批评日本操纵汇率的问题，2月1日，安倍在众议院说：（特朗普的批评）"完全不符合事实"，"首脑会谈时应该反驳之处就要反驳"。官房长官菅义伟也表示特朗普的批评完全不是事实，他说日本银行的金融缓和是为了物价稳定，不是为了日元贬值。③因为特朗普的批评直接指向了安倍经济学，这是安倍的基本经济政策，该政策立不住，安倍政权也立不住，所以日本对此进行了反击。当日，日本财务省财务官浅川雅嗣财说："日本最近没有介入汇率，现在的金融政策是为了摆脱滞涨。"他还说："东京大地震之后就不再介入汇率的日本与经常操纵汇率的中国不同。"日本银行总裁黑田东彦在众议员说："中央银行是为了政策目的和稳定物价推行金融缓和政策的，这已经为各国所理解。G20和G7都认为不应该为了增加输出而实行汇率贬值，但是承认为了摆脱滞涨采取金融缓和政策。"④

其实，特朗普的经济外交是极端利己主义的。在经济利益方面，他和他

---

① 《トランプ政権　日本の為替政策、名指し批判　通商交渉前に「威圧」》，《每日新闻》2017年2月2日。

② 《日米首脳会談で2国間貿易交渉へ…米要求に対応》，《读卖新闻》2017年1月28日。

③ 《「円安誘導意図せず」と反論＝為替変動を注視-菅長官》，http://medical.jiji.com/news/4221。

④ 《トランプ政権　日本の為替政策、名指し批判　通商交渉前に「威圧」》，《每日新闻》2017年2月2日。

的所有前任一样，不会因为日美之间的关系是同盟而放弃经济利益，尤其日美两国，多年来并没有因为是盟国而避免经济摩擦。其实，安全是安全，经济是经济，安全上合作，经济上摩擦，这是战后日美关系的基本特点，也是日美同盟最大的悖论。现在，特朗普上台主张"美国第一"的经济政策，也照样不会考虑日本的经济利益，不会考虑"安倍经济学"的成败。本来日本银行的大规模金融缓和是"安倍经济学"的重要支柱之一，安倍政权是为了摆脱滞涨，利用日元贬值扩大企业收益，提高工资，促进消费，以图经济进入良性循环。但是，如果特朗普向日本施压，迫使日本提高日元汇率，必将对"安倍经济学"造成严重打击。事实上，如上所述，安倍已经开始对特朗普进行反击。他最近在众议院答辩中，一边批评美国，一边为"安倍经济学"辩解说："美联储也实行金融缓和政策，日本经济有所好转，对美国也有利。"由此可见，日美贸易摩擦的大幕即将拉开。在经济上日本从来都没有惧怕过美国，即使在压力下暂时达成妥协，日本以后也会后发反击，扩大出口，美国终究还会在对日贸易中出现赤字，这是日美安保关系与贸易关系的矛盾，也是日美同盟的悖论。

三、调整对华遏制政策

特朗普虽然原则上同意强化日美同盟，也承诺日美安保条约适用于日本控制下的领域，也就是适用于钓鱼岛，看起来美国似乎站在日本的立场遏制中国的海洋扩张。其实，特朗普新政府的对华政策仍然在考虑中，未必沿着日本希望的方向发展，日本的希望是利用"亚太再平衡"战略遏制中国的崛起，但在特朗普政权时期，这个外交战略未必能够继续实行下去。日美确实要在战略上联合遏制中国，但需要注意的是，日美双方也都不放弃与中国维持稳定的关系，这也是日美同盟的一大悖论。

(一) 日本希望"亚太再平衡"战略继续推行

日本之所以在贸易领域必将受到美国打压并不得不开放市场的背景下，仍然强调日美同盟的重要性，原因在于日本在东海面临着来自中国的安全压力。安全上没有美国保护，日本将在对华博弈中失去后盾，更无法在东海和南海问题上明目张胆地给中国添麻烦，以获得外交上的好处。于是，日本只好忍气吞声，甚至低三下四，强调所谓日美同盟的重要性。日本向内外显示日美同盟的牢固性，实际上是在拉大旗作虎皮，推行其“联美抗中”的对外政策。安倍试图向特朗普灌输中国海洋扩张威胁亚太地区和平和破坏已有平衡的思想，劝其延续推行奥巴马政府的再平衡战略，以便对中国形成战略压力，缓解因为挑起钓鱼岛争端陷入的被动局面。

（二）日本炒作中国海洋威胁论

日本担心美国一旦真的从亚洲收缩，势必导致自身面临崛起的中国的威胁，具体讲就是担心钓鱼岛的安全和南海的安全。日本面临的压力来自东海却同时炒作南海问题的缘由，其实在很大程度上是为了以南海问题为筹码逼中国在东海让步，主要是在钓鱼岛和油气开采问题上让步。所以，东海和南海问题也是安倍在特朗普上台之后访问美国时与特朗普谈的重要内容，安倍希望特朗普遏制所谓“海洋扩张”的中国。新任防相稻田朋美道出了日本真正的关心所在。她说：亚太地区朝鲜半岛和东海、南海等地区安全环境变得越来越严峻，一个国家根本不能应对。她还说：日本针对中国的海洋进出，应该加紧搜集海洋情报信息，加强警戒监视能力，应该呼吁法制与和平手段解决争端。特别是她认为保卫南海就是保卫东海，应该与东盟一起加强防卫能力，还应该强调日本与东盟国家的价值观。①

但是，特朗普的亚太政策仍不明朗。迄今为止，特朗普的东海和南海政策并不明朗，虽然美国不少人认为应该维持与日、韩、菲的同盟，认为美国应控制西太平洋，必须遏制中国获得南海控制权，但是如上所述，美国却有不少人认为这些都是传统战略思维，因为美国在西太平洋，特别是在中国近海维持军事上的优势已越来越不现实，中美之间的军事实力正在快速接近。不少人认为美国与中国竞争不利于特朗普“美国第一”的内向政策，海洋问题应该通过外交手段解决。其实，特朗普上台后，也与中国进行了几次沟通，中美关系才是具有全局性意义的重要关系，特朗普事实上是非常慎重的，因为他上台后首要打击目标是伊斯兰极端组织，他必须小心翼翼拿捏对华关系。

其实，特朗普并未放弃与中国合作的机会。在安倍访美前一天，特朗普

① 《稲田防衛相「南シナ海守れば、東シナ海守ることに」》，http://www.asahi.com/articles/ASJCJ61TLJCJUTFK01L.html。

与习近平通电话，表示尊重“一个中国”政策。之前，他在当选之后立即与台湾的蔡英文互通电话，刺激了中国，但是现在他明确表示了他要坚持“一个中国”政策。日本媒体认为如果特朗普不向中国发出尊重“一个中国”政策的信息，就与安倍会谈，中美两国的鸿沟会越来越深，后果可能不堪设想，因为中国最忌讳在台湾问题上，美国与日本合作。正是意识到台湾问题的严重性，认识到美国与中国关系紧张并不符合美国的利益，所以，特朗普在安倍访美前向中国发出积极信息。也就是说，日美关系非常紧密，但并不排除中国，也不针对中国，这是特朗普释放的重要信息，可以理解为美国不会与日本一起在台湾问题上过度刺激中国。同时这也意味着特朗普对华政策还需要一段考虑时间以后才能形成。

事实上，美日两国在涉华问题上是各取所需的。在对华政策上，奥巴马政府积极推进的针对中国的深化日美同盟问题，日本虽然并不相信美国会真的为了钓鱼岛和南海岛屿去流血牺牲，但是，仍然一再要求美国对钓鱼岛防御作出承诺。而对于特朗普来说，尽管他不可能在他的前任奥巴马的思维框架内思考，继续推行“亚太再平衡”战略，尽管他的对华政策尚未形成，尽管安倍要想劝说特朗普延续奥巴马的再平衡政策也几乎不可能，但是，以保卫钓鱼岛安全为筹码压迫日本开放市场却十分可能（奥巴马为了诱使日本参加 TPP，也承诺过负责钓鱼岛的安全）。其实，日美安保条约第五条的内容明确规定了该条约适用于日本控制的范围，所以，如果美日都认为钓鱼岛处于日本控制下，其实并无必要一再重申第五条的内容。但是，日美两国之所以一再重申这一点，对于美国来说不过是复述了日美安保条约第五条的内容而已，美国的首要目的在于和日本进行利益交换，而对日本来说，美国复述日美安保条约第五条，可以向中国显示日美同盟的牢固性，以此可约束中国，遏制中国在钓鱼岛问题上的轻率举动。

尽管特朗普强势高调宣称“美国第一”，但是如果美国放弃全球化的领导权，那么中国势必成为全球化问题的主导国家，所以，日本必须努力拉住美国，与中国争夺地区主导权，炒作中国对东海和南海的威胁，证明中国没有资格成为主导国家。但是，特朗普上台后，日本也面临着美国在贸易上的压力，没了“亚太再平衡”战略和 TPP 框架的日本外交将面临新的选择，因为在全球化问题上日本与美国看法相左，但是与中国不谋而合，所以，不能完全排除将来调整对华遏制政策也将是日本的选择之一，而这也正是日美同盟悖论的反映。

总之，虽然日美同盟在短期内还不至于发生根本变化，但是重视国内和经济并主张“美国第一”的特朗普将推行现实主义政策，会使这个同盟的悖论明显突出，特朗普会利用这个同盟实现美国利益最大化。日本既然目前还需要这个同盟，就必然设法防止美国改变地缘战略思维，因而不得不在必将来临的贸易摩擦问题上让步。而对于美国来说，尽管有一部分人感到美国霸权力不从心，但近期并无撤出东亚的打算，倒是在安保合作上可以满足日本的要求，以换取经济利益。事实上，在中国崛起的背景下，或者更准确地说是在日美一些人炒作中国威胁论的背景下，日本再次陷入了不得不依赖美国保护的境况，这与 20 世纪 80 年代冷战期间日本依赖美国保护的情形极其相似。当时，日本面临苏联的地缘政治威胁，所以，不得不在贸易和汇率方面对美国做出让步。现在的情况与那时没有本质上的区别，第二个“广场协议”也许不会再来，但是状况却极其相似。从安倍不惜降下身段谋求美国保护看，两国的安保合作并不牢固；从特朗普利用日美同盟从日本获得经济利益看，两国不但安保合作会将出现松动，贸易摩擦也将重现。另外，日本的意图是拉住美国一起遏制中国，维护所谓东海和南海的秩序，但是在特朗普对华政策尚不确定的情况下，日本必须为对华关系改善留一条路，正如日本媒体所称：“日本不能只与美国交往，而是要认真考虑如何扩大日本的国家利益。”[①]总之，中日对立升级会迫使日本过于依赖日美同盟，而中美之间无论是紧张还是缓和都会给日本外交带来回旋余地，即，中美关系紧张对日本有利无害，会减小来自美国的压力；中美关系缓和则必然促使日本谋求改善中日关系。特朗普上台带来的日美安保合作松动，经济摩擦再现，特别是特朗普对华政策的犹豫，或许会导致日本不得不重新考虑改善对华关系，重新考虑紧密跟随美国是否真的符合日本的国家利益。

---

① 《日米会談…トランプ氏の中国警戒、日本にチャンス》，http://www.yomiuri.co.jp/fukayomi/ichiran/20170213-OYT8T50093.html?page_no=4。

感　谢：

上海市美国问题研究所对本书出版的大力支持！

图书在版编目(CIP)数据

日美同盟实相/廉德瑰著.—上海：上海社会科学院出版社，2017

ISBN 978-7-5520-1979-7

Ⅰ.①日… Ⅱ.①廉… Ⅲ.①日美关系—研究 Ⅳ.①D831.32②D871.22

中国版本图书馆 CIP 数据核字(2017)第 092932 号

日美同盟实相

著　　者：廉德瑰
责任编辑：应韶荃
封面设计：风行水上
出版发行：上海社会科学院出版社
　　　　　上海顺昌路 622 号　邮编 200025
　　　　　电话总机 021-63315900　销售热线 021-53063735
　　　　　http://www.sassp.org.cn　E-mail:sassp@sass.org.cn
排　　版：南京展望文化发展有限公司
印　　刷：江苏凤凰数码印务有限公司
开　　本：710×1010 毫米　1/16 开
印　　张：19.25
字　　数：291 千字
版　　次：2017 年 6 月第 1 版　　2018 年 4 月第 3 次印刷

ISBN 978-7-5520-1979-7/D·448　　定价：78.00 元